KB060953

일할 사람이 사라진다

새로 쓰는 대한민국 인구와 노동의 미래

이철희 지음

일할 사람이 사라진다

새로 쓰는
대한민국 인구와
노동의 미래

이철희 지음

위즈덤하우스

인구변화의 위기는 흑사병이나 코로나19 같은 전염병 위기와는 본질적으로 다르다. 변화의 속도는 상대적으로 느리지만 끝내 엄청난 재앙으로 번질 수 있다는 점에서 기후변화와 흡사하다. 이제 3~4년 후면 청년인력이 감소하며 노동시장의 수급 불균형이 본격화할 것이다. 특히 의료와 돌봄 서비스 대책 마련이 시급하다. 인구경제학자 이철희 교수는 적어도 가까운 장래에 총량적 노동력 부족 현상은 일어나지 않을 것으로 진단한다. 교육 시스템을 혁신하고 정년 연장과 이민도 고려하며 노동시장의 유연성을 확보해 경제활동참가율과 생산성을 높이면 '정해진 미래'의 궤도에서 뛰어내릴 수 있다. 인구변화는 여러 학문 분야와 정부 기관에 걸쳐 있는 통섭적 문제이다. 지구에서 가장 먼저 사라질지 모르는 나라, 대한민국 국민 모두가 함께 읽어야 할 필독서이다.

_최재천(이화여대 에코과학부 석좌교수, 생명다양성재단 이사장)

얼마 전 〈뉴욕타임스〉가 우리나라의 인구감소가 중세 유럽 흑사병보다 더 심한 재앙이 될 수 있다고 보도한 적이 있다. 어쩌면 서서히 끓는 물 속의 개구리같이 우리는 지금의 인구감소를 우리 문제가 아니라 다음 세대나 그다음 세대의 문제라고 치부하고 있는지도 모른다. 천문학적인 예산을 쓰고서도 합계출산율 세계 최저를 못 벗어나는 작금의 현실을 보며 불가항력이라고 하기도 한다. 백가쟁명식 설익은 대안 제시보다 인구변화가 미칠 경제적 변화에 대한 정확한 인식과 예측이 더 절실한 이유이기도 하다. 이철희 교수의 새로운 연구는 정책 입안자는 물론 경영자, 노동자, 소비자 모두에게 명징한 미래 전망을 제시한다. 투자의 관점에서도 좋은 길라잡이가 되리라 믿는다.

_김동환(3PROTV 대표이사)

▎머리말

필자가 인구문제에 관심을 가지게 된 시기는 미국 시카고대 대학원생이던 1992년으로 거슬러 올라간다. 필자의 스승인 로버트 포겔(Robert W. Fogel) 교수의 '인구와 경제(Population and Economy)' 수업을 듣고 그분이 소장을 맡아 이끌던 인구경제학 연구센터(Center for Population Economics)의 연구조교로 일하면서, 장기간에 걸친 미국의 데이터를 이용한 건강, 사망, 은퇴, 고령화 연구에 발을 들여놓았다. 1998년 서울대에 온 후에는 한국의 고령 노동에 관한 연구를 시작하였고, 2004년부터 학부와 대학원에서 '인구와 경제' 과목을 개설하여 가르치면서 건강과 사망, 결혼과 출산, 출생성비, 외국인 노동, 인구이동과 지역 불균형, 인구변화의 영향 등으로 연구 분야를 점차 넓혀왔다.

필자가 30년 가까운 세월 동안 대학에서 연구하고 강의하고 학생들을 지도하는 사이 한국의 인구문제는 점점 더 중요한 사회적·정책적 문제로 떠올랐고 이제는 국가의 미래를 위협하는 심각한 위기 요인으로 인식되고 있다. 과거에는 관심이 크지 않았던 인구문제에 관한 연구와 정책은 어느새 학계와 정치권의 중심 화두가 되었다. 이를 반영하여 인구 관련 전문가의 수와 연구도 많이 늘었다. 인구문제에 관한 주장과 논의는 이제 연구실과 강의실을 벗어나 대중매체의 주된 기삿거리가 되었고 심지어 예능 프로그램 소재로도 소비되고 있다.

　이처럼 인구문제에 관한 관심이 늘고 정보는 넘쳐나지만, 자세히 들여다보면 아직 이 문제에 대해 확실히 혹은 자세히 알지 못하는 경우가 적지 않다. 인구변화의 대체적 추이와 일반적 방향성에 관한 총론은 널리 알려졌지만, 구체적으로 언제, 어떤 부문에서, 어떤 일이 일어날 것인지, 또 그 규모는 얼마나 클지에 대한 각론은 그다지 명확하지 않다. 인구변화로 국가가 소멸하리라는 비관론과 인구가 줄어도 아무런 문제가 없다는 낙관론이 별다른 근거 없이 공존하고 있다. 인구변화에 대응하기 위한 여러 처방이 제시되지만, 과학적 근거나 구체적 방안은 아직 미비해 보인다. 국가적 위기로 떠오른 인구문제에 합리적이고 효과적으로 대응하기 위해서는 더 엄밀하고 세밀한 분석과 전망이 필요하다.

　이 책은 노동시장에 초점을 맞추어 장차 인구변화가 어떤 사회경제적 충격을 가져올지를 분석하고, 이에 대응하기 위해 무엇을 해야 할 것인지를 모색한다. 필자가 처음 쓰는 대중서에서 노동의 미래를 다루는 이유는, 이 주제에 대한 깊은 이해야말로 인구변화의 미래를 내다보고 이에 대비하는 데 필요한 핵심 열쇠라고 생각하기 때문이다. 인구변화로 노동력이 언제 얼마나 감소할지, 생산성은 어떻게 변화할지, 어떤 부문에 어떤 형태의 노동 수급 불균형이 발생할지, 이러한 불균형을 어떻게 완화할 수 있을지 알 수 있다면, 인구변화가 개인, 기업, 산업, 국민경제 전체에 가져올 충격을 바르게 예측하고 이에 합리적으로 대응하는 데 도움이 될 것이다.

　책의 첫 장은 한국이 직면한 인구위기의 본질이 무엇인지를 설명함으로써 책이 다루는 내용의 배경이 되는 큰 그림을 펼쳐 보인다.

2장부터 5장까지는 장래 인구변화가 노동시장에 미치는 영향을 심층적으로 분석하고 전망한 결과를 제시한다. 전체 노동시장에 대한 단순한 분석에서 출발하여 각 세부 부문 및 유형에 대한 복잡하고 세밀한 분석으로 이어지도록 장을 구성하였다. 이에 따라, 각 장은 인구변화로 인한 전체 노동력 규모의 변화(2장), 경제활동참가율과 생산성 변화를 고려하는 경우의 노동 투입 변화(3장), 산업, 직종, 나이, 학력에 따른 노동 공급 변화와 노동 수요 변화를 함께 고려한 산업 및 직종별 노동력 부족 규모(4장), 장래 인력 부족 문제가 가장 심각해질 것으로 예상되는 의료 및 돌봄 서비스 부문의 인력 수급 불균형(5장) 등을 차례로 다룬다. 각 장은 인구변화가 가져올 노동 수급 불균형을 완화하는 정책적 방안도 함께 논의한다.

6장부터 8장까지는 인구변화의 미래를 좌우할 인구집단이라 할 수 있는 청년, 고령자, 외국인과 관련된 문제를 자세히 들여다본다. 6장은 청년인력이 어느 부문에서 얼마나 감소할 것인지를 전망하고 이러한 변화가 노동시장에 가져올 충격을 진단한 후 이를 완화하는 방안을 제시한다. 7장은 장래 고령자의 특성과 이들이 노동시장에서 차지하는 중요성이 어떻게 변화할지를 전망하고, 미래의 고령자를 충분히, 효과적으로 활용하는 방안을 모색한다. 8장은 한국의 외국인 유입 및 고용 실태를 분석하고 장래 외국인력에 대한 수요 변화를 전망한 후 인구변화에 적절하게 대응하기 위한 외국인 정책 방향을 짚어본다. 마지막 장은 앞의 장에서 충분히 다루지 못한 인구변화 대응 방안을 종합적으로 논의한다. 이는 한국이 직면한 인구위기를 성공적으로 극복하기 위해 우리 사회와 정치가 어떻게 바뀌어야 하는지를 포함한다.

책의 골격을 이루는 내용은 최근 필자의 연구에 기반한 것이며, 상당 부분은 지난해 12월 발표된 통계청의 2023년 장래인구추계를 비롯한 최신 데이터를 이용하여 다시 분석한 결과를 반영하였다. 딱딱하고 전문적인 연구 방법과 내용은 다양한 사례를 활용하여 최대한 알기 쉽게 풀어 설명하고자 노력하였고, 이를 보완하기 위해 기술적인 내용은 부록에 제시하였다. 분석 결과는 그래프를 이용하여 독자가 시각적으로 이해할 수 있도록 하였다. 아무쪼록 관련 분야 전문가, 정책 담당자, 일반 독자가 한국의 인구문제를 더 깊고 정확하게 이해하고, 우리 사회가 인구변화의 미래에 잘 대응하는 데 이 책이 조금이나마 보탬이 되기를 희망한다.

2024년 봄의 어느 흐린 일요일
이철희

차례

1장

안개 속에 싸인,
가리어진 길

더 이상 아기가 태어나지 않고 남아 있는 사람들이 서서히 늙어가는 사회는 어떤 모습일까?

알폰소 쿠아론 감독이 연출한 영화 〈칠드런 오브 맨〉으로 유명한 P. D. 제임스의 소설 《사람의 아이들》은 그 단면을 상상할 수 있게 해준다. 소설은 불임이 확산하여 '오메가'로 불리는 인류의 마지막 세대가 태어난 지 20년이 넘은 영국을 배경으로 한다. 혼란과 쇠락에도 불구하고 세상은 붕괴하지 않았지만, 사람들은 미래에 대한 희망을 잃고 자살은 보편적인 일이 된다. 서서히 사라져가는 세상을 응시하는 사람들이 느끼는 절망감은 다음과 같이 묘사된다.

이제 나는 대를 이을 자식이 없는 귀족과 대지주들이 자신의 영지를 돌보지 않고 방치하는 현상을 이해할 수 있다. (중략) 지금 우리에게는 우리가 죽은 뒤에도 인류가 살아 있으리라는 확신이 없으므로 마음과 감각이 느끼는 모든 즐거움이 때때로 그저 우리의 폐허를 떠받치는, 허물어져가는 애처로운 방어벽에 불과해 보인다.

— P. D. 제임스, 이주혜 옮김, 《사람의 아이들》(아작, 2019), 21~22쪽

살아 있는 인간이 단 한 명도 존재하지 않는 세상을 상상해보면 대성당과 사원들, 궁궐과 성채들, 그리고 오메가 직전에 개관한 대영도서관이 떠오른다. 그 도서관에는 아무도 다시 펼쳐보거나 읽지 않을 문서와 책이 소중하게 보관되어 있을 것이다. 누군들 그런 광경을 떠올리지 않겠는가?

— 위의 책, 42~43쪽

    2024년 한국의 상황은 1992년 영국에서 출간된 소설에 묘사된 가상의 디스토피아와는 상당한 거리가 있어 보인다. 그렇지만 빠르게 진행되고 있는 인구변화와 그로 인해 바뀔 한국 사회의 미래를 내다보는 전문가, 언론, 대중의 반응에는 우려를 넘어선 공포감이 진하게 드러난다. 이제 '인구위기'나 '인구절벽' 정도는 비교적 순한 표현으로 다가오고, '국가적 재앙'이나 '종족 소멸' 같은 무시무시한 말도 어렵지 않게 듣는다. 2022년 기준 한국의 합계출산율이 0.78이라는 이야기를 듣고는 머리카락을 움켜쥐고 "대한민국 완전히 망했네요. 와!"라고 반응한 미국 캘리포니아대 조앤 윌리엄스 명예교수의 인터뷰 영상은 엄청난 조회 수를 기록하며 한국의 인구위기를 상징하는 인터넷 밈이 되었다.
    한국의 출생아 수 감소와 인구 고령화는 정말 절망적인 미래를 걱정해야 할 정도로 심각한 사안일까? 인구변화가 어떻게 우리 삶

을 어렵게 만든다는 것일까? 과연 그러한 우려는 사실일까? 이를 판단할 만큼 우리는 인구변화의 미래에 대해서 확실하게 알고 있을까? 인구변화가 가져올 암울한 미래의 모습은 이미 결정되어 있어서 바꾸기 어려운 것일까? 미래에 대한 막연한 두려움을 넘어서 앞으로 다가올 수 있는 일들을 차근차근 바꾸어가는 방법은 없을까? 책의 첫 장은 다소 큼지막하고 근본적인 질문으로 열어본다.

인구 규모는 클수록 좋은가

〈고질라〉는 널리 알려진 일본의 괴수영화이다. 1998년 롤런드 에머리히 감독의 미국판 영화가 개봉했을 때 제작사는 "규모는 중요하다(Size does matter)"라는 홍보 문구를 내걸었다. 일본판 전작들에 비해 엄청나게 커진 주인공 괴수의 크기를 활용해 새 영화의 차별성을 강조하는 전략이었을 것이다.

어떤 이들은 한 집단이나 국가도 규모가 커져야 더 발전하고 힘이 세진다고 본다. 반면 1973년에 출판된 영국 경제학자 에른스트 프리드리히 슈마허의 수필집 제목이 표방하는 바와 같이 "작은 것이 아름답다(Small is beautiful)"라고 믿는 이들도 있다. 다시 말해 크기가 작을수록 인간과 자연에 친화적이어서 인류 공동체에 더 이로울 수 있다는 생각이다.

한국의 인구위기를 말할 때 가장 흔하게 제기되는 우려는 인구 규모 축소 문제이다. 실제로 한국의 인구는 기나긴 확장기를 끝내고 수축기로 접어들었다. 사망자 수가 출생아 수를 넘어서는 현상

그림 1-1. 2022~2072년 각 시나리오에 따른 총인구 전망(2022년 대비 %)

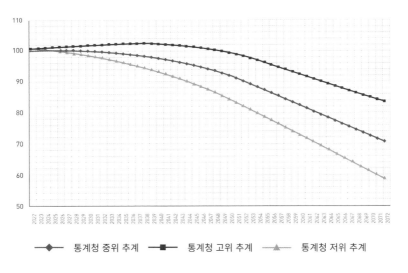

━◆━ 통계청 중위 추계 ━■━ 통계청 고위 추계 ━▲━ 통계청 저위 추계

• 출처: 2023년 통계청 장래인구추계

이 발생하면서 2020년부터 주민등록 인구가 감소하기 시작했다. 그림 1-1에 제시된 2023년 통계청 장래인구추계 결과에 따르면, 당분간 한국의 총인구가 서서히 감소하다가 2050년경부터 감소 추세가 빨라지면서 2072년까지 상당한 폭으로 줄어들 것으로 전망된다.[1]

　통계청이 가정한 시나리오 가운데 중위 추계가 실현된다면, 한국의 총인구는 2072년까지 현재 수준의 약 70%인 약 3,600만 명으로 줄어들 것이다. 만약 더 비관적인 시나리오에 기초한 저위 추계 결과가 실현된다면, 한국의 인구는 2072년까지 현재 수준의 58%를 약간 상회하는 약 3,000만 명까지 축소될 전망이다. 1919년에 일어난 독립 만세 운동을 기념하는 삼일절 노래의 한 구절이 "태극기 곳

그림 1-2. 2020년 인구 대비 2025년과 2070년 인구 비율: OECD 국가 간 비교

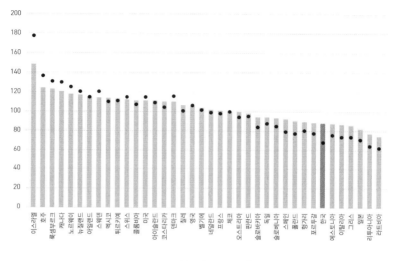

■ 2050년 • 2070년

* 출처: UN 세계 인구 전망(World Population Prospects, 2022 수정 버전)
* OECD 국가만 제시함

곳마다 3,000만이 하나로"라는 것을 알고 있는 필자에게, 이 저위
추계 결과는 앞으로 50년 후 한국 인구가 100년 전 수준으로 복귀
할 수 있음을 일깨워준다.

　이러한 장래 인구감소의 추세는 다른 국가들과 비교해도 상당히
빠른 편이라고 할 수 있다. 그림 1-2는 한국을 포함한 OECD 국가
의 2020년 인구 대비 2050년과 2070년 인구 비율을 비교한 결과를
보여준다. 한국은 앞으로 50년간 전 세계에서 가장 빠른 속도의 인
구감소를 경험하는 국가 중 하나가 될 것으로 보인다. 2070년까지
한국보다 더 빠른 속도로 인구가 축소될 것으로 예상되는 국가는

라트비아와 리투아니아, 두 나라뿐이다. 이들은 1980년대 말 이후 급격한 체제 변혁의 충격에서 아직 벗어나지 못하는 구소련 국가들이다. 대표적인 인구축소 국가인 일본의 총인구는 2050년까지는 한국보다 빠르게 감소하지만, 이후 한국의 인구감소 속도가 일본을 추월할 것으로 예상된다.

그림 1-1에 나타난 향후 50년간의 총인구변화 추이는 '절벽'보다 '내리막길'의 모양을 닮았다. 그렇지만 이러한 사실이 미래에 대한 비관론을 덜어주지는 못할 것 같다. 지금 스무 살인 젊은이들이 칠순을 맞이하기 전에 한국의 총인구가 30%나 감소하리라는 전망은 낙관적이라고 보기 어렵다. 오랫동안 팽창하는 사회에서 살아온 한국인에게 급작스러운 축소사회로의 전환은 상당한 충격으로 다가올 수밖에 없을 것이다. 비교적 짧은 기간에 이처럼 큰 폭으로 인구가 감소하는 현상은 근래에 어떤 사회도 경험해보지 못한 만큼, 불안함과 두려움을 느끼는 것은 어쩌면 당연한 반응일 수 있다.

그렇다면 인구 규모 감소 자체가 한국 사회의 미래를 위협하는 요인일까? 그렇게 생각하는 사람이 점점 많아지고 있는 듯하다. 2023년 12월 2일 〈뉴욕타임스〉에는 '한국은 사라지고 있는가(Is South Korea Disappearing?)'라는 자극적인 제목의 칼럼[2]이 실렸다. 이 칼럼은 현재와 같은 저출산이 지속되는 경우, 한국은 흑사병이 창궐했던 14세기 유럽이 겪었던 수준의 재앙적인 인구감소를 피할 수 없고, 이로 말미암은 심각한 위기에 직면할 수 있다는 섬뜩한 경고를 던졌다.

한국 언론은 이를 대대적으로 보도하였고, 많은 국내 독자들이 상당한 충격을 받았을 것으로 짐작된다. 특히 한국의 인구위기를 중세의 흑사병과 비교한 내용은 사람들의 공포를 자극하는 포인트로 작용했을 것이다. 그렇다면 14세기 흑사병은 어떤 사건이었고 유럽 사회에 어떤 결과를 가져왔던가? 이 사례는 급격한 인구감소가 재앙이라는 것을 확인해주는가?

14세기 유럽의 흑사병이
인구변화에 미친 영향

14세기 중세 유럽을 휩쓴 흑사병의 진원지는 몽골로 알려져 있다. 타타르족에 의해 흑해 연안으로 전파된 역병은 1347년 이탈리아 상인을 통해 유럽에 유입된 후 급속하게 유럽 전역으로 퍼졌다. 이탈리아 전역, 프랑스, 독일 등을 거쳐 1348년에는 영국에 상륙했고, 1352년에는 러시아 모스크바까지 도달하였다. 선페스트(Bubonic Plague)로 추정되는 이 강력한 전염병에 걸린 사람들은 겨드랑이와 사타구니에 달걀 모양의 부종이 생겨나고 심한 고열에 시달렸으며, 다수가 목숨을 잃었다. 역병으로 몰살당하여 죽은 이를 묻을 사람조차 남지 않은 마을도 부지기수였다.

흑사병으로 인한 사망자 수를 정확한 알기는 어렵지만, 적어도 당시 유럽 인구의 3분의 1이 흑사병에 희생된 것으로 추정된다. 영국의 인두세 자료에 따르면 흑사병 이전인 1347년 450만~600만 명이었던 잉글랜드 인구가 흑사병 이후인 1377년까지 250만~300만 명으로 감소하였다. 이는 200만 명 이상 혹은 3분의 1 이상의 잉글랜드 인구가 사망했음을 의미한다. 유럽 전체적으로도 흑사병 이후

인구의 3분의 1가량이 사라진 것으로 짐작된다.[3]

흑사병 유행 이전에도 전근대사회에는 기근이 빈번하게 발생하고 역병이 창궐하여 숱한 사람들의 목숨을 앗아가곤 했다. 그러나 당시의 기준으로도 상상을 초월하는 엄청난 재앙이었던 흑사병은 중세 유럽의 봉건사회를 뿌리째 뒤흔들었다. 중세 유럽의 지배층이었던 봉건영주와 교회 성직자들은 '죽음의 사신' 앞에서 피지배층인 농민들과 다름없이 나약하고 무력한 인간임을 드러내며 힘과 권위를 잃었다.[4]

집단적인 죽음의 공포 앞에서 사회적인 병리 현상도 만연하였다. 사람들은 재앙의 책임을 돌릴 희생양을 찾았으며, 그 결과로 곳곳에서 유대인에 대한 박해가 자행되었다. 1349년 2월, 독일과 접경한 프랑스 영토인 스트라스부르에서 유대인 수천 명이 불에 타 학살된 사건이 대표적 사례이다. 역병이 죄의 결과라고 생각한 중세인들 사이에 속죄를 위해 고행을 견디고 자신을 채찍질하는 행위가 유행하기도 했다.

흑사병이 가져온 충격은 개인적인 고통과 사회적 혼란으로 끝나지 않았다. 대규모 역병으로 인한 급격한 인구감소는 중세 유럽의 봉건제를 무너뜨린 중요한 요인으로 작용하였다. 유럽 봉건제의 경제적 기반은 영주와 교회가 보유한 장원에 속박되어 있었던 농민(농노)들이었다. 농민들은 장원 내 영주의 보유지를 경작하여 그 소출을 바쳤고, 각종 세금을 부담함으로써 봉건 지배층의 수입원 역할을 하였다. 영주는 농민들에게 방앗간, 화덕, 포도 압착기 등 장원의 시설을 비싼 가격에 강제로 이용하도록 하여 수입을 얻기도 했다. 영주는 관습에 기초한 암묵적인 계약을 통해 농민들의 토지 이용을 인정하는 대신 이들의 안전을 책임지는 반대급부를 제공하였다.

흑사병으로 인한 급격한 인구감소는 토지를 보유한 봉건영주와 노동력을 보유한 농민 간의 전통적·관습적 균형을 파괴하였다. 토지 대비 노동력의 비율이 큰 폭으로 낮아지면서 농민의 상대적인 교섭력은 강화되었다. 원칙적으로 대다수 농민은 토지에 묶인 농노 신분이었지만, 분권화된 중세 봉건사회에서는 농민들의 도주를 막을 방법이 없었다. 농촌의 장원과 달리 자유민들의 자치 공동체였던 중세 도시들은 농민들의 도피처가 되어주기도 했다. 노동력이 부족해진 서유럽 영주들은 더 나은 조건을 제시하며 농민들을 붙들기 위해 애쓸 수밖에 없었다.

이러한 과정에서 농민들의 부담은 줄어들었고, 장원제의 핵심이었던 노동지대(부역)는 점차 고정된 화폐지대로 전환되었다. 그 결과, 농민들은 열심히 일해서 얻은 몫을 자산으로 축적할 수 있었고, 영주들은 충분한 수입을 얻을 수 없는 위기에 직면했다. 결국 궁핍한 재정을 보충하고 안정적으로 지대를 납부하는 노동력을 확보하기 위해 '해방금'을 받고 자유롭지 못한 농노들을 자유로운 소작농으로 풀어주는 영주들이 점점 늘어났다. 서유럽 농노제는 이렇게 폐지되었고, 수백 년 동안 유지되었던 중세 유럽의 봉건제는 무너졌다.

흑사병으로 말미암은 유럽의 인구감소가 농노제를 근간으로 한 봉건제도 붕괴에 일조한 것은 사실이지만, 인구감소 자체가 중세 유럽 사회와 경제의 몰락을 불러왔다고 보기는 어렵다. 역병으로 인한 인구감소는 망자(亡者)와 봉건영주에게는 재앙이었을지언정, 살아남은 일반인에게는 축복이었다.

흑사병이 전파되기 전 약 400년 동안 이슬람 국가와 노르만족의 침략이 줄어들고 봉건제가 정착되면서 유럽의 인구는 증가하였다. 기존의 경작지로 늘어나는 인구를 부양하기 어려워지면서 황무지와 목초지를 개간하고 다른 지역으로의 식민 사업을 추진하였지만, 전근대사회의 기술력과 생산력의 한계 때문에 농민들의 평균적인 생활수준은 나빠졌던 것으로 파악된다. 동방과의 원격지 교역을 통해 유입되기 시작한 향신료, 도자기, 비단 등의 사치품을 사기 위해 봉건귀족들은 농민들에 대한 수취를 강화하였고, 이는 농민들의 삶을 더 팍팍하게 만들었다. 이러한 사정 때문에 흑사병이 유행하기 전부터 이미 유럽 곳곳은 기근과 역병이 심해지고 장원 내 분쟁과 농민 봉기 발생이 증가하고 있었다.

저명한 경제사학자 그레고리 클라크는 '맬서스 함정(Malthus Trap)'에 빠져 있던 전근대사회에서는 비위생, 폭력, 흉년과 같이 인구를 감소시키는 요인이 생활수준을 높일 수 있는 "미덕"이었고, 청결, 평화, 풍년과 같이 인구를 증가시키는 요인이 생활수준을 낮추는 "해악"이었음을 지적하였다.[5] 그의 지적처럼 흑사병 유행으로 인한 급격한 인구감소는 토지를 포함한 자원과 인구 간의 균형을 호의적으로 바꾸어놓았고, 이는 사람들의 생활수준을 높이는 결과를 가져왔다. 영국 농업노동자의 실질임금은 흑사병 유행 직전부터 15세기 중엽까지 약 두 배로 증가하였다.[6] 급감했던 인구는 다시 증가세로 돌아서서, 유럽 인구가 1400년 5,200만 명에서 1500년 6,700만 명으로 늘어난 것으로 추정된다.[7]

흑사병이 초래한 인구감소의 혜택을 본 것은 역병에서 살아남은 사람만이 아니었다. 흑사병 발생 이전에 늘어나는 인구를 부양하기 위해 경작지로 개간했던 땅은 사람이 줄어들자 다시 버려져 목초지로 전환되었다. 드넓은 초원을 차지하게 된 양들의 영양상태가 좋아졌고, 이는 당시 가장 선호하는 모직물로 부상한 소모사(梳毛絲) 생산에 적합한 장모종(長毛種)의 출현으로 이어졌다. 영국의 경제사학자 로버트 앨런(Robert Allen)에 따르면, 흑사병 유행이 가져온 양모의 질 변화는 영국 모직물 산업 발전의 원동력이 되었을 뿐 아니라 18세기 영국에서 처음으로 산업혁명이 발생한 원인으로 작용하였다.[8]

16세기 이후 모직물 수출의 폭발적인 확대에 힘입어 런던 같은 대도시가 성장했고, 이는 농업부문의 생산성 제고와 도시 내 분업의 세밀화를 통해 영국의 임금을 높이는 역할을 했다. 또한 도시화가 가져온 연료에 대한 수요 증가는 영국 석탄산업을 성장시키는 요인으로 작용하였다. 그 결과, 산업혁명 직전 무렵 영국은 세계에서 가장 임금이 높고 에너지(석탄) 가격이 낮은 나라가 되었고, 이는 비싼 노동을 절약할 수 있는 산업혁명기 기술혁신의 배경이 되었다. 이렇게 볼 때, 1800년 무렵까지 세계에서 가장 부강한 국가로 부상한 영국의 성공은 역설적으로 350년 전 대역병으로 사망한 수많은 조상의 음덕에 힘입은 바 크다고 할 수 있다.

14세기 흑사병 사례는 역병으로 인한 급격한 인구감소가 극심한 사회적 혼란과 개인적 고통을 초래했을지언정, 한 사회의 붕괴나 장기적 쇠퇴를 불러일으키지 않았음을 보여준다. 중세 유럽의 봉건제는 무너졌지만 그 폐허 위에 근대국가들이 태동했고, 이는 유럽의 부흥과 팽창의 시작을 알렸다. 이러한 역사적 사례를 볼 때, 14세기 흑사병 때와 유사한 규모의 인구감소가 발생하리라는 예측만으로 미래에 대한 공포심을 조장할 필요는 없을 것 같다.

　물론 700년 전의 역사적 사례를 21세기 한국의 현실에 그대로 적용하기는 어려울 것이다. 우리가 무엇을 경계하고 무엇을 낙관할 수 있는지를 알기 위해서는 현재 한국이 경험하고 있는 인구변화와 그것이 한국 사회와 경제에 가져올 충격을 좀 더 상세하게 이해할 필요가 있다. 그렇다면 21세기 한국 인구변화의 양상은 14세기 유럽의 흑사병과 무엇이 비슷하고 무엇이 다른가? 현재 시점에서 전망되는 장래 인구변화는 한국 사회를 어떻게 바꾸어놓을까? 과연 인구위기는 국가의 쇠락과 붕괴로 이어질 만한 재앙이 될 수 있을까?

21세기 한국의 인구위기:
너무 많이, 너무 빨리 줄어들고 있다

21세기 한국의 인구변화는 감소 규모나 속도 면에서는 14세기 흑사병 이후 유럽의 인구감소와 비견될 만하다. 최근 발표된 2023년 통계청 장래인구추계의 중위 전망이 실현되는 경우, 한국의 인구는 2072년까지 약 30% 줄어들 것으로 예상된다. 이는 불과 수십 년 사이에 인구의 3분의 1이 사라진 14세기 유럽의 사례에 비해서는 약간 느린 감소세이지만, 흑사병 이후에는 그 유례를 찾기 어려운 가파른 인구축소의 사례가 될 것이 틀림없다.

　그리고 통계청의 가정과 달리 2026년 이후 출산율의 반등이 일어나지 않는다면, 한국의 인구는 기존 예상보다 더 빠르게 감소할 가능성을 배제하기 어렵다. 앞서 소개한 〈뉴욕타임스〉 칼럼은 한국의 인구가 2060년대 말까지 3,500만 명 아래로 감소할 것이고, 이러한 인구축소가 한국 사회를 위기에 빠뜨릴 것으로 진단했다.

그렇다면 인구감소는 왜 문제가 될까? 〈뉴욕타임스〉 칼럼이 가장 먼저 우려한 것은 한국의 안보위기이다. 아직 비교적 출산율이 높은 북한에 비해 인구가 빠르게 감소하면서 충분한 병력을 유지하기 어려워지고, 이는 북한의 남침 가능성을 높일 수 있다는 분석이다. 부정적인 경제적 영향을 우려하는 목소리도 있다. 상당수의 경제학자와 기업인은 어느 정도 규모의 인구를 보유해야 충분한 국내 수요를 유지하고 규모의 경제를 실현할 수 있다고 믿고 있다. 그러기 위해 최소 인구 5,000만 명을 유지하기 위해 노력해야 한다는 견해도 있다.

많은 인구가 기술혁신에 유리하다는 주장도 오래전부터 제기되었다. 예컨대 덴마크의 저명한 개발경제학자 에스테르 보저럽은 인구증가가 기술 진보를 촉진하는 요인임을 주장하였다. 이 이론에 따르면, 새로운 기술의 개발에 최소한의 수요가 전제되어야 하므로 많은 인구는 신기술 개발을 자극하는 역할을 한다. 또한 대규모 인구는 기술 확산에도 도움이 된다. 게다가 인구성장은 기존 자원을 고갈시켜 이를 극복하는 과정에서 새로운 기술의 출현을 촉진할 수도 있다.[9]

그러면 어느 정도 규모면 충분할까? 한국이 적어도 5,000만 인구를 유지해야 한다고 보는 근거는 무엇일까? 왜 4,000만 혹은 3,000만 명이 되면 곤란한가?

이 질문은 한 국가의 '최적 인구'에 관한 논의와 연결되어 있다. 특정한 국가에서 가장 적정한 규모의 인구가 몇 명인지를 결정하기 위한 노력은 오래전부터 있어왔다. 경제학이나 경제지리학에서는 일반적으로 부존자원, 자본량, 기술수준 등이 주어져 있을 때 1인당 소득을 극대화할 수 있는 인구 규모로 최적 인구를 정의한다.

이론적으로는 이해할 수 있지만, 실제로 이 크기를 정확하게 추정하기는 매우 어렵다. 목표로 하는 바를 1인당 소득이 아닌 국민의 종합적인 후생으로 설정한다면, 최적 인구를 결정하는 것은 불가능에 가까워진다.

우선 고려할 사항은 사람들의 행복을 결정하는 요소가 다양하며, 각각에 적합한 인구 규모가 다르다는 사실이다. 예컨대 경제적으로 가장 적합한 규모의 인구와, 환경에 최적인 인구의 규모가 같을 수 없다. 사람들의 선호도 제각각이다. 물질적인 생활수준을 우선시하는 사람도 있고, 좀 가난하게 살더라도 맑은 공기를 마시며 쾌적하게 살고 싶은 사람도 있을 것이다. 그렇다면 누구의 선호를 반영하여 최적 인구를 결정할 수 있을까? 국민의 후생을 결정하는 다양한 요소들에 대해 적절한 가중치를 부여하여 이 문제를 해결할 수 있으면 좋겠지만 이는 이론의 세계에서만 가능한 일이다.

최적 인구 개념이 적정한지 혹은 유용한지도 의문이다. 즉 이 이론에서 주어졌다고 가정하는 자본이나 기술수준은 그냥 존재하는 것이 아니라 인구 규모에 맞게 최적으로 바꿀 수 있는 요인이다. 사실, 인구 규모를 바꾸는 것보다 자본량과 기술수준을 바꾸는 편이 더 쉬울 수 있다. 따라서 한 국가의 주어진 여건에 맞는 인구 규모를 찾는 작업은 흡사 지급된 군화에 맞는 발의 크기를 찾는 것과 같다고 하겠다.

실제로 지구상에 존재하는 여러 국가를 관찰하면, 한 국가의 인구 규모가 국민의 생활수준이나 만족도를 좌우하는 결정적인 요인이라고 결론지을 근거를 발견하기 어렵다. 서울시보다 적은 인구를 보유하고도 경제적으로 윤택하고 국민이 행복한 국가를 찾기란 어렵지 않다. 지구 전체가 촘촘하게 연결되어 상품, 자본, 인력, 아이디어가 빠르게 공유되는 21세기에는 한 국가의 인구 규모가 시장 규모를 결정하는 힘도 과거에 비해 약해졌다.

물론 작은 규모의 인구는 한 국가가 정치적·군사적 힘을 갖는 데 일종의 제약조건으로 작용할 것이다. 그러나 패권국가의 지위를 얻고자 하는 나라가 아니라면 그것이 대단히 중요한 제약조건이라고 하기는 어렵다. 강대국 못지않은 국력을 갖추고 국제사회에서 존중받고 있는 '강소국'도 적지 않다.

향후 60년 이내에 인구가 3,500만 명으로 감소할 수 있다는 장래인구 전망에서 더 우려되는 부분은 3,500만이라는 '규모'보다 60년 이내라는 기간이 나타내는 '속도'이다. 한국의 인구가 향후 200년 혹은 100년에 걸쳐서 점진적으로 3,500만 명으로 감소할 것으로 예상된다면 〈뉴욕타임스〉 칼럼니스트도 아마 "위기"라는 표현을 쓰지 않았을 것이다. 점진적이고 느린 변화에 대응하거나 적응하는 일은 비교적 쉬우며 비용도 적게 들기 때문이다.

출생아 수 감소에 따라 병역자원이 부족해지는 문제도 이러한 인구변화가 서서히 나타난다면 좀 더 수월하게 대응할 수 있다. 예컨대 현재 국방부는 첨단기술을 도입하여 군 병력을 줄이는 방안을 모색하고 있는데, 장비와 기술로 인력을 대체하고 이에 적응하는 데는 오랜 시간이 소요된다. 인구감소에 의한 시장수요의 변화도 점진적으로 진행된다면 기업은 비교적 적은 비용을 들이면서 이에 대응할 수 있을 것이다. 그러나 빠른 속도로 인구가 감소하면, 특정한 인구 규모에 맞추어진 한 국가의 여러 시스템에 심각한 불균형이 발생하고, 이로 말미암아 막대한 비용이 발생할 수 있다.

이처럼 특정한 최적 인구가 존재하지 않고 3,500만이라는 인구 규모 자체에 큰 문제가 없다고 해도, 지금의 청소년 세대가 노인이 될 무렵까지 인구의 3분의 1이 감소한다는 것은 작지 않은 충격으로 다가올 수 있다. 젊은 세대는 자신들이 알고, 기대하고, 이에 맞추어 준비한 것과는 전혀 다른 세상을 맞닥뜨릴 것이기 때문이다. 이미 얻은 경험과 지식은 더 이상 현실과 맞지 않는 낡은 것이 될 것이다. 빠르게 달라지는 상식과 규범에 적응하는 일이 더욱 어려워질 것이다. 기업과 정부도 기존의 제도나 관행이 달라진 세상과 어긋나면서 이를 고치는 데 엄청난 비용을 들이게 될 것이다.

이는 인구가 낮은 수준으로 감소한 후에 나타나는 어려움이 아니라 인구가 빠르게 감소하는 과정에서 나타나는 어려움이다. 인구 규모 감소로 인한 어려움의 강도와 이에 적응하는 데 소요될 비용의 크기는 다음의 두 가지 변수에 달려 있다.

첫째는 인구감소의 속도이다. 60년 이내에 인구의 3분의 1이 줄어들 것이라는 전망은 아직 나타나지 않은 미래의 인구 현상에 대한 가정에 기초하고 있다. 따라서 장래의 인구감소 추세는 더 느려질 수도, 더 빨라질 수도 있다.

둘째는 한국 사회가 얼마나 기민하게 인구축소에 적응할 수 있을지 여부이다. 그림 1-1에 제시된 장래인구추계 결과는 2050년경까지 한국의 총인구가 비교적 완만하게 감소하다가 그 후부터 가파르게 줄어든다는 전망을 제시한다. 총인구만을 고려한다면 축소사회에 대비할 수 있는 기간이 있고, 따라서 빠른 인구감소가 일으킬 혼란과 고통을 덜 수 있는 기회는 아직 남아 있다.

21세기 한국의 인구위기: 복잡하고 대응하기 어려운 도전

인구 규모 감소의 충격은 21세기 한국이 직면한 인구위기의 일면에 불과하며 비교적 덜 심각한 문제이다. 빠른 인구감소로 인한 혼란과 어려움은 불과 수십 년 사이 인구의 3분의 1이 사라졌던 14세기 흑사병 유행 이후 유럽인도 경험했을 문제로, 현재 한국이 당면한 인구문제의 특수성을 그리 잘 보여주지 않는다. 21세기 한국의 인구위기는 두 가지 면에서 14세기 중세 유럽의 인구위기와 근본적으로 다르다.

첫째, 14세기 유럽의 인구위기는 강력한 역병 때문에 남녀노소, 지위 고하를 막론한 모든 사람의 사망이 급격하게 늘면서 나타난 현상이었다. 반면 21세기 한국의 인구위기는 자녀를 낳아 기르기 어려운 사회적 '만성질환' 때문에 출생아 수가 급격하게 감소하면서 나타나는 현상이다. 즉 흑사병 이후 유럽과 달리 오늘날 한국에서는 인구 규모만 급격하게 줄어드는 것이 아니라 인구구조도 빠르게 바뀌고 있다.

둘째, 14세기 유럽과 비교하면 기술, 시장의 성격, 제도 등이 크게 변모하여 인구변화가 한 국가의 사회와 경제에 미치는 영향이 달라졌다. 사회보험, 복지제도, 의료제도, 교육제도, 상비군, 국제 노동시

그림 1-3. 2022~2072년 연령별 인구변화 전망: 중위 추계 결과

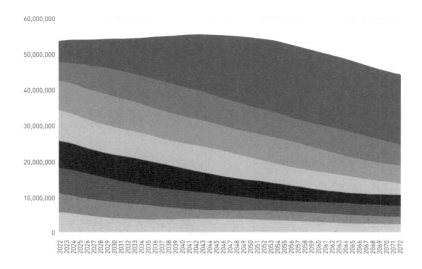

■ 15세 미만　■ 15~24세　■ 25~34세　■ 35~44세　■ 45~54세　■ 55~64세　■ 65~74세　■ 75세 이상

* 출처: 2023년 통계청 장래인구추계

장 등 현재 한국 사회의 근간이 되는 다양한 제도가 중세 유럽에는 존재하지 않았다. 아동부터 고령자까지 신체 능력이 있는 모든 사람이 노동에 종사했던 과거와 달리, 현재는 성인 인구의 3분의 2만 노동시장에 참여한다. 700년 전에는 없던 생산기술이 출현하였고 인적자본의 질이 중요한 사회가 되었다.

　이러한 흑사병 시대의 유럽과 21세기 한국의 차이는 인구위기의 미래를 내다볼 때 한편으로는 좋은 소식이고 다른 한편으로는 나쁜 소식이다. 우선 나쁜 소식부터 시작하자. 그것은 한국은 14세기 유럽과 달리 인구 규모뿐만 아니라 인구구조도 빠르게 변화하고 있다

그림 1-4. 2020년, 2050년, 2070년 고령인구 비율: OECD 국가 간 비교

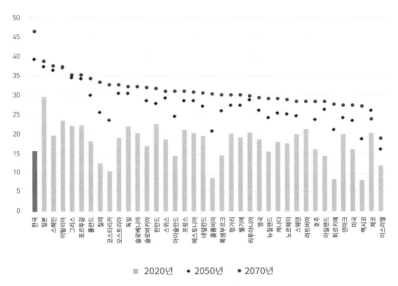

* 출처: UN 세계 인구 예측(World Population Prospects, 2022 수정 버전)
* OECD 국가만 제시함

는 사실이다. 그리고 인구구조의 급격한 변화는 인구 규모의 변화
보다 더 이른 시기에 더 심각한 도전으로 다가올 것이다.

그림 1-3에 나타난 장래의 연령별 인구변화 전망을 살펴보면 인
구감소 자체보다 연령층의 구성 변화가 더 두드러지게 나타나는 것
을 볼 수 있다. 앞으로 고령층 인구는 빠르게 늘어나고 유소년과 청
년 인구는 빠르게 감소한다. 보다 구체적으로, 현재 65세 이상 인구
는 2072년까지 두 배 이상으로 늘어나 전체 인구의 거의 절반을 차
지할 것이다. 반면 유소년과 청년 인구는 현재의 약 40%로 줄어들
것이다.

대다수의 다른 국가들도 출생아 수가 감소하고 수명이 늘어나면서 고령인구 비중이 높아지는 현상을 경험하고 있다. 그러나 한국의 인구 고령화 속도는 세계적으로도 가장 빠른 편에 속한다. 그림 1-4가 보여주듯이, 한국의 65세 이상 인구 비율은 2020년 약 16%에서 2050년 39%, 2070년 46%로 급격하게 높아질 것으로 예상된다. 현재는 고령인구 비중이 비교적 낮은 편이지만 2050년이 되면 OECD 국가 가운데 고령인구 비중이 가장 높은 나라가 될 것으로 보인다.

이러한 인구 고령화의 가장 중요한 원인은 매년 태어나는 아이의 수가 줄어드는 데 있다. 수명이 연장되면서 노인 수가 늘어나는 것은 이보다 부차적인 요인이다. 1970년경 100만 명에 달했던 연간 출생아 수는 2023년 24만 명 아래로 떨어졌다. 같은 해에 태어난 사람들을 가리키는 출생 코호트(birth cohort)의 규모가 불과 50년 사이 4분의 1로 줄어든 것이다. 그리 먼 과거를 돌아볼 필요도 없다. 현재의 출생아 수는 30년 전의 3분의 1, 10년 전의 절반에 불과하다.

이처럼 빠른 인구구조 변화는 한국 사회의 여러 분야에 심각한 불균형을 초래할 수 있다. 한 국가의 각종 제도는 대체로 매년 태어나는 인구 규모를 고려하여 만들어진 경우가 많다. 예컨대 공적연금제도가 태동할 때 연금의 기여율과 소득대체율은 장래의 특정한 연령별 인구수를 가정하여 결정되었다. 산부인과와 소아청소년과 병원과 의사 수, 보육시설과 학교의 교사 수, 군대의 징집 인원과 총병력 규모, 특정한 연령층을 대상으로 하는 서비스의 공급량 등도 나이에 따른 인구 규모와 무관할 수 없다. 따라서 갑작스럽게 출생 코호트의 규모가 변하면 우리 사회를 형성하는 다양한 제도에 균열

이 생긴다.

총인구가 본격적으로 감소하기 전에, 이미 한국 사회는 빠른 인구구조 변화로 인한 불균형을 경험하고 있다. 2023년 여름, 소아청소년과 의사들이 공개적으로 폐원을 선언하는 장면이 언론에 보도되었다. 학령기 아동이 줄어든 일부 지역에서는 보육시설과 학교가 문을 닫고 있다. 군은 줄어드는 병역자원을 보충하기 위해 대체복무를 줄이고, 여군을 늘리고, 부사관의 복무연한을 늘리는 등의 대책을 마련하고 있다. 연간 고등학교 졸업자 수가 대학 입학 정원을 밑돌면서 학생을 선발하지 못하고 재정난을 겪는 대학이 늘고 있다. 이와 같은 사회경제적·제도적 불균형은 인구변화의 속도가 빨라지면서 점점 더 심해질 것이다.

노동시장도 인구구조 변화가 초래하는 불균형 문제를 비켜 가지 못할 것이다. 나이가 들면서 일을 그만두는 사람이 늘기 때문에 인구 고령화는 노동인구 감소로 이어질 것이다. 고령화가 노동인구의 규모에만 영향을 미치는 것은 아니다. 사람들은 일반적으로 늙어가면서 신체기능과 인지능력이 감퇴하는 경향이 있다. 세월이 주는 경륜과 지혜가 이를 상쇄하기도 하지만, 일정한 나이를 넘어서면 평균적인 생산성이 감소하는 것으로 알려져 있다. 이를 고려한다면 인구구조 변화로 인한 실질적인 노동 투입량의 감소 규모는 더 클 수 있다.

인구변화는 직종 혹은 산업 간 노동 수급 불균형을 불러올 수 있다. 이는 기본적으로 각 부문에 취업해 있는 사람들의 나이, 학력, 숙련도 등이 다르고, 이질적인 성격의 인력은 서로 쉽게 대체되기 어렵기 때문에 나타나는 현상이다. 예컨대 저학력의 청년인구가 감소하고 고학력의 고령인구가 늘어나는 경우, 전자에 의존하던 부문은 노동력 부족에 직면하고 후자를 주로 고용하던 부문은 노동력 과잉을 경험할 것이다. 인구변화로 인한 노동의 공급충격이 기술 및 산업 변화로 인한 수요충격과 겹치면서 부문 간, 유형 간 노동시장 수급 불균형 규모는 증폭될 수 있다. 이를테면 인구 고령화로 수요가 급증할 의료서비스와 돌봄서비스 분야는 향후 매우 심각한 인력 부족을 겪을 것으로 우려된다.

14세기 흑사병 이후의 유럽은 인구의 급격한 감소를 경험하기는 했지만 인구구조 변화로 인한 사회경제적·제도적 불균형 문제를 겪지는 않았을 것이다. 흑사병으로 인해 특정한 연령층이 더 많이 사망했다는 증거는 없다. 따라서 인구의 연령구조는 변화하지 않았을 것으로 추정된다. 설사 인구구조가 변화했더라도 오늘날 같은 구조적인 불균형 문제를 초래하지는 않았을 것으로 추정된다. 전근대 유럽에는 사회보험도, 복지제도도, 의료 시스템도 없었고, 대부분의 일자리와 노동인력이 동질적이었기 때문이다. 이러한 면에서 21세기 한국의 인구문제는 14세기 유럽의 인구문제보다 더 복잡하고 대응하기 어려운 도전이라고 할 수 있다.

인구변화 대응 능력은 나아졌고
위기 극복의 희망은 있다

그렇다고 21세기 한국의 상황이 14세기 유럽에 비해 모든 면에서 나쁜 것만은 아니다. 인구변화의 충격은 과거에 비해 더 클 수 있지만 이에 대응할 수 있는 잠재적 능력이 과거에 비해 여러모로 개선되었기 때문이다. 이 잠재력을 효과적으로 실현할 수 있다면 인구 규모 및 구조 변화가 초래할 사회경제적 불균형과 이로 말미암아 발생할 비용을 어느 정도 완화할 것으로 기대된다.

노동시장은 인구변화 대응 능력 개선이 잘 드러나는 분야 가운데 하나이다. 14세기 유럽은 인구감소가 초래하는 노동력 부족 문제를 해결할 수 있는 효과적인 수단을 갖고 있지 않았다. 대부분의 전근 대사회가 그러했듯이 소수의 지배계층을 제외하고는 일할 수 있는 모든 사람이 노동에 종사했으므로 필요에 따라 노동력을 늘릴 수 있는 유휴 인적자원이 부재했다. 교통과 통신이 발달하지 않은 상황에서 먼 지역의 인력을 불러오기 어려웠고, 모든 지역의 인구가 감소했던 흑사병 시기에는 어차피 남는 인력이 존재하는 곳도 없었다. 노동을 절약할 수 있는 기술은 네 마리의 소가 끄는 바퀴 달린 쟁기 정도가 있었을 뿐이다.

21세기 한국은 여건이 다르다. 현재 15~64세 인구의 약 3분의 2가 경제활동에 참여하고 있는데 이는 OECD 국가 평균보다 낮은 수준이다. 특히 여성과 장년(50~64세) 인구의 경제활동참가율이 비교적 낮은 편이어서, 이들이 더 많이 일하게 된다면 인구감소로 인한 노동력 감소를 완화할 수 있다. 여성과 장년 인구의 경제활동참가율은 장기적인 증가 추이를 나타내고 있으며 현재의 여러 가지 정책적 노력에 힘입어 앞으로 더 높아질 가능성이 있다.

외국인력 유입을 늘려 인구변화로 인한 노동력 감소에 대응하는 길도 열려 있다. 이미 적지 않은 외국인력이 내국인 인력이 부족한 제조업, 농업, 서비스업 분야의 여러 일자리 공백을 메우고 있다. 코로나19 대유행으로 급감했던 외국인력의 유입은 팬데믹 종식과 함께 다시 빠르게 증가하고 있으며, 2023년 현재 외국인 취업자 수는 100만 명에 육박하고 있다. 인구문제 대응 방안의 하나로 외국인력 도입을 적극적으로 늘리는 정책이 추진되고 있으므로, 한국의 외국인 취업자는 앞으로 더 늘어날 것으로 전망된다.

노동인구 규모 감소를 인적자본의 질 개선으로 만회하는 것도 가능해졌다. 노동생산성이 두 배로 높아지면 노동력이 절반으로 줄어도 실질적인 노동 투입 규모를 유지할 수 있다. 교육혁신을 통해 새로운 세대를 더 창의적이고 생산적인 인재로 키울 수 있다면 젊은 노동인구가 급감하면서 발생할 수 있는 문제들을 어느 정도 완화할 수 있을 것이다. 또한 평생에 걸친 건강관리와 교육·훈련을 통해 점차 늘어나는 고령인구의 건강을 개선하고 생산성을 높인다면, 인구 고령화로 인한 노동 투입의 양적·질적 감소를 어느 정도 막을 수 있다.

새로운 기술과 장비를 도입하여 노동력을 대체하거나 노동생산성을 높이는 방안도 중세 유럽인이 갖지 못했던 선택지이다. 이미 많은 분야에 자동화, 로봇, 인공지능(Artificial Intelligence, AI) 기술이 도입되어 생산 현장에서 사람을 대체하고 있다. 얼마 전 필자가 방문했던 베트남의 한 삼성전자 공장은 중간재를 이동시키는 로봇을 포함한 다양한 자동화 장비의 도입으로 불과 5년 사이에 현지 생산직 근무자를 3분의 1로 줄였다고 한다. 한편, 새로운 기술은 사람의 신체적인 힘과 인지능력을 보완하여 노동생산성을 높이는 역할도 할 수 있다. 이와 같은 새로운 기술의 개발과 도입은 인구변화로 인해 노동력 부족 문제가 심각해질수록 더 활발해질 것으로 예상된다.

아직 정해지지 않은 어슴푸레한 미래를 조심스레 내다보기

필자가 이 책을 쓰고 있는 도중에 2023년 통계청 장래인구추계가 발표되었다. 불과 2년 전에 나온 추계 결과와 비교할 때 출생아 수 감소와 인구 고령화의 속도가 눈에 띄게 빨라졌음을 알 수 있었다. 오랜 '공포마케팅'에 익숙해질 법도 한데 새 추계 결과가 나올 때마다 충격과 탄식의 강도는 점점 높아지는 듯하다. '붕괴'나 '소멸' 같은 과격한 단어도 더 자주 언급된다. 이러한 반응을 보노라면, 장래인구추계의 결과가 새롭게 정해진 한국의 미래상에 대한 '예언'처럼 받아들여지는 것이 아닌가 하는 의구심이 든다. 마치 고대 그리스 델포이의 사제로부터 전해 받던 신탁처럼.

그러나 장래인구추계는 확정된 인구변화의 미래를 보여주지 않으며, 그러한 의도로 작성되지도 않는다. 출생, 사망, 인구이동 등 각 인구변동 요인이 어떻게 변화할지를 정확하게 예측하기란 불가능하며, 통계작성기관이 할 수 있는 최선은 합리적으로 설정한 여러 가정에 기초하여 미래에 나타날 수 있는 몇 가지 시나리오를 제공하는 것뿐이다. 그렇기에 새로운 추계가 나올 때마다 기존 추계의 오류가 드러나는 것은 그다지 놀라운 일이 아니다.

사실, 장래인구추계의 방법과 결과에는 이미 미래 인구변화의 구체적인 양상과 정도가 매우 불확실하다는 사실이 담겨 있다. 이 추계는 인구변동 요인별 가정을 조합해 총 27개의 시나리오를 작성한 뒤 도입한 결과이며, 시기에 따라 몇 가지 특별 시나리오를 추가로 고려한다. 각각의 추계 결과는 어떤 시나리오가 전개되는지에 따라 장래 인구변화의 양상이 상당히 다르다는 것을 보여준다. 예컨대 긍정적인 시나리오들을 조합해 얻은 고위 전망에 따르면 2072년 출생아 수는 약 26만 명, 총인구는 약 4,200만 명으로 전망된다. 반면 동일 인구 지표의 저위 전망치는 각각 약 9만 명과 3,000만 명으로 훨씬 적다.

통계청이 최선의 노력을 기울였음에도 불구하고 그 타당성이 확실하지 않은 결과도 있다. 이를테면 출생아 수가 2025년 이후 반등하여 2036년 약 28만 명으로 증가한다는 전망은 지나치게 낙관적인 것으로 판단된다. 이는 단기적으로는 최근의 결혼 및 출산 감소 추세가 유지되지만 장기적으로는 코호트 출산율이 회복된다는 가정에 기초한 결과인데, 그 근거가 취약해 보인다. 2036년 저위 추계 출생아 수가 2023년 출생아 수와 비슷하다는 결과는 저위 추계 시나리오가 충분히 비관적이지 않을 가능성을 제기한다. 만약 현재의 저출산 기조가 지속된다면 장래의 출생아 수가 통계청의 추계 범위를 벗어나는 문제가 발생할 수 있다.

이처럼 인구변화의 미래는 확실하게 정해져 있지 않다. 통계청 장래인구추계에 제시된 수많은 시나리오 가운데 어떤 수치가 실현될지는 앞으로 어떤 일이 일어나는지 혹은 우리가 무엇을 하는지에 달려 있다. 어떤 기발한 정책이 성공을 거두어 갑자기 출산율이 오를지, 코로나19 같은 감염병이 또다시 유행하여 사망자가 늘고 외국인 유입이 급감할지, 현재로서는 알기 어렵다.

인구변화가 불러일으킬 사회경제적 영향은 인구변화 자체보다 더 가변적이고, 따라서 정확하게 전망하기도 훨씬 어렵다. 똑같은 인구변화가 발생하더라도 그 영향은 다른 무수한 요인들과의 상호 작용을 통해 달라질 수 있기 때문이다. 예컨대 태어나는 아이 수의 장래 추이가 정해져 있다고 해도 이들이 얼마나 생산적인 인력으로 성장할지, 얼마나 높은 비율로 노동시장에 참여할지, 얼마나 오래 일을 계속하는지에 따라 노동 투입 규모의 변화는 달라질 수 있다. 그리고 인구변화로 인한 장래 노동시장 수급 불균형의 정도는 기술 및 산업의 변화가 가져올 노동 수요 변화에 따라 달라질 것이다. 외국인력의 유입은 국내의 노동 수급 여건과 이민을 둘러싼 정치적 지형에 의존할 것이고, 더 나아가 인력 송출국 및 다른 외국인 노동 확보를 두고 경쟁하는 다른 국가들의 경제적·정치적 변화로부터도 영향을 받을 것이다.

이처럼 인구변화가 장차 한국 사회에 미칠 영향을 정치하게 전망하는 일은 매우 복잡하고 어려운 작업이다. 인구변화의 미래는 장래인구추계 보고서에 제시된 선명한 표나 그림과 달리 더러는 흐릿하고 더러는 윤곽조차 잘 잡히지 않는 불확실성의 영역이다. 우리가 가진 다양한 분야의 지식과 가용한 자료를 총동원하여 조심스럽게 조각조각 퍼즐을 맞추어 알아가야 할 대상인 것이다. 한 번으로 끝날 수도 없다. 새로운 증거와 데이터가 나오면 이전에 맞춘 퍼즐의 오류가 드러나고 연구자는 자신이 델포이의 사제가 아님을 자각하며 다시 퍼즐 맞추기를 해야 한다.

복잡하고, 어렵고, 머지않아 잘못된 것으로 드러날 수 있더라도 필요하고 중요한 일이라면 누군가는 이를 맡아서 해야만 한다. 이 책은 이러한 마음가짐으로 장래의 인구변화가 한국의 노동시장에 미치는 영향을 전망하고 분석한 최근의 연구를 담고 있다. 인구변화로 인해 한국의 노동력이 얼마나 부족해질 것인지, 언제 어느 부문에서 노동 수급 불균형이 발생할 것인지, 인구 고령화로 인해 수요가 급증할 것으로 예상되는 의료 및 돌봄 서비스 인력의 불균형 문제는 얼마나 심각할 것인지 등을 최대한 정확하게 전망하는 작업은, 어렵지만 꼭 필요한 일이다. 또한 청년인구 급감이 가져올 충격을 어떻게 완화할지, 늘어나는 고령인구를 어떻게 효율적으로 활용할지, 외국인력 도입 확대는 인구문제 대응의 해법이 될 수 있을지 등의 물음에 답하는 것도 중요하다.

이제 인구변화의 미래를 내다보고 달라질 세상에 대비하는 법을 찾는 길로 들어가보자. '자욱한 안개 속 보일 듯 말 듯한 길'을 조심조심 더듬어가며 '가리어진 길'을 조금 더 환하게 터보자.

2장

인구변화는
노동인구절벽으로
이어질까?

미국의 산업화는 19세기 초 북동부 뉴잉글랜드 지방에서 처음 시작되었다. 1814년 보스턴 인근 월섬(Waltham)시에 프랜시스 로웰(Francis Lowell)이 세운 면직공장은 면직산업을 필두로 한 미국 초기 산업화의 상징으로 꼽힌다.

왜 미국의 산업화는 뉴잉글랜드 지방에서 처음 발생했을까? 경제사학자들은 산업부문에 대한 탄력적인 노동 공급을 주된 요인으로 꼽고 있다. 농업이 주된 산업이었던 시대의 '신산업'이었던 면직산업이 직면한 가장 큰 애로 사항은 일할 사람을 구하는 것이었다. 그런데 미국 북동부는 중서부나 남부에 비해 농업부문의 생산성과 임금이 낮았기 때문에, 애초 농업에 종사하던 인력을 공장으로 끌어오는 것이 가능했다는 설명이다.

노벨경제학상 수상자인 클로디아 골딘 교수에 따르면, 북동부의 공업 발전에서 특히 여성 노동의 역할이 중요했다. 미국 남부의 농업은 여성들의 생산성이 상대적으로 높았다. 당시 그 지역의 주요 작물이었던 면화를 따는 작업에는 손이 작고 섬세한 여성이 더 적합했기 때문이다. 반면 일반적인 곡물 재배와 축산이 주를 이루었던 북동부에서는 신체적인 힘과 숙련도에서 열세였던 여성의 임금이 상대적으로 낮았다. 따라서 북동부 여성들은 새롭게 부상한 공업부문에서 생겨난 취업 기회에 더 탄력적으로 반응하였다. 초기 면직공장은 인근 농촌의 미혼 여성들을 모집하기 위해 여공들을 위한 기숙사를 만들고 적극적인 구인 활동을 펼치기도 했다.[1]

노동력 확보는 19세기 초 미국 산업화에서만 중요했던 것은 아니다. 1970년대에 어린 시절을 보낸 필자는 자원이 부족한 한국에서 경제발전의 가장 중요한 원동력이 풍부하고 우수한 노동력이라는 이야기를 무척이나 자주 들었다. 로봇과 AI의 도입이 늘고 있는 21세기에도 여전히 노동은 생산과정에서 중요한 요소로 남아 있다. 기업이 생산 시설이나 연구개발 기지를 설립할 국가 혹은 지역을 선정할 때, 사업에 적합한 노동인력의 존재는 가장 중요하게 고려하는 사항 가운데 하나이다.

노동력의 중요성을 생각할 때, 가파른 인구변화가 우리 사회와 경제에 가져올 충격과 관련하여 가장 빈번하게 거론되는 걱정거리가 노동인구 감소라는 사실은 그리 놀랍지 않다. 이러한 우려의 가장 주된 근거는 15~64세 생산연령인구가 급격하게 감소하리라는 전망이다. 2023년 장래인구추계에 따르면, 현재 3,674만 명인 한국의 생산연령인구가 2072년까지 1,658만 명으로 줄어드는 것으로 전망된다. 50년 사이에 생산연령인구가 현재의 45% 수준으로 축소된다는 예측은 상당히 충격적이다. 이러한 변화에 대응하기 위해 정년을 연장하고 대량 이민을 수용하는 등 비상한 대응책이 필요하다는 주장이 제기되는 배경이다.

생산연령인구 전망이 상당히 비관적인 것은 사실이지만, 이것이 인구변화가 노동시장에 가져올 충격을 정확하게 보여주지는 못한다. 장래 노동시장에 구체적으로 어떤 변화가 발생할지 알고 이러한 변화에 적절하게 대응하기 위해서는, 한 걸음 더 나아가 다음과 같은 질문에 대답할 수 있어야 할 것이다.

인구변화로 인해 실제로 노동력이 빠르게 감소할까? 인구구조 변화에 따른 노동인구의 질적 변화를 고려하여 생산성을 조정한 노동 투입은 어떻게 변화할까? 향후 경제활동참가율과 생산성의 변화는 노동인구 혹은 노동 투입 변화에 어떤 영향을 미칠까?[2]

노동인구는 줄어들 것이다
하지만 감소 속도는 생각보다 느릴 것이다

1장에서 설명했듯이, 장래 인구변화의 추이와 이것이 우리 사회와 경제의 각 분야에 가져올 충격의 정도는 아직 확실하게 결정되어 있지 않다. 이러한 사정은 장래의 노동력 규모에도 적용된다.

우선 비관론의 근거가 되는 장래의 생산연령인구 추이 자체가 아직 완전하게 정해지지 않았다. 이미 태어난 내국인 인구는 바뀌지 않을 것이므로 지금 태어나는 출생 코호트가 15세가 되는 15년 후까지의 생산연령인구는 거의 결정되었다고 할 수 있다. 그렇지만 내국인과 외국인의 국제 이동이 변화하면 가까운 장래에도 생산연령인구가 현재의 추계와 달라질 수 있다. 15년 이후의 생산연령인구는 앞으로의 출생아 수에 영향을 받을 것이다.

그보다 더 중요한 불확실성의 본질은 생산연령인구가 노동인구의 규모를 정확하게 알려주지 않는다는 사실이다. 생산연령인구는 노동인구의 규모를 결정하는 중요한 요인임이 틀림없다. 아동노동이 사라지고 고령자의 은퇴가 일반화된 현대의 노동시장에서 15~64세 인구 규모는 일하는 사람의 수를 어림잡을 수 있는 유용한 지표이다. 하지만 생산연령인구는 실제 노동인구와 상당한 차이를 보일 수 있다.

먼저 생산연령인구 가운데 일부만이 노동시장에 참여하고 있다는 점을 기억할 필요가 있다. 특히 중등교육과 고등교육이 일반화된 국가에서는 10대 후반과 20대 초반 생산연령인구의 경제활동참가율이 매우 낮으며 한국의 사정도 그러하다. 또한 일부 국가에서는 65세를 넘긴 인구의 상당수가 노동시장에 남아서 일하고 있으며, 한국은 고령인구 고용률이 세계적으로 가장 높은 국가 가운데 하나이다.

이러한 사정 때문에, 인구변화가 노동인구 규모에 미치는 영향을 정확하게 전망하기 위해 생산연령인구보다 경제활동인구의 변화를 살펴보는 편이 타당하다. 경제활동인구는 일하고 있거나 일할 의사를 가지고 일자리를 찾는 사람들의 수를 보여준다. 15세 이상이지만 학교에 다니기 위해 일하지 않는 사람과 65세 미만이지만 조기퇴직해서 일을 그만둔 사람들은 제외되는 반면 65세가 넘었더라도 노동시장에 남아서 일하는 사람들은 포함된다. 경제활동인구를 노동인구 지표로 이용하는 경우, 생산연령인구가 줄더라도 경제활동 참가율이 높아지면서 노동인구가 감소하지 않을 수도 있다.

이렇듯 경제활동인구가 더 정확한 노동인구 규모의 지표이지만, 이 지표를 장래 전망에 활용하려면 풀어야 할 문제가 있다. 미래의 경제활동참가율을 정확하게 예측하기 어렵다는 것이다. 20년 후 혹은 50년 후 전체 인구의 몇 퍼센트가 일하고 있을지를 어떻게 알 수 있을 것인가? 이는 사람들의 선호, 일하는 문화, 산업과 기술의 특성, 사회보험, 복지시스템, 근로시간, 노동조건, 정년이나 근로시간 등과 관련된 정책 등 수많은 요인에 의해 결정될 것이다. 이러한 요인의 변화를 정확하게 전망하기란 불가능에 가깝다.

이러한 어려움을 필자는 다음과 같은 방법으로 우회하였다. 이번 장에서는 현재(혹은 기준 시점)의 성별·연령별·학력별 경제활동참가율이 앞으로 변화하지 않고 유지되는 경우 한국의 경제활동인구가 어떻게 변화할지를 추정하였다. 이는 위에서 언급한 바와 같은 경제활동참가율의 결정요인들이 변화하지 않는 가운데 통계청 전망에 따라 인구가 변화하는 경우, 노동인구의 규모가 어떻게 달라질지를 보여줄 것이다. 3장에서는 이러한 가정을 완화하여, 경제활동참가율 자체가 특정한 시나리오에 따라 변화하는 경우 경제활동인구 변화 추이가 어떻게 달라지는지도 살펴볼 것이다.

이러한 분석을 수행하기 위해 먼저 장래의 성별·연령별·학력별 인구를 전망하였다. 통계청 장래인구추계는 성별·연령별 인구에 대한 추계 결과를 제공하지만 학력별 인구변화를 전망하지는 않는다. 그런데 경제활동참가율은 성별과 나이가 같더라도 교육수준에 따라 큰 차이를 보인다. 따라서 좀 더 정확하게 전망하려면 학력별 인

그림 2-1. 2022~2072년 학력별 인구변화 전망

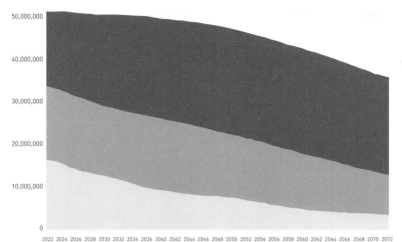

범례: 고졸 미만　고졸　대졸

* 출처: 통계청 장래인구추계와 경제활동인구조사 이용하여 저자 추계

구를 직접 추계하여 이용할 필요가 있다. 미래 세대의 교육수준이 어떻게 바뀔지 정확하게 알기 어렵지만, 최대한 합리적인 가정과 방법을 도입하여 2072년까지 성별·연령별로 대졸, 고졸, 고졸 미만 인구가 어떻게 변화할지를 추정하였다. 자세한 추정 방법은 부록에 제시되어 있다.

　그림 2-1은 전체 인구 가운데 특정한 학력을 가진 인구가 차지하는 비중이 어떻게 변화할지를 보여준다. 결과는 앞으로 한국 인구의 고학력화가 빠르게 진행될 것임을 알려준다. 2022년 현재 대졸, 고졸, 고졸 미만 인구는 각각 전체 인구의 약 3분의 1을 차지하

그림 2-2. 2022~2072년 연령별 경제활동인구 변화 전망

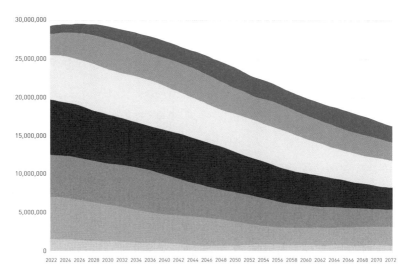

■ 75세 이상 ■ 65~74세 □ 55~64세 ■ 45~54세 ■ 35~44세 ■ 25~34세 ▨ 15~24세

• 출처: 통계청 장래인구추계와 경제활동인구조사 이용하여 저자 추계

고 있었다. 대졸 인구 비율은 빠르게 증가하여 2022년 약 35%에서 2072년까지는 62%로 높아질 것으로 예상된다. 반면 2022년 현재 전체 인구의 각각 33%와 32%를 차지했던 고졸 인구와 고졸 미만 인구의 비중은 2072년까지 각각 28%와 10%로 축소되는 것으로 전망된다. 여기에 제시되지 않은 성별·연령별 결과를 살펴보면 인구의 고학력화가 특히 고령층을 중심으로 진행될 것임을 알 수 있다.

　이렇게 얻은 성별·연령별 인구 전망 결과와 각 특성을 나타내는 인구의 경제활동참가율을 결합하여 2022년부터 2072년까지의 경제활동인구를 추계하였다. 예컨대 2050년 35~39세 대졸 남성 경제

활동인구는 기준 시점인 2022년의 35~39세 대졸 남성의 경제활동 참가율과 2050년의 35~39세 대졸 남성 인구 전망치를 곱하여 계산하였다. 그리고 이 결과를 집계하여 전체 및 나이와 학력에 따른 경제활동인구 변화를 전망하였다. 좀 더 상세한 추계 방법은 책 말미의 부록에 설명되어 있다.

그림 2-2는 통계청 장래인구추계 중위 전망이 실현되는 경우 2022~2072년 전체 및 각 연령대 경제활동인구 규모가 어떻게 변화할지 보여준다. 전체 경제활동인구 규모는 2022년 약 2,938만 명에서 2072년 1,635만 명으로 줄어들 것으로 전망된다. 이는 현재의 경제활동참가율이 유지되는 경우, 노동인구가 향후 50년 동안 현재의 약 56%로 감소할 것임을 보여준다. 매우 빠른 감소이지만 적어도 15~64세 생산연령인구의 감소에 비해서는 현저하게 느린 감소 추세이다. 그리고 15년 후인 2030년대 후반까지는 그다지 큰 폭의 감소가 발생하지는 않을 것으로 보인다.

연령별로 볼 때 가장 두드러지는 변화는 고령층 경제활동인구 비중의 증가이다. 65세 이상 경제활동인구는 2022년 373만 명(전체 경제활동인구의 약 13%)에서 2072년 465만 명(약 28%)으로 증가할 것으로 전망된다. 55세 이상 경제활동인구는 2022년 966만 명에서 2072년 825만 명으로 감소하지만, 전체 경제활동인구에서 차지하는 비중은 약 33%에서 약 50%로 증가하리라 예상된다. 전반적으로 경제활동인구의 고령화는 나이 든 경제활동인구의 증가보다는 젊은 경제활동인구의 감소 때문일 것으로 보인다. 예컨대 35세 미만 경제활동인구는 2022년 689만 명에서 2072년 297만 명으로 급격하게 감소하는 것으로 나타난다.

그림 2-3. 2022~2072년 학력별 경제활동인구 변화 전망

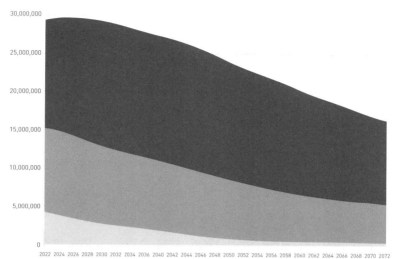

• 출처: 통계청 장래인구추계와 경제활동인구조사 이용하여 저자 추계

　　그림 2-3은 통계청 장래인구추계 중위 전망을 적용하여 추정한
학력별 경제활동인구 변화를 보여준다. 결과는 그림 2-1에서 살펴
본 인구의 고학력화와 함께 노동인구의 고학력화도 빠르게 진행될
것임을 알려준다. 2022년 현재 전체 경제활동인구의 약 48%를 차
지했던 대졸 경제활동인구의 비중은 2072년까지 약 67%로 증가하
리라 예상된다. 반면 2022년 약 38%였던 고졸 경제활동인구의 비
중은 2072년까지 약 31%로 축소될 전망이다. 또한 2022년 약 14%
였던 고졸 미만 경제활동인구 비중은 2072년까지 2% 아래로 내려
갈 것으로 추정된다.

이상의 결과는 한국의 노동인구가 인구변화로 감소하기는 하겠지만, 15~64세 생산연령인구와 비교할 때 그 감소 속도가 훨씬 느릴 것임을 보여준다. 그리고 노동인구의 본격적인 감소는 지금부터 적어도 15년 후가 되어야 시작될 것임을 알려준다. 또한 노동인구의 감소와 함께 노동시장에 참여하는 인구의 고령화와 고학력화가 진행되리라는 전망도 제공한다. 경제활동인구가 생산연령인구에 비해 느리게 감소하는 것은 고령인구의 경제활동참가율이 상대적으로 높고 청년인구의 경제활동참가율이 상대적으로 낮은 한국 노동시장의 특성을 반영한다. 이로 말미암아 인구 고령화가 노동인구 규모를 감소시키는 효과는 줄어든다.

이제까지 제시한 결과는 '사람의 수'로 측정한 노동력 변화 전망을 보여준다. 그런데 인구변화가 노동시장에 가져올 충격을 정치하게 전망하기 위해서는 인구구조 변화로 발생할 생산성의 변화를 함께 고려할 필요가 있다. 앞서 살펴본 결과는 한국의 노동인구가 고령화되는 한편 고학력화될 것임을 보여준다. 이러한 노동인구의 특성 변화는 생산성을 조정한 노동 투입에 어떤 영향을 미칠까?

인구구조 변화가 생산성을 떨어뜨린다는 착각

인구변화가 불러일으킬 것으로 우려되는 부정적인 영향 가운데 하나는 노동인구 고령화에 따른 생산성 하락이다. 나이가 들면서 평균적으로 건강이 나빠지고 신체기능과 인지능력이 떨어진다는 사실은 널리 알려져 있다. 예컨대 미국 자료를 이용한 한 연구는 70대

고령자의 근력이 매년 2.6~4.1% 감소한다는 사실을 밝힌 바 있다. 오스트리아의 사례를 살펴본 한 연구는 나이가 들수록 인지능력이 감퇴한다는 결과를 얻었으며, 캐나다, 노르웨이, 미국 등 국가들의 설문 자료를 분석한 연구는 고령화와 함께 글을 이해하는 능력의 저하가 나타나는 현상을 발견하였다.[3] 고령자는 청장년에 비해 새로운 정보, 지식, 숙련을 습득하는 능력이 떨어지는 경향도 보인다. 따라서 산업구조와 기술이 빠르게 변화하는 여건에서는 고령자가 일터에서 직면하는 불리함이 더 커질 수 있다.

노화에 따른 신체·인지 기능의 변화는 업무에서의 생산성 저하로 이어질 수 있다. 만약 일정한 나이를 넘기면서 생산성이 저하되는 현상이 일반적이라면, 인구 고령화가 진행되면서 생산성을 반영한 노동 투입은 경제활동인구보다 더 빠른 속도로 감소할 수 있다. 국가 혹은 산업별 데이터를 분석한 연구들은 고령인구 혹은 고령 취업자 비중 증가가 경제성장률이나 노동생산성을 낮춘다는 결과를 제시해왔다.[4] 이는 앞서 살펴보았듯이 노동인구가 빠르게 고령화되는 한국 경제의 앞날이 그리 밝지 않다는 것을 의미한다.

그렇지만 현실은 그리 단순하지 않다. 일자리에서의 실제 생산성이 나이가 들면서 어떻게 변화하는지는 확실하게 알기 어렵다. 나이가 들면서 퇴보하는 기능도 있지만 반대로 개선되는 경향이 있는 능력들도 있다. 《가장 뛰어난 중년의 뇌》의 저자 바버라 스트로치(Barbara Strauch)는 직관력이나 종합적인 판단력 등과 같은 두뇌기능은 나이가 들면서 오히려 개선된다는 사실을 다양한 증거와 사례를 통해 제시하였다. 나이를 먹으며 나타나는 신체기능이나 인지능력의 저하는 긴 세월에 걸쳐 축적된 경험과 지식에 의해 어느 정도 상쇄될 수 있다. 다만 그 정도는 각 일자리의 생산기술, 작업환경, 재교육·훈련의 질 등에 따라 다를 것이다. 따라서 고령화에 따른 생산성 저하 정도를 일반화하기는 어렵다.

한국의 경우, 사정은 더 복잡하다. 한국은 20세기 중반 이후 압축적인 경제성장에 힘입어 건강과 인적자본의 빠른 개선을 경험하였다. 이로 말미암아 근래에 태어난 사람들일수록 학습 기회가 늘어나면서 교육수준이 높아졌고, 더 나은 환경에서 성장기를 보내면서 건강상태가 좋아졌다. 이러한 차이는 출생 시기에 따른 평균 키의 차이에서도 잘 드러난다. 필자가 한국의 병적기록 자료를 분석한 결과에 따르면, 한국전쟁 시기에 태아기와 유아기를 보낸 1951년생 남성의 평균 키에 비해 전쟁의 피해에서 어느 정도 회복한 후에 태어나 1960년대 경제발전 시기에 아동기를 보낸 1957년생 남성의 평균 키가 2센티미터나 더 큰 것으로 나타났다.[5]

근래에 풍부하게 축적된 일련의 연구들은 태아기와 아동기를 포함한 생애 초기 조건이 생애에 걸친 건강과 인적자본 형성의 중요한 결정요인임을 보여준다. 이 시기에 영양결핍, 전쟁, 폭력, 오염물질에 대한 노출 등 부정적인 경험을 한 개인은 성인이 된 후 만성질환을 얻을 위험성이 커지고 노동시장에서 성과가 낮아지는 것으로 나타난다.[6] 필자가 한국의 사례를 이용하여 얻은 결과도 이에 부합한다. 즉 민간인의 직접적인 피해가 컸던 한국전쟁 초기에 태아기를 보낸 사람들은 성인기의 교육수준과 직업의 질이 낮아졌고 중년 이후 신체적·정신적 장애를 겪을 위험성이 커졌다.[7] 반면 아동기와 청소년기를 영양공급이 풍부한 지역에서 보낸 사람들은 상대적으로 키가 크고 교육수준이 높았다.[8]

한국은 서구 선진국과 비교할 때 그리 오래되지 않은 과거에 매우 압축적으로 근대화와 경제성장을 경험했다는 특징을 나타낸다. 이러한 특수성 때문에 현재 한국에는 부모와 자식 세대는 물론이고 불과 10년 터울의 선배와 후배 사이에도 평균적인 건강과 인적자본 수준의 차이가 존재한다. 그러므로 앞으로 고령층에 진입하는 세대는 1960년대 이후 경제성장의 혜택에 힘입어 과거와 현재의 고령자에 비해 더 건강하고 생산적인 모습을 보일 가능성이 크다.

따라서 한국에서 인구 고령화가 가져올 미래의 변화를 전망할 때, 나이에 따라 사람이 달라지는 효과, 즉 나이 효과(age effect)뿐만 아니라 태어난 시기에 따라 사람이 달라지는 효과, 즉 코호트 효과(cohort effect)를 반드시 고려해야 한다. 미래의 고령자도 현재의 고령자와 같으리라는 통상적인 가정을 대입하면 인구 고령화의 부정적인 영향이 과대평가될 수 있다. 한편으로는 나이 들면서 생산성이 낮아지는 나이 효과 때문에 고령층 노동인구 비중이 높아지면서 생산성이 낮아지는 현상이 나타날 것이다. 그러나 다른 한편으로는 미래의 고령자가 현재의 고령자에 비해 더 건강하고 교육수준이 높아지는 한국 특유의 인구특성 변화로 말미암아 생산성이 개선되는 현상도 나타날 것이다.

그렇다면 이러한 두 가지 효과 가운데 무엇이 더 클까? 이 질문에 대한 답은 한국의 인구변화가 생산성에 어떤 영향을 미칠지를 이해하는 열쇠가 될 것이다. 앞에서 필자는 장차 한국의 노동인구가 한편으로 고령화되고 다른 한편으로 고학력화된다는 전망을 제시한 바 있다. 일반적으로 노동력의 고령화는 생산성의 저하를 가져올 가능성이 큰 것으로 알려져 있다. 반면 교육수준의 개선은 다른 조건이 변하지 않는 경우 생산성에 긍정적인 영향을 미칠 것이다. 교육수준의 개선은 근래에 태어난 출생 코호트의 생산성을 높이는 유일한 요인은 아니지만 가장 중요한 요인으로 꼽을 수 있다. 그러므로 노동인구 고령화와 고학력화가 미치는 효과의 상대적 규모를 비교하는 작업을 통해 한국의 인구변화가 노동인구의 생산성에 미칠 영향을 어느 정도 가늠해볼 수 있다.

필자는 다음과 같은 방법으로 이 작업을 수행하였다. 경제활동인구를 성별, 나이, 교육수준에 따른 세부 집단으로 나누고 각 집단의 평균적인 생산성 지표를 추정하였다. 생산성 지표로는 해당 집단에 속하는 취업자들의 평균 시간당 임금을 이용하였다. 물론 시간당 임금은 노동생산성의 완벽한 지표라고 보기 어렵다. 예컨대 필자의 현재 급여는 필자의 25년 전 급여의 현재가치나 현재 초임 교수들의 급여보다 높다. 필자는 이렇게 높아진 급여가 긴 세월 동안 쌓인 경험 덕분에 생산성이 높아졌기 때문이라고 믿고 싶지만, 안타깝게도 연공서열형 급여체계 때문이라는 설명이 객관적으로 타당할 것이다. 그렇지만 개인이 아닌 특정한 인구집단의 시간당 임금은 그 집단의 평균적인 생산성을 어느 정도 반영한다고 할 수 있다. 보다 나은 대안이 없다는 사실은 이 지표를 이용할 수밖에 없는 더 중요한 이유이다.

다음 단계로, 성별, 나이, 학력에 따라 구분한 각 집단의 생산성(시간당 임금)을 가중치로 이용하여 생산성을 반영한 노동 투입 지표를 추정하였다. 보다 구체적으로 성별·연령별·학력별 경제활동인구에 남성 평균임금 대비 각 집단의 상대적인 시간당 임금의 비율을 곱하여 생산성을 반영한 노동 투입 규모를 산출했다. 이렇게 하면 생

그림 2-4. 2022~2072년 생산성을 반영한 노동투입 변화 전망

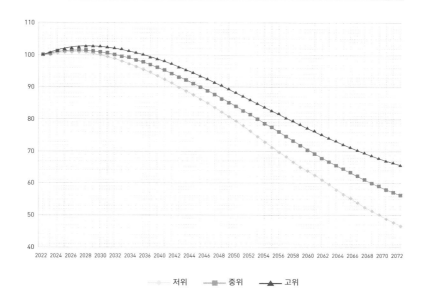

* 출처: 통계청 장래인구추계, 경제활동인구조사, 한국노동패널자료 이용하여 저자 추계

산성이 상대적으로 높은 유형의 인력이 생산성의 우위만큼 수가 늘어난다. 예컨대 30대 후반 대졸 남성의 평균 시간당 임금이 전체 취업자의 평균 시간당 임금의 1.2배라면 30대 후반 남성 취업자는 평균적인 취업자 1.2명으로 취급된다. 노동인구의 규모가 변하지 않아도 상대적으로 생산성이 높은 인력의 비중이 높아지면 생산성을 반영한 노동 투입 지표도 함께 증가한다.

그림 2-4는 통계청 장래인구추계 시나리오별로 생산성을 반영한 노동 투입 규모의 장래 추이를 보여준다. 이 지표는 향후 몇 년 동안 약간 증가하다가 이후 감소하는 것으로 전망된다. 통계청 장래

인구추계 중위 전망을 적용하는 경우 생산성을 반영한 노동 투입은 2027년까지 2022년 수준의 약 102%로 높아졌다가 이후 줄어들기 시작하여, 2047년에는 2022년 수준의 86%, 2072년에는 2022년 수준의 약 56%로 감소할 것으로 전망된다. 생산성을 반영한 노동 투입은 15~64세 생산연령인구는 물론, 앞서 살펴본 경제활동인구에 비해서도 높은 수준을 유지하고 또한 더 늦은 시기에 감소하는 것으로 나타난다.

이러한 결과는 노동인구의 고령화로 생산성이 저하되는 효과보다 노동인구의 고학력화로 생산성이 개선되는 효과가 더 클 수 있음을 보여준다. 물론 시간당 임금이 완벽한 생산성 지표가 아니라는 점을 고려할 때, 이 결과는 조심스럽게 받아들일 필요가 있다. 그러나 고령층에 진입하는 출생 코호트의 교육수준이 높아지면서 노동인구의 고령화로 말미암은 생산성 감소를 어느 정도 완화할 것은 분명한 사실이다. 또한 장래의 고령층은 교육수준뿐만 아니라 건강과 다른 면의 인적자본도 과거의 고령층에 비해 개선될 가능성이 높다. 이렇게 볼 때, 인구변화로 생산성이 저하되리라는 일반적인 믿음은 그리 탄탄한 기반 위에 서 있다고 보기 어렵다.

인구절벽인가?
완만한 내리막길인가?

이제 지금까지 살펴본 여러 지표들을 비교하여 장래 인구변화로 노동 투입이 어떻게 변화할지 살펴보자. 그림 2-5는 앞서 통계청 장

그림 2-5. 2022~2072년 노동 투입 지표 변화 추이 비교

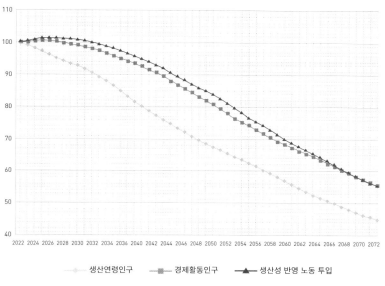

━━━ 생산연령인구   ━■━ 경제활동인구   ━▲━ 생산성 반영 노동 투입

• 출처: 통계청 장래인구추계, 경제활동인구조사, 한국노동패널자료 이용하여 저자 추계

래인구추계 중위 전망을 적용하여 추정한 15~64세 생산연령인구,
경제활동인구, 생산성(시간당 임금) 반영 노동 투입 등 세 가지 노동
력 지표들의 변화를 비교한 결과이다. 인구변화로 생산연령인구는
매우 빠른 속도로 줄어들겠지만, 노동력의 규모를 더 잘 보여주는
경제활동인구와 생산성 반영 노동 투입의 규모는 앞으로 꽤 오랜
기간에 걸쳐 비교적 완만하게 감소할 것으로 전망된다.

생산연령인구는 2022년 수준 대비 2047년 70%, 2072년 45%로
감소하지만, 두 연도의 경제활동인구는 각각 83%와 56%까지 유지
될 것으로 전망된다. 생산성을 반영한 노동 투입은 경제활동인구

에 비해 더 느리게 감소할 것이다. 경제활동인구와 생산성을 반영한 노동 투입은 특히 비교적 가까운 장래에 상당한 격차를 보일 것으로 예상된다. 예컨대 2042년까지 경제활동인구는 현재 수준의 약 90%로 낮아지지만 생산성을 반영한 노동 투입은 약 92%로 그보다 높은 수준일 것이다. 이는 고령층의 교육수준 개선 효과가 향후 10~30년 동안 가장 두드러지게 나타나기 때문으로 풀이된다.

인구변화는 많은 사람이 우려하는 대로 노동력 규모를 감소시킬 것이다. 그러나 그 속도와 정도는 '노동인구절벽'이라는 표현이 보여주는 이미지만큼 심각하지는 않을 것이다. 현재의 경제활동참가율과 생산성이 유지되는 경우, 생산성을 반영한 노동 투입은 앞으로 10년 동안 눈에 띄게 줄어들지 않을 것이고, 20년 후에도 현재의 90% 수준을 유지하다가 이후 비교적 빠르게 떨어질 것이다. 따라서 적어도 앞으로 20년간은 '절벽'보다 '완만한 내리막길'이라는 표현이 더 어울린다고 하겠다.

노동력이 얼마나 감소할지, 이로 인한 총량적인 노동력 부족이 얼마나 심각할지에 대한 정확한 전망은 이번 장에 제시된 결과만으로 충분하지 않다. 이번 장에서 변하지 않는다고 가정한 경제활동참가율과 생산성은 실제로 변화할 가능성이 있고, 이는 장래 노동력 규모 변화 추이를 바꿀 것이다. 또한 노동력 부족 여부는 이번 장에서 살펴본 노동 공급뿐만 아니라 앞으로의 노동 수요 변화에 따라 결정될 것이다. 3장에서 이러한 문제를 살펴볼 것이다.

3장

인구변화로
일할 사람이
부족해질까?

1992년 개봉된 페니 마셜(Penny Marshall) 감독의 영화 〈그들만의 리그(A League of Their Own)〉는 제2차 세계대전 발발로 프로야구선수들이 대거 입대하면서 미국 메이저리그가 중단되었던 시기의 실화를 바탕으로 한다. 미국의 "국가적 오락거리(national pastime)"로서 위상을 자랑하던 야구 경기의 공백을 채우기 위해 구단주들은 전미 여성 프로야구 리그(All-American Girls Professional Baseball League)를 창설한다. 영화는 이전까지 동네에서 취미로 야구를 하던 여성들이 어떻게 직업선수로 변모하는지, 이들이 얼마나 남성 선수들 못지않게 팀을 위해 헌신하고 멋진 경기력을 보이며 야구팬들의 관심과 사랑을 얻게 되는지 흥미롭게 보여준다.

　남성들이 전쟁터로 떠났을 때, 여성들이 그 빈자리를 채운 곳은 프로야구 리그만이 아니었다. 진주만공격 이후 매년 수백만 명의 젊은이가 군에 입대해 전쟁터로 떠났고 전쟁 막바지에는 1,200만 명이 넘는 남성이 군복을 입고 있었다. 이들이 떠난 산업현장의 상당 부분을 여성이 채웠다. 전쟁이 발발하기 전에 약 510만 명이었던 미국의 여성 취업자는 1943년까지 725만 명으로 늘어났다. 이들은 무기, 선박, 항공기 생산공장의 조립공, 기관차 운전기사, 소방관 등 주로 남성에게만 문호가 개방되어 있던 업종에도 대거 진출해 활약했다. 이는 미국만의 이야기가 아니다. 영국의 엘리자베스 2세 여왕은 전쟁 중에 트럭 운전과 정비공 임무를 수행하기도 했다.

국가의 동원과 독려가 있었고 위기감과 애국심이 넘쳐났던 전시만큼은 아니겠지만, 인구변화로 인한 노동력 감소는 노동시장 밖에 있던 사람들을 생산 현장으로 끌어들일 가능성이 농후하다. 이미 인구변화에 대응하기 위해 고용을 늘리려는 정책들이 추진되고 있으며, 성인 남성에 비해 노동시장 참가율이 낮은 여성과 장년 인구가 그 주된 대상이 되고 있다. 생산성을 높여 노동인구 감소의 충격을 완화해야 한다는 주장도 힘을 얻고 있다.

그렇다면 2장에서 변화하지 않는다고 가정했던 경제활동참가율과 생산성은 얼마나 높아질 수 있을까? 이는 인구변화가 초래할 노동력 감소를 완화하는 데 도움이 될까? 한국은 많은 사람이 우려하듯 심각한 노동력 부족에 직면할까?

남성 노동인구의 공백을
여성과 장년층이 메운다면

2장에서 장래의 노동력 변화를 전망할 때는 기준 시점(2022년)의 성별·연령별·교육수준별 경제활동참가율과 노동생산성(시간당 임금)이 앞으로도 유지되는 것으로 가정하였다. 그러나 향후 경제활동참가율과 생산성은 변화할 가능성이 있다. 그렇다면 어떤 방향으로 얼마나 변화할까? 이를 미리 알기는 어렵지만, 한국에서 관찰된 최근 추세와 한국이 참고할 수 있는 다른 국가의 사례에 기초해 몇 가지 가능한 시나리오를 생각해볼 수 있을 것이다.

그림 3-1. OECD 7개국 25~54세 여성 경제활동참가율(%)

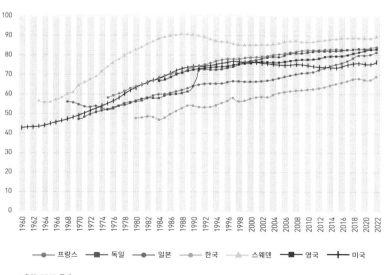

* 출처: OECD 통계

한국을 포함한 대부분 국가에서 성인 남성의 경제활동참가율은 비교적 높은 편이고 장기적으로 볼 때 뚜렷한 추세 변화를 관찰하기 어렵다. 반면 여성과 장년(55~64세)의 경제활동참가율은 국가 간에 큰 편차를 보이고 비교적 짧은 기간에 상당한 폭으로 변동한 사례가 관찰된다. 한국 역시 여성과 장년의 경제활동참가율이 상대적으로 낮아서 앞으로 더 높아질 여지가 있고 최근 상승 추이를 보인다는 점에서, 이 인구집단의 경제활동 변화에 특히 주목할 필요가 있다.

그림 3-1은 한국을 포함한 OECD 7개국(미국, 일본, 영국, 프랑스, 독일, 스웨덴)의 25~54세 여성 경제활동참가율의 장기 변화를 보여준다. 한국 여성의 경제활동참가율은 장기적으로 꾸준히 높아졌지만 비교 대상으로 설정한 다른 국가들에 비해 현저히 낮은 수준을 나타낸다. 한국 여성의 경제활동참가율은 스웨덴, 프랑스, 독일, 영국 같은 북서부 유럽 국가들에 비해 20~30%p나 낮고, 이웃 국가인 일본에 비해서도 줄곧 10%p 낮게 유지되었다. 한국이 장차 여성 경제활동참가율이 상대적으로 높은 다른 국가들의 경험을 따라가리란 보장은 없지만, 지난 40년간 추세와 여성 고용을 증진하기 위한 정책적 노력을 고려할 때 앞으로 더 높아질 가능성은 충분하다고 판단된다.

그림 3-2와 3-3은 OECD 7개국에서 55~64세 남성과 여성의 경제활동참가율 변화 추이를 보여준다. 한국의 장년층 남성 경제활동참가율은 다른 국가와 비교해 비교적 높은 편이다. 그러나 여러 면에서 비교적 유사한 이웃 나라 일본에 비해서는 낮은 수준이다. 그리고 프랑스, 독일, 일본 등에서는 근래 장년남성 경제활동참가율이

그림 3-2. OECD 7개국 55~64세 남성 경제활동참가율(%)

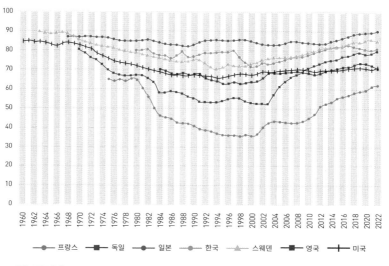

━●━ 프랑스　━■━ 독일　━●━ 일본　━●━ 한국　━▲━ 스웨덴　━■━ 영국　━┼━ 미국

* 출처: OECD 통계

그림 3-3. OECD 7개국 55~64세 여성 경제활동참가율(%)

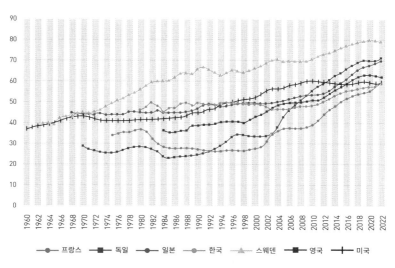

━●━ 프랑스　━■━ 독일　━●━ 일본　━●━ 한국　━▲━ 스웨덴　━■━ 영국　━┼━ 미국

* 출처: OECD 통계

빠르게 높아지는 추이가 나타났지만, 한국의 장년남성 경제활동참가율은 1998년 외환위기 직후 크게 낮아졌다가 최근 겨우 과거 수준을 회복하였다. 따라서 장년남성의 경제활동참가율이 높아질 여지는 아직 남아 있다고 볼 수 있다.

한국의 장년여성 경제활동참가율은 청년여성과 마찬가지로 다른 나라와 비교할 때 비교적 낮은 수준이다. 2000년대 중반 이후 한국 장년여성 경제활동참가율이 빠르게 증가하고 있지만 현재 비교 대상이 된 국가 가운데 한국보다 참가율이 낮은 국가는 프랑스뿐이다. 과거에는 전통적으로 조기퇴직 경향이 강했던 영국과 독일 같은 국가들이 2000년대 중반까지는 한국보다 낮은 참가율을 보였으나, 현재는 모두 한국을 앞지르고 있다. 일본 장년여성의 경제활동참가율도 한국보다 월등하게 높다. 이러한 사정은 역설적으로 한국 장년여성의 경제활동참가율이 앞으로 더 높아질 여지가 있음을 보여준다.

다른 국가들 가운데 특히 일본 사례는 한국의 미래를 내다보는 데 있어서 유용한 기준점 역할을 할 수 있다. 여러 가지 차이에도 불구하고 양국은 노동시장과 관련된 제도, 정책, 문화 등에서 유사한 면이 많다. 여성과 장년층 경제활동참가율의 변화 추이를 보더라도, 한국이 일정한 시차를 두고 일본을 뒤따르는 경향이 관찰된다. 여성과 장년을 대상으로 하는 고용정책에서도 현재의 한국과 과거의 일본이 겹쳐 보이는 사례가 적지 않다.

67쪽에 제시한 그림 3-1이 보여주는 것처럼 일본의 여성 경제활동참가율은 1980년대 이후 꾸준히 증가하였으며, 특히 2000년경 이후에는 20대 후반부터 30대 초반 여성의 경제활동참가율이 빠르게 높아졌다. 이 현상의 원인을 살펴본 연구들은 남녀고용평등법 시행, 보육비 지원, 돌봄시설 공급 확대 같은 일련의 공공정책이 여성 고용 확대에 도움을 주었음을 발견하였다.[1] 예컨대 한 연구는 2000년부터 2010년까지 여성 경제활동참가율 증가의 5~11%가 보육시설에 대한 접근성 개선의 결과임을 보여준다.[2]

일본의 여성 경제활동참가율이 높아지기는 했지만 여성 고용의 질은 개선되지 않은 것으로 보인다. 많은 일본 여성들은 여전히 출산과 육아를 위해 노동시장을 떠났다가 육아 부담이 줄어드는 시기에 파트타임으로 재고용되는 것으로 나타난다. 아직도 정규직보다는 비정규직이나 임시직으로 일하는 여성의 비중이 높고, 정규직이어도 남성과 비교할 때 더 주변적인 업무에 배치되는 경우가 많다는 지적도 있다. 이와 같은 일본의 경험이 한국이 지향할 이상적인 모델은 아닐 수 있다. 그렇지만 한국이 추진해오고 있는 보육정책과 일·가정 양립 강화 정책이 과거 일본의 정책과 유사하다는 점이나, 양국이 가지고 있는 노동시장 구조의 유사성 등을 고려할 때, 일본의 과거가 한국의 미래가 될 가능성이 있다.

한국 여성의 경제활동참가율이 현재의 일본 수준으로 높아지면 노동인구가 얼마나 늘어날까? 그림 3-4는 이 질문에 대한 단서를 제공한다. 2022년 현재 한국과 일본 여성의 연령별 경제활동참가율을 비교해보면, 65세가 되기 전까지의 모든 나이에서 일본 여성이 한국 여성보다 월등하게 높은 비율로 노동시장에 참여하고 있음을 알 수 있다. 따라서 앞으로 한국 여성의 경제활동참가율이 현재의 일본 수준으로만 높아져도 여성 경제활동인구가 상당한 폭으로 늘어나리라 기대할 수 있다. 특히 현재 한국에서 경력 단절 현상이 심

그림 3-4. 2022년 한국과 일본의 연령별 여성 경제활동참가율 비교

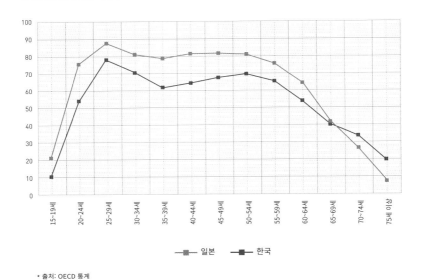

* 출처: OECD 통계

각한 30대 후반 여성의 노동시장 참여가 큰 폭으로 증가할 것이다.

장년층 경제활동의 미래를 전망할 때에도 일본의 과거는 한국의 미래에 대해 유용한 시사점을 제공한다. 무엇보다 일본은 장년층 경제활동참가율이 세계적으로 가장 높은 국가 중 하나이다. 노동시장 경직성, 연공서열형 임금구조, 나이를 따지는 기업과 사회의 문화 등 두 나라의 고령자 노동시장은 여러모로 성격이 닮았다. 10년 전부터 한국이 추진하고 있는 고령자의 고용 연장을 일본은 이미 30년 전부터 점진적으로 추진해오고 있다.

69쪽의 그림 3-2와 3-3에 나타나 있듯 일본 장년남성의 경제활동참가율은 2010년경부터, 일본 장년여성의 경제활동참가율은

2000년경부터 빠르게 증가하였다. 일본 장년인구의 경제활동 증가 역시 오래전부터 추진된 고령자 고용정책에 힘입은 것으로 파악된다. 일본은 이미 1994년에 60세 이상 정년을 의무화하고 65세까지의 고령자 고용 확보 조치 노력을 의무화하였다. 이와 함께 연금 지급 개시 나이를 늦추는 정책을 시행하였다. 또한 2004년에는 정년 폐지, 정년 연장, 계속 고용 등의 방법을 통해 65세까지의 고령자 고용 확보 조치를 의무화하였다. 이러한 일련의 제도적 개혁은 일본 장년층 경제활동참가율 증가의 주된 요인으로 꼽힌다.[3]

한국도 2000년경부터 장년층의 경제활동참가율이 증가하고 있다. 60세로 정년이 연장되기 전에 이미 경제활동참가율이 높아지기 시작한 현상은 주로 고령층의 생계형 노동 공급이 늘어났기 때문일 것으로 풀이된다. 즉 전통적인 노후 부양 제도의 쇠퇴, 공적연금의 미성숙과 지나치게 낮은 급여액, 주거비와 교육비 부담 증가, 자녀의 늦은 취업 등으로 말미암아 많은 사람이 나이가 들어서도 일을 그만두기 어려워졌다.[4]

2013년 발표되고 2016년 시행된 60세 정년 연장은 청년 고용에 부정적인 영향을 미쳤다는 비판이 있기는 하지만, 적어도 고령자 고용을 확대하는 역할을 했다고 평가된다.[5] 이제 시행된 지 7년 된 60세 정년 연장이 확실하게 자리를 잡으면, 고령자 고용 확대 효과는 더 커지고 이에 따라 50대 후반 고용률이 지금보다 더 높아질 가능성이 있다. 2033년까지 65세로 높아지는 연금 수급 나이에 맞추어 65세까지 고용을 연장하는 방안도 활발하게 논의되고 있으며, 주된 일자리를 떠난 고령자의 재취업을 지원하는 정책도 강화되고 있다. 이러한 제도적·정책적 변화 추이를 보건대, 일본의 경험처럼

그림 3-5. 2022년 한국과 일본의 연령별 남성 경제활동참가율 비교

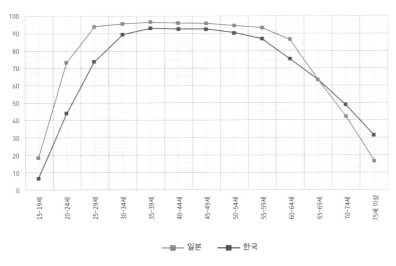

‑ 일본 ‑ 한국

* 출처: OECD 통계

앞으로 55~64세 장년층의 경제활동참가율이 더 높아질 가능성이 있다.

한국 장년층의 경제활동참가율이 장차 현재의 일본 수준으로 높아지면 인구변화로 인한 노동력 감소를 완화하는 데 상당한 도움이 될 것이다. 그림 3-4에서 알 수 있듯이 한국의 50대 후반 여성 경제활동참가율은 일본의 50대 후반 여성의 경제활동참가율에 비해 약 10%p나 낮다. 남성도 사정은 비슷하다. 그림 3-5는 한국과 일본 남성의 나이에 따른 경제활동참가율을 비교하여 보여준다. 30대 중반에서 50대 초반까지는 한국 남성의 경제활동참가율이 약간 더 낮지만, 55~64세 장년의 경우에는 그 차이가 크게 벌어지는 것으로 나

타난다. 60대 초반의 경우, 한국 남성의 경제활동참가율이 일본 남성에 비해 약 10%p나 낮다. 이러한 차이를 좁히는 변화가 나타난다면 한국의 노동력 규모는 상당한 폭으로 늘어날 것이다.

인구는 감소해도 노동생산성이 획기적으로 개선된다면

2장에서 살펴보았듯이 실질적인 노동 투입의 규모는 노동인구의 수뿐만 아니라 이들의 생산성에 의해 결정된다. 노동인구가 절반으로 줄더라도 생산성이 두 배로 높아지면 생산성을 반영한 노동 투입은 감소하지 않을 것이다.

현재의 한국은 노동생산성이 상대적으로 낮은 국가이다. 그림 3-6에 제시된 OECD 통계에 따르면, 노동시간당 부가가치로 정의한 노동생산성 지표에서 2022년 한국은 OECD 38개국 중 33위로 하위권에 머물렀다. 한국 노동자가 1시간 동안 일해서 얻는 부가가치는 48.8달러로, 1위인 아일랜드(154.1달러)의 3분의 1에 불과하고 OECD 평균(65.2달러)보다 훨씬 낮다. 이는 향후 생산성 개선을 통해 인구변화로 인한 노동력 감소를 완화할 여지가 크다는 것을 암시한다.

그렇다면 한국의 노동생산성은 빠르게 개선될 수 있을까? 어떤 사람을 더 생산적으로 만드는 요인은 매우 복잡하고 다양하다. 태어나고 자라난 환경, 영양 상태와 건강, 교육의 기회와 질, 보상체계, 생산기술, 노동시장의 효율성 등 개인의 전 생애와 사회의 전 분

그림 3-6. 2022년 OECD 국가별 시간당 노동생산성 비교(US달러)

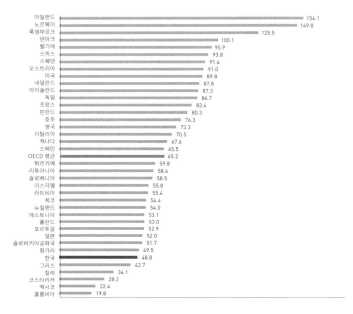

아일랜드	154.1
노르웨이	149.8
룩셈부르크	125.5
덴마크	100.1
벨기에	95.9
스위스	93.8
스웨덴	91.4
오스트리아	91.0
미국	89.8
네덜란드	87.8
아이슬란드	87.3
독일	86.7
프랑스	83.4
핀란드	80.3
호주	76.3
영국	73.3
이탈리아	70.5
캐나다	67.6
스페인	65.5
OECD 평균	65.2
튀르키예	59.8
리투아니아	58.6
슬로베니아	58.5
이스라엘	55.8
라트비아	55.4
체코	54.4
뉴질랜드	54.0
에스토니아	53.1
폴란드	53.0
포르투갈	52.9
일본	52.0
슬로바키아공화국	51.7
헝가리	49.5
한국	48.8
그리스	42.7
칠레	34.1
코스타리카	28.2
멕시코	22.4
콜롬비아	19.8

• 출처: OECD 통계

야를 아우르는 수많은 요인에 의해 노동생산성이 결정된다. 그리고 이러한 요인들 하나하나가 장래에 어떻게 변할지를 예측하기란 쉽지 않다. 따라서 전반적인 노동생산성이 장차 얼마나 올라갈 수 있을지는 논의하지 않을 것이다.

여기서는 경제활동참가율 변화를 내다보면서 초점을 맞추었던 두 인구집단, 즉 여성과 장년 인구의 생산성 변화 가능성을 살펴보고자 한다. 두 인구집단은 경제활동참가율이 낮을 뿐만 아니라 생산성도 상대적으로 낮은 특성을 보인다. 뒤이어 논의하겠지만 여성

그림 3-7. 2000년과 2021년 OECD 국가 성별 중위 임금의 격차

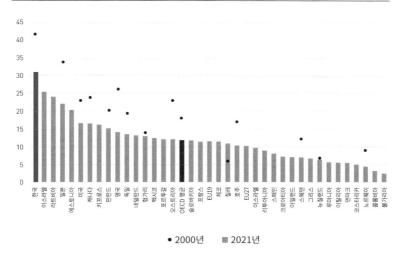

• 2000년   ■ 2021년

• 출처: OECD 통계
• 남성 중위 임금(=100) 대비 남성과 여성의 중위 임금 차이(%)

과 장년의 경제활동과 생산성은 밀접하게 관련되어 있다. 그러므로 여성과 장년의 경제활동 참여를 늘리는 데 도움이 되는 정책은 이들의 생산성을 높이는 데도 도움이 될 수 있을 것이다. 이런 면에서 여성과 장년의 생산성을 높이는 노력은 인구변화 대응 전략의 관점에서 효과적이며, 따라서 앞으로 실현될 가능성이 크다고 판단된다.

먼저 여성의 생산성 변화 가능성을 살펴보자. 임금을 생산성 지표로 볼 때, 한국 여성 취업자의 생산성은 남성에 비해 낮으며, 이러한 여성의 불리함은 다른 국가보다 훨씬 더 크다. 그림 3-7은 2000년과 2021년 OECD 국가들의 여성 중위 임금이 남성 중위 임금과 비교해 얼마나 낮은지 보여준다. 2021년 한국 여성은 남성보다 31%

낮은 임금을 받은 것으로 나타났다. 2000년의 42%에 비해서는 개선되었지만 여전히 OECD 국가 가운데 성별 임금격차가 가장 큰 국가로 남아 있다. 중위 임금을 생산성 지표로 본다면 이는 한국 여성의 상대적 생산성이 매우 낮다는 것을 의미한다.

그렇다면 왜 한국 여성의 생산성은 낮을까? 한국 여성의 능력이 모자라서일까?

그렇지는 않다. 한국 여성은 학업 성과, 교육수준, 차별의 소지가 적은 노동시장 성과에서 남성을 앞선다. 중고등학교와 대학교에서 여학생의 성적이 더 우수하다는 것은 공공연한 사실이며 2009년 이후 여성의 대학 진학률은 남성보다 높아졌다. 행정고시나 외무고시 같은 국가공무원시험 합격자 비율 측면에서 여성이 남성을 앞서는 사례는 매우 흔하게 발견된다. 자격이나 능력의 차이로는 한국의 심한 성별 임금격차를 설명하기 어렵다.

대체 무엇이 문제일까? 이에 관한 연구들은 노동시장에서 한국 여성들이 직면하는 여러 가지 불리함, 특히 결혼이나 출산으로 발생하는 불리함을 심각한 성별 임금격차의 주된 원인으로 지목한다. 실증적 연구들에 따르면, 결혼하고 자녀가 태어난 후 같은 상황에 있는 남성에 비해 여성의 임금이 급격하게 감소하는 것으로 나타난다. 유인경 박사의 서울대 학위논문은 가족 형성으로 말미암은 여성의 임금 감소가 전체 성별 근로소득 격차의 절반을 설명한다는 것을 보여준다.[6]

출산과 양육 때문에 여성의 노동시장 경력이 단절되는 문제도 여성 생산성 저하의 주된 요인이다. 최근 한국노동연구원의 보고서에 따르면 성별 임금격차가 주로 30대 중반 이후에 커지는 것으로 나타난다. 이는 경력 단절 이후 여성이 주로 비공식적 부문이나 비정규직 일자리에 재취업하는 경향이 있고, 이러한 일자리에서는 나이가 들어도 임금이 높아지지 않아 나타나는 현상으로 풀이된다. 이처럼 여성을 일하기 어렵게 만드는 요인들은 여성의 생산성을 낮추는 역할도 하고 있다.

이렇게 볼 때, 일과 생활의 균형을 이루고 일터에서 여성이 직면하는 불리함을 없앨 수 있는 정책은 여성 고용을 확대하는 데 긍정적일 뿐만 아니라 여성이 가진 능력을 충분히 발휘하여 생산성을 높이는 데도 도움이 될 수 있다. 따라서 현재 진행되고 있는 보육지원, 일·생활 균형 강화, 노동조건 개선, 각종 차별 금지 정책이 성공한다면 여성의 생산성이 남성에 가까워지는 성과를 얻을 것으로 기대할 수 있다.

이제 고령자 생산성의 개선 가능성을 생각해보자. 나이 들면서 생산성이 떨어지는 것은 어느 정도 예상할 수 있는 현상이지만, 한국처럼 중년을 넘기면서 노동생산성이 급격하게 떨어지는 사례를 찾기란 쉽지 않다.

그림 3-8은 성별, 직업, 교육수준이 같은 경우, 나이에 따라 시간당 임금이 어떻게 달라지는지 보여준다. 임금은 50대 초반에 정점에 도달한 후 내려가기 시작하며 50대 후반 이후부터 줄곧 가파르게 떨어지는 것으로 나타난다. 50대 중반 이후의 가파른 내리막길은 임금 이외의 여러 지표에서 확인된다. 특정한 출생 코호트를 나이에 따라 추적하면 50대 초반 이후부터 소득이 빠르게 감소하는 현상이 확인된다.[7] 한국의 빈곤율은 아동과 청년층에서는 다른 국가들에 비해 낮지만 50대를 넘어서며 빠르게 높아져 고령층에 이르

그림 3-8. 2019~2021년 나이에 따른 시간당 임금 변화

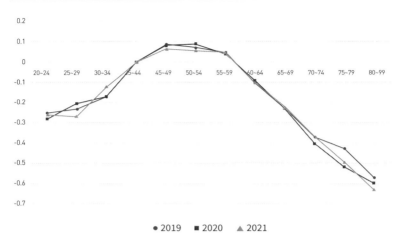

● 2019   ■ 2020   ▲ 2021

• 출처: 각 연도 한국노동패널자료 이용하여 저자 추정
• 회귀분석을 이용하여 성별과 교육수준이 동일한 경우 35~44세 시간당 임금의 로그값 대비 각 연령층 시간당 임금의 로그값 비율을 추정한 결과임

면 세계에서 가장 높은 수준을 보인다.

그렇다면 왜 50대 중반을 넘기면서 임금으로 측정한 노동생산성이 빠르게 감소할까?

중요한 이유 가운데 하나는 많은 사람이 50대에 접어들면서 가장 오랜 기간 일해온 주된 일자리를 떠난다는 것이다. 능력이 뛰어나거나 운이 좋은 소수의 퇴직자는 이전 직장과 비슷한 일자리를 얻어서 높은 급여를 받으며 자신의 역량을 충분히 발휘할 수 있지만, 그렇지 못한 다수는 이전보다 질이 낮은 일자리 혹은 해오던 일과 관련이 적은 직종에 재취업하는 경향을 보인다. 본인이 일생을 통해 축적한 숙련과 경험을 충분히 활용할 수 없는 일자리에서 이전만큼의 생산성을 유지하기란 어렵다. 필자가 한국고령화패널자료를 분석한 결과는 50세 이상 임금노동자가 다른 일자리로 전직하는 경우, 거의 절반이 더 낮아진 임금을 받고 4명 중 1명이 20% 이상의 임금 감소를 경험한다는 사실을 보여준다.[8]

이러한 현상의 근원에는 나이가 들면서 개인이 생산적인 역량을 발전시키거나 유지하기 어려운 한국 노동시장과 기업의 특성이 자리한다. 지금처럼 모든 것이 빨리 변화하는 시대에는 달라진 세상을 따라잡기 위한 끊임없는 배움과 훈련이 필요하다. 그렇지만 쉴 틈 없이 일하면서 치열한 경쟁을 치러야 하는 한국 기업에서 재충전의 기회를 얻기란 쉽지 않다. 학교를 마친 성인에게 제공되는 재교육이나 훈련 프로그램은 여전히 양적으로 부족하고 그 질도 만족스럽지 않다. 결국 많은 직장인은 젊은 시절의 건강, 의욕, 역량을 소진한 채로 일하는 삶의 내리막길을 맞이한다.

이동성이 낮은 경직적인 노동시장도 문제다. 사람은 나이가 들면서 생산 역량, 신체기능, 일에 대한 선호가 변한다. 그래서 시간이 지남에 따라 처음에는 잘 맞았던 일자리가 점점 불편해지거나 버거워지고, 이러한 미스매치 때문에 생산성이 떨어질 수 있다. 이럴 때 변화한 자신과 잘 맞는 새로운 일자리로 옮길 수 있다면 더 오랫동안 노동시장에서 잠재 능력을 발휘할 수 있을지도 모른다. 줄곧 유럽 리그에서만 활약해온 축구선수 리오넬 메시가 35세를 맞아 "또 다른 방식으로 축구를 즐길 때"라며 한 수 아래로 평가받는 미국 메이저리그사커(MLS) 팀으로 이적한 것도 그러한 이유 때문이리라. 안타깝게도 직장과 직종 사이에 높은 벽이 존재하는 한국의 경직적인 노동시장에서 이러한 이동은 쉽지 않다. 한국의 현실은 1부 리그 팀에서 활약하던 프로선수라도 나이가 들면 은퇴하거나 아니면 아마추어 리그로 내려가는 선택만 존재하는 상황과 같다.

이처럼 고령자의 생산성을 급격하게 떨어뜨리는 요인들은 고령자를 계속 일하기 어렵게 만드는 요인들과 겹친다. 나이 들어도 건강과 생산성을 유지할 수 있도록 교육, 훈련, 건강관리에 대한 투자를 늘리고, 노동시장의 경직성을 완화하고, 전직 및 재취업 지원 시스템을 강화하여 개인의 역량과 선호에 맞는 일자리 이동을 쉽게 만든다면, 고령자의 고용이 확대될 뿐만 아니라 생산성도 높아질 수 있다. 나이가 들어도 한 직장에서 계속 일할 수 있는 '계속 고용'의 확대도 비슷한 결과를 불러올 수 있다. 그러므로 현재 진행되고 있거나 추진하고 있는 고령자 노동정책이 성공을 거둔다면 50대 중반을 넘어서며 생산성이 급감하는 현상은 어느 정도 개선될 수 있을 것이다.

경제활동참가율과 노동생산성이 높아져 노동력 감소가 완화될 가능성

앞에서 가능성을 타진했던 일들이 현실이 된다면 어떤 일이 일어날까? 여성과 장년층의 경제활동참가율이 높아지고 생산성이 개선되면 인구변화로 인한 노동 투입의 감소를 막을 수 있을까?

이 질문에 답하는 작업은 단지 미래 사회의 모습을 합리적으로 전망하는 데만 유용한 것은 아니다. 여성과 장년층 고용과 생산성을 높이기 위한 정책이 얼마나 유용할지, 이를 위해 막대한 재원을 투입할 가치가 있는지 따져보는 데도 필요하다.

이를 위해 여성과 장년층의 경제활동참가율이 높아지고 생산성이 개선되는 시나리오를 설정하고, 이것이 실현되는 경우 미래의 노동 투입 지표가 어떻게 달라지는지 살펴보았다. 여기에서 설정한 시나리오는 다음과 같다. 첫째, 한국의 25~54세 여성과 50~64세 장년 인구의 경제활동참가율이 2047년까지 최근(2022년) 일본 수준까지 높아진다고 가정하였다. 앞서 설명했듯 제도적·사회경제적·정책적 유사성과 최근 양국의 경제활동참가율 추이를 고려할 때, 25년 이내에 한국이 현재의 일본 수준에 도달할 가능성은 충분하다.

　둘째, 여성의 생산성과 관련해서는 시간당 임금으로 측정한 남성 대비 여성의 생산성이 2022년 OECD 국가들의 평균 수준까지 높아진다는 가정을 도입했다. 이는 보육 지원, 일·가정 양립 강화를 목표로 한 일련의 정책이 성공하여 노동시장에서 여성의 불리함이 줄어들고, 이에 따라 같은 나이·학력 내에서 남성 대비 여성의 상대임금(생산성)이 25년 안에 2022년 OECD 국가 평균으로 높아진다는 시나리오이다. 이 역시 충분히 달성할 수 있는 목표라고 생각한다.

　셋째, 장년층 생산성과 관련해서는 고령화에 따른 생산성 감소 속도가 2047년까지 현재의 절반 수준으로 떨어진다는 가정을 도입하였다. 예컨대 현재 대졸 남성의 시간당 임금이 55세에 정점에 도달한 후 연간 4%씩 떨어진다면, 이 연간 하락률이 2047년까지 2%로 내려간다고 가정하였다. 이는 건강과 인적자본에 대한 투자와 노동시장 경직성 개선 등을 통해 나이 들어도 생산성이 덜 감소하는 상황을 반영한 시나리오이며, 달성 불가능한 비전은 아니라고 생각한다.

　마지막으로, 향후 변화 방향이 확실하지 않아서 앞에서는 고려하지 않았던 청년 경제활동 참가에 관한 시나리오를 추가하였다. 72쪽

그림 3-4와 74쪽 그림 3-5에 제시된 한국과 일본의 연령별 경제활동참가율을 보면, 한국 청년층의 경제활동참가율이 상대적으로 낮음을 알 수 있다. 이는 한국의 대학 진학률이 비교적 높고 청년들의 고용 여건이 어려운 상황을 반영한다. 특정한 대학이나 학과에 들어가려고 애쓰는 과정에서 대학 진학이 늦어지고 원하는 직장에 취업하기 위해 준비하느라 졸업이 늦어지는 현상도 한국 청년의 노동시장 진입을 지연시키는 요인이다. 일본의 경우, 근래 노동시장에 진입하는 청년인구가 줄면서 이들의 고용 여건이 개선되는 변화가 나타났다. 대기업과 중소기업, 대도시와 지방 일자리 간 격차가 상대적으로 크지 않다는 점도 청년들의 이른 취업에 긍정적인 요인이다.

학교교육을 일찍 마치고 사회에 진입하는 시기를 앞당겨야 한다는 주장은 이미 오래전부터 제기되어왔지만 성공적인 정책으로 이어지지는 못했다. 2022년에 초등학교 입학을 만 5세로 앞당기는 방안이 설익은 채 발표되었다가 여론의 강한 비판에 철회된 일도 있었다. 입학, 졸업, 취업이 늦어지는 현상은 변함이 없고 청년층 고용률도 계속 낮아지는 등 미래 전망이 밝지는 않다. 낙관적인 소식이 전혀 없는 것은 아니다. 2000년 이후 가파른 출생아 수 감소의 결과로 2020년대 말부터는 취업시장에 처음 진입하는 청년의 수가 빠르게 감소할 것으로 예상된다. 일본의 사례를 보건대, 이는 청년 고용 여건을 개선하는 데 어느 정도 도움이 될 수 있을 것이다.

이렇듯 청년 경제활동참가율의 장래 추이는 불확실하다. 그렇지만 다른 국가에 비해 낮은 청년층의 경제활동이 늘어나는 경우 나타날 효과를 살펴보는 작업은 장래 전망에 있어서나 청년정책 수립에 있어서 중요하다. 이를 고려하여 여기서는 여성, 장년 인구의 경

그림 3-9. 시나리오별 미래 노동 투입 지표 변화 시뮬레이션 결과

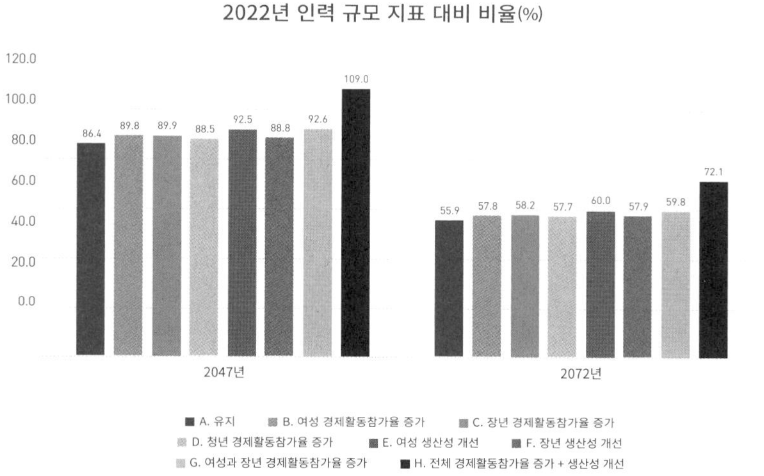

2022년 인력 규모 지표 대비 비율(%)

* 출처: 통계청 장래인구추계, 경제활동인구조사, 한국노동패널자료, OECD 통계 등을 이용하여 저자가 추정

우와 마찬가지로 한국의 20~34세 청년 경제활동참가율이 2047년
까지 2022년의 일본 청년 경제활동참가율과 같아지는 시나리오를
도입하였다.

이 시뮬레이션의 결과는 그림 3-9에 제시되어 있다. 이는 앞서
살펴본 각각의 시나리오와 몇몇 시나리오의 조합이 실현되는 경
우 2022년의 생산성 반영 노동 투입 규모를 100으로 환산했을 때,
2047년과 2072년의 노동 투입 규모가 어떻게 변화할지 보여준다.
그림 3-9에 포함된 8개의 시나리오는 다음과 같다.

① A(유지): 2022년의 경제활동참가율과 생산성이 그대로 유지된다.

② B(여성 경제활동참가율 증가): 25~54세 여성의 연령별·학력별 경제활동참가율이 2022년 일본 수준으로 높아진다.

③ C(장년 경제활동참가율 증가): 50~64세 장년의 연령별·학력별 경제활동참가율이 2022년 일본 수준으로 높아진다.

④ D(청년 경제활동참가율 증가): 20~34세 청년의 연령별·학력별 경제활동참가율이 2022년 일본 수준으로 높아진다.

⑤ E(여성 생산성 개선): 남성과 비교한 여성의 연령별·학력별 생산성(시간당 임금)이 2022년 OECD 국가 평균 수준으로 높아진다.

⑥ F(장년 생산성 개선): 성별·연령별·학력별 생산성(시간당 임금)이 정점에 도달한 후 감소하는 속도가 2022년 수준의 절반으로 감소한다.

⑦ G(여성과 장년 경제활동참가율 증가): 여성과 장년층의 경제활동참가율이 모두 2022년 일본 수준으로 높아진다. 즉 B와 C가 동시에 발생한다. 50대 초반 여성의 경우, 두 시나리오 중 경제활동참가율이 더 높아지는 시나리오를 적용한다.

⑧ H(전체 경제활동참가율 증가와 생산성 개선): 여성, 장년, 청년의 경제활동참가율이 모두 2022년 일본 수준으로 높아지고, 여성과 장년의 생산성도 여기에 도입된 시나리오에 따라 개선된다. 즉 B부터 F까지의 5개 시나리오가 모두 실현된다. 복수의 시나리오가 중복되는 경우(예컨대 25~34세 여성과 50~54세 여성), 경제활동참가율이 더 높아지는 시나리오를 적용한다.

여성과 장년층 경제활동참가율이 모두 증가하는 시나리오 G는 실현될 가능성이 크다고 판단되어 추가로 고려하였다. 7개의 개별 시나리오를 모두 결합한 시나리오 H는 실현될 가능성이 크지 않지만, 가장 낙관적인 전망이 무엇인지 확인하기 위해 도입하였다.

2장에서 가정한 대로 현재의 경제활동참가율과 생산성이 앞으로도 유지되는 경우, 그림 3-9의 A가 보여주는 바와 같이 2022년 수준과 비교한 생산성 반영 노동 투입이 2047년 86.4%, 2072년 55.9%로 감소할 것이다. 그런데 앞서 소개한 시나리오에 따라 경제활동참가율이 높아지고 생산성이 개선되면 노동 투입의 감소 규모가 상당한 폭으로 줄어드는 것으로 나타난다. 이를 구체적으로 살펴보자.

B가 보여주는 결과는 여성 경제활동참가율이 2022년 일본 수준으로 증가하는 경우 2047년과 2072년의 생산성 조정 노동 투입이 2022년 수준의 각각 89.8%와 57.8%로 감소할 것임을 보여준다. 이는 여성 경제활동참가율이 변화하지 않는 경우에 비해 각각 3.4%p 및 1.9%p 더 높은 수치이다. 구체적으로 어느 정도 규모일까? 2022년 전체 경제활동인구가 약 2,938만 명이었으므로 여기에 노동 투입 증가분을 곱하면 노동 투입이 얼마나 늘어나는지 계산할 수 있다. 그 결과는 이 시나리오에 따른 여성 경제활동참가율 증가 덕분에 2047년의 경제활동인구가 아무런 변화가 없는 경우의 같은 해 경제활동인구에 비해 약 100만 명 더 늘어난다는 것을 드러낸다.

장년 경제활동참가율 변화의 효과도 유사하게 큰 것으로 나타났다. C의 결과를 살펴보면, 장년 경제활동참가율이 2022년 일본 수준으로 증가하는 경우 2047년과 2072년의 노동 투입은 2022년 수준의 각각 89.9%와 58.2%가 될 것이다. 이는 장년 경제활동참가율이 변화하지 않는 경우에 비해 각각 3.5%p 및 2.3%p 더 높은 수치이다. 경제활동인구로 환산하면 아무런 변화가 일어나지 않은 경우와 비교해 2047년까지 노동인구가 약 103만 명 늘어나는 효과를 나타낸다.

실현 가능성에 의문부호가 붙기는 하지만, 청년 경제활동참가율 증가도 여성이나 장년층 경제활동참가율 증가에 버금가는 결과를 가져올 것으로 분석된다. D가 보여주는 바와 같이 청년 경제활동참가율이 2022년 일본 수준으로 높아지는 경우, 2047년과 2072년의 노동 투입은 2022년 수준의 각각 88.5%와 57.7%로 감소할 것으로 전망된다. 이는 청년 경제활동참가율 변화가 발생하지 않는 경우에 비해 각각 2.1%p와 1.8%p 높은 수준이다. 한국 청년들이 현재의 일본 청년들만큼 일을 한다면 그렇지 않은 경우에 비해 2047년의 노동인구가 약 62만 명 더 늘어나는 셈이다.

이제 생산성 변화의 효과를 살펴보자. E에 제시된 결과는 한국 여성들이 OECD 평균 수준만큼만 잠재 능력을 더 발휘할 수 있다면 인구변화로 인한 노동력 감소를 완화하는 데 큰 도움이 될 것임을 보여준다. 즉 성별 생산성 격차가 OECD 평균 수준으로 감소하는 경우 2047년과 2072년의 노동 투입이 2022년 수준의 각각 92.5%와 60.0%까지 유지될 것이다. 이는 여성 생산성이 변화하지 않는 경우에 비해 각각 6.1%p 및 4.1%p 높은 전망치이다. 이 결과는 아무런 변화가 없는 경우에 비해 2047년까지 노동력을 약 179만 명 더 늘리는 효과를 나타낸다.

F에 제시된 결과는 장년층 생산성이 시나리오에 따라 개선되는 경우 2047년과 2072년의 노동 투입이 2022년 수준 대비 각각 88.8%와 57.9%로 감소할 것임을 보여준다. 이는 장년 생산성이 변화하지

않는 경우에 비해 각각 2.4%p와 2.0%p 높은 수준이다. 장년층 생산성 개선 시나리오가 실현된다면 그렇지 않은 경우에 비해 2047년까지 노동인구가 약 71만 명 더 늘어나는 효과가 나타날 것이다.

여러 가지 긍정적인 시나리오가 동시에 실현된다면 어떻게 될까? 먼저 여성과 장년의 경제활동참가율이 모두 높아지는 경우를 살펴보자. G의 결과는 두 인구집단의 경제활동참가율이 모두 2022년 일본 수준으로 높아지는 경우, 2022년 대비 2047년과 2072년의 노동 투입이 각각 92.6%와 59.8%로 유지될 것임을 보여준다. 이는 경제활동참가율이 변화하지 않는 경우에 비해 각각 6.2%p 및 3.9%p 더 높은 수치이다. 변화가 발생하지 않는 경우와 비교할 때 2047년까지 경제활동인구가 약 182만 명 늘어난다는 의미이기도 하다.

마지막으로 여성, 장년, 청년 경제활동참가율이 함께 높아지고 여성과 장년의 생산성 개선이 동시에 이루어지는 가장 낙관적인 미래를 생각해보자. H가 보여주는 결과에 따르면 이상의 시나리오가 모두 실현되는 경우, 2047년과 2072년의 노동 투입은 2022년 수준의 각각 109.0% 및 72.1%로 변화할 것으로 추정된다. 이는 이 시나리오들이 실현되지 않는 경우에 비해 각각 22.6%p 및 16.2%p 더 높은 수치이다. 즉 아무런 변화가 없는 경우에 비해 2047년의 경제활동인구는 664만 명 증가하여 2022년보다 약 264만 명이나 더 많아질 것이다. 이는 물론 실현되기 어려운 시나리오이다. 그러나 적어도 경제활동과 생산성을 높이는 노력이 성공을 거두면 인구변화의 영향에도 불구하고 장래의 노동력 규모가 크게 줄지 않을 수 있다는 사실만은 확실해 보인다.

결과적으로 노동력의 '총량'은
줄어들지 않을 수도 있다, 하지만…

이제 인구변화로 앞으로 노동력이 부족해질지 판단해볼 시점이다. 1장에서 강조했듯이 인구변화의 미래는 아직 열려 있고 확실하지 않다. 따라서 이 질문에 대한 답변은 앞으로의 사회경제적·제도적·정책적 변화에 따라 얼마든지 달라질 수 있다. 그러므로 지금 주어진 증거와 정보에 근거하여 비교적 확실하게 예상할 수 있는 가까운 미래에 대한 전망부터 시작하는 편이 좋겠다.

2장과 이번 장에서 제시한 연구 결과는 적어도 앞으로 15년 또는 20년 동안은 '총량'에서 노동인력 부족이 발생하지 않을 가능성이 크다는 것을 보여준다. 2022년의 성별·연령별·학력별 경제활동 참가율과 생산성이 유지되는 경우, 생산성을 조정한 노동 투입량은 2032년까지 2022년 수준 아래로 떨어지지 않고 2039년까지 95% 수준을 유지할 것으로 전망된다. 만약 여성과 장년의 경제활동참가율이 2022년 일본 수준으로 높아진다면 노동 투입은 2047년까지도 2022년의 93%에 달할 것이다.

반면 향후 20년 후부터는 인구변화로 노동 투입이 이전 기간보다 가파르게 감소할 가능성이 크다. 여성과 장년의 경제활동참가율과 생산성이 모두 개선되는 가장 낙관적인 시나리오가 실현된다고 해도 2072년의 노동 투입은 2022년 수준의 72%로 감소할 것으로 전망된다. 통계청 전망과 다르게 가까운 장래에 연간 출생아 수가 반등하지 않는다면 2040년대 중반부터의 노동 투입 감소 속도는 현재 인구추계에 기초하여 계산한 것보다 더 빨라질 것이다.

그렇다면 20년 이후의 미래에는 노동인구의 급격한 감소로 노동력의 총량이 부족해질까? 꼭 그렇지 않을 수도 있다. 산업구조와 기술변화로 노동 수요가 함께 줄어들 가능성이 있기 때문이다. 노동 공급이 빠르게 감소하더라도 노동 수요가 그보다 빠르게 줄어든다면 노동시장 전반에 걸친 노동력 부족 현상은 발생하지 않을 수 있다.

2016년 프로바둑기사 이세돌 9단과 AI 알파고의 대국을 지켜보았던 사람들은 아마도 고도의 지식과 숙련이 필요한 업종에서조차 기계가 사람을 대체할 날이 머지않았다는 두려움을 느꼈을 것이다. 실제로 지난 몇 년간 AI와 로봇의 도입이 빠르게 확대되고 있으며, 이로 인하여 일부 분야에서는 실제로 일자리 감소 문제가 체감되고 있다. 이러한 사실을 들어 인구가 감소하여 노동인력이 줄어도 결코 노동력이 부족해지지는 않으리라는 주장이 힘을 얻고 있다.

그러나 앞으로 기술변화가 어떤 방향으로 전개되고 노동 수요에 어떤 영향을 미칠지를 정확하게 예측하기란 어렵다. 이를테면 로봇 도입이 고용에 미치는 효과와 관련하여 가장 널리 인용되는 연구 결과의 하나인 대런 애쓰모글루(Daron Acemoglu)와 파스쿠알 레스트레포(Pascual Restrepo)의 논문은 1990~2007년 사이 미국의 경우 로봇이 많이 도입된 부문에서 고용이 감소했다는 결과를 보고했다.[9] 반면 최근 시기까지 유사한 데이터를 확장하여 수행한 한 연구에 따르면, 2007년 이후부터는 로봇 도입이 오히려 고용을 증가시키는 역할을 한 것으로 나타났다.[10] 국내 연구도 엇갈린 결과를 내놓고 있다. 즉 로봇 도입의 확대가 제조업 부문의 고용을 감소시켰다는 연구 결과와 오히려 늘렸다는 연구 결과가 뒤섞여 있다.[11]

기술변화가 고용에 미치는 효과는 연령층에 따라 다르게 나타날 수도 있다. 필자의 최근 연구 결과는 사업체의 자동화와 정보기술(Information Technology, IT) 도입이 전체적으로는 고용에 긍정적인 효과를 가져왔으나 고령자의 비자발적 퇴직 위험을 높였음을 보여준다. 이러한 결과는 사업체, 노동자, 도입된 기술의 구체적인 성격에 따라 신기술이 생산성을 높임으로써 고용을 증대하는 효과와 기존 노동인력을 대체하는 효과의 상대적 크기가 달라질 수 있음을 암시한다.

역사적인 경험을 살펴보더라도 기술변화가 고용에 미치는 영향은 그리 확실하지 않다. 생산기술의 변화는 오래전부터 특정한 유형의 노동과 숙련을 대체해왔으며, 대체 가능한 숙련의 범위는 확대되고 그 수준은 고도화되어왔다. 18세기 산업혁명 이후 끊임없이 쏟아진 신기술은 그것이 대체할 수 있는 숙련된 노동인력을 일자리에서 밀어냈지만, 다른 한편으로는 새로운 인적자본에 대한 수요를 창출하기도 했다. 일각에서는 과거에 비해 오늘날 기술 진보의 속도가 너무 빠르고 대체할 수 있는 숙련의 질이 고도화되어 일자리를 창출하는 효과보다 파괴하는 효과가 더 클 수 있다는 우려를 제기한다. 그러나 이 우려가 현실이 될지 현재로서는 확언하기 어렵다.

이와 관련해 필자는 노동경제학 분야의 세계적인 석학 데이비드 아우터(David Autor) 교수의 추측에 무게를 싣고 싶다. 그는 이러한 기술변화가 고용에 미치는 영향에 관한 논란이 결코 새로운 것이 아님을 환기시킨다. 1960년대 미국의 존슨 행정부에서도 기계가 인간노동을 대체하는 현실에 대비하여 기본소득을 지급해야 한다는 주장이 제기되었음을 드러낸다. 그는 이러한 오래된 우려에도 불구하고 지난 반세기 동안 인류가 해결해야 했던 문제는 노동의 "주체할 수 없는 풍요"가 아닌 "희소성"이었음을 지적한다. 그는 또한 앞으로 다가올 50년도 과거 50년과 크게 다르지 않으리라는 조심스러운 전망을 제시한다.[12] 이러한 아우터의 견해는 기술변화에 따른 전반적인 노동 수요의 급격한 감소를 미래의 기정사실로 받아들이는 것이 지나치게 성급할 수 있음을 시사한다.

기술변화의 미래가 확실하지는 않지만, 여러 정황을 고려하건대 앞으로 노동 수요의 총량이 늘어날 가능성보다는 줄어들 가능성이 높다고 할 수 있다. 이는 인구변화로 인한 노동 투입 감소가 향후 20년 동안은 그리 크지 않을 것이기 때문에 가까운 장래에 대규모 노동 부족 문제가 발생하지 않을 것이라는 이번 장의 전망을 강화해준다. 급격한 기술변화로 노동 수요가 감소한다면 더 장기적으로도 노동력의 총량이 심각하게 부족하지 않을 수 있다.

그렇지만 가까운 장래에 '총량적인' 노동력 부족이 발생하지 않을 가능성이 크다는 사실이 노동시장에 어떠한 불균형도 발생하지 않으리라는 의미는 아니다. 인구변화는 모든 부문이나 지역의 노동력 규모에 동일한 영향을 미치지는 않을 것이다. 기술변화가 고용에 미치는 영향이 산업, 직종, 숙련수준에 따라 다르다는 것은 이미 널리 알려진 사실이다. 따라서 총노동 공급과 총노동 수요가 어긋나지 않아도, 인구·기술 변화로 특정한 부문 혹은 유형의 노동인력이 부족해지는 불균형이 발생할 가능성이 있다. 그리하여 다음 장에서는 가까운 장래에 발생할 수 있는 노동시장의 부문 및 유형 간 불균형 문제를 살펴볼 것이다.

4장

인구변화로
노동시장에
어떤 불균형이
발생할까?

2022년 8월 9일과 10일 사이 서울 남부에 기록적인 폭우가 쏟아졌다. 동작구의 하루 누적 강우량 435㎜는 1920년 8월 2일 관측된 기존 최고 기록인 354.7㎜를 가볍게 경신하였다. 1시간 지속 최대강우량 141.5㎜ 역시 1942년 8월 5일 기록된 118.6㎜를 훌쩍 넘어섰다. 서울의 여러 자치구에는 한 해 평균 강우량의 5분의 1이 넘는 많은 양의 비가 하루 사이 내렸다. 시내 곳곳에는 물난리가 났다. 서울 강남역 인근에서는 남매가 맨홀에 빠져 숨지는 안타까운 일이 벌어졌고 침수로 멈추어 선 차들이 뒤엉켜 다음 날까지 도로가 마비되었다. 필자가 근무하는 대학에서도 도로가 파괴되고 중앙 도서관이 물에 잠기는 피해가 발생했다.

이날 서울 전역에 엄청난 집중호우가 내렸지만 모든 지역이 침수되지는 않았다. 언론은 피해가 극심한 지역을 주로 조명했지만, 실제로는 이렇다 할 수해를 입지 않은 곳이 더 많았을 것이다. 이처럼 폭우가 내린다고 모든 곳에 홍수가 발생하지는 않는다. 어찌 폭우만 그러할까? 심한 가뭄이 들었을 때 일찍 바닥을 드러내는 저수지도 있고 오래도록 마르지 않는 샘도 있다.

노동시장에 총량적인 노동력 부족이 발생할 때도 이와 비슷한 현상이 나타날 것이다. 전체 일자리 수에 비해 일할 사람의 수가 부족해져도 모든 직종, 모든 지역에서 구인난을 겪지는 않는다. 구인난은 갑작스럽게 더 많은 노동력이 필요해지거나 기존 인력이 대거 빠져나간 부문 혹은 지역에 집중될 것이다. 전반적인 노동 부족 현상 속에서도 어떤 사람들은 일자리를 구하는 데 어려움을 겪는 사례를 자주 볼 수 있다.

인구변화는 '집중호우'와 마찬가지로 모든 부문 혹은 모든 유형의 노동인력 규모에 같은 영향을 미치지 않을 것이다. 따라서 3장에서 결론적으로 드러났듯이 가까운 장래에 인구변화로 총량적인 노동력 부족이 발생하지 않는다고 해도, 특정한 부문 혹은 특정한 유형의 노동력은 부족해질 수 있다.

그렇다면 인구변화의 충격이 심각한 가뭄처럼 노동시장을 덮칠 때 어디에서 노동력의 저수지가 가장 먼저 말라버릴까? 기술변화로 인한 노동 수요 변화를 함께 고려할 때, 어떤 산업, 어떤 직업, 어떤 유형의 노동인력이 가장 부족해질까?

부족한 젊은 노동자를
늘어나는 나이 든 노동자로 대체할 수 없는 이유

한국 프로야구 구단들은 28명의 1군 선수로 팀을 꾸리고 시즌을 시작한다. 몇 년 전에 방영되어 큰 인기를 얻었던 〈스토브 리그〉라는 드라마는 각 구단이 제한된 예산을 가지고 어떻게 경쟁력 있는 팀을 꾸려 새 시즌에 대비하는지 생생하게 보여주었다. 대부분의 팀 스포츠가 그러하지만 선수단을 꾸리는 일의 핵심은 여러 포지션 간의 균형을 맞추는 것이다. 초일류 선수들을 모으더라도 특정한 포지션에 구멍이 생기면 전력이 약해질 수밖에 없다. 구단에 따라 차이가 있지만 각 프로야구팀의 개막전 엔트리는 대체로 12~13명의 투수, 2~3명의 포수, 6~8명의 내야수, 5~7명의 외야수로 꾸려진다. 2023년 시즌 우승팀 LG트윈스는 13명의 투수, 2명의 포수, 6명의 내야수, 7명의 외야수로 시즌을 시작했다.

　이러한 팀 스포츠의 특성 때문에, 어떤 구단이 28명의 선수를 모았다고 해서 그 팀의 '인력 수급'이 균형에 도달했다고 보기는 어렵다. 야구선수라는 같은 직업을 가지고 있지만 포지션이 다른 선수들은 기능과 숙련이 이질적인, 사실상 다른 유형의 인력이기 때문이다. 2023년 말 미국 메이저리그 명문 구단 LA다저스에 입단한 오타니 쇼헤이 선수가 투타에 모두 능한 야구 천재라고 해도 내야수 자리가 비었을 때 이를 맡기는 어려울 것이다. 투수들 가운데도 선발, 중간계투, 마무리 등 전문 분야가 나뉘어 있고, 같은 내야수라 하더라도 2루수와 3루수에게 요구되는 능력과 자질은 차이가 있다. 물론 어느 정도의 포지션 간 대체는 가능하다. 예컨대 KT위즈 강백호 선수는 프로 데뷔 후 두 시즌을 외야수로 뛰고 2020년부터는 1루수로 전향했다가 2023 시즌에는 1루수, 우익수, 지명타자로 번갈아 출장했다. 그러나 포지션 이동을 하려면 추가 훈련과 적응 기간이 필요하고 그 과정에서 경기력이 떨어질 수 있어 선수 개인이나 구단 모두에 적잖은 부담이 된다. 이렇게 볼 때, 야구라는 스포츠는 하나가 아닌 여러 포지션별 노동시장으로 나누어져 있다고 할 수 있다.

이러한 사정은 다른 부문의 노동시장도 마찬가지이다. 노동력이라는 추상적인 용어에 묻혀 있는 구체적이고 개별적인 사람들을 살펴보면, 일해서 돈을 번다는 점에서는 다르지 않지만 인적자본의 특성과 일자리의 성격에 있어서는 이질적이다. 인공위성을 쏘아 올리는 로켓 엔지니어는 수학과 물리학에 능통한 이공계 박사로 연구실에서 논문을 읽고 실험하고 계산하는 일을 주로 할 것이다. 반면 유명 호텔 주방장은 요리학교를 졸업하고 여러 레스토랑에서 경험을 쌓은 후 새로운 메뉴를 개발하고 주방 직원을 통솔하는 일을 할 것이다. 두 사람 모두 자기 분야의 전문인력이라는 점에서 같지만 자격 조건도, 능력도, 업무도 완전히 다르다. 이들은 서로를 대체할 수 없으며 따라서 다른 노동시장에 속한다고 할 수 있다.

이제 왜 인구변화가 전반적인 노동력을 감소시키지 않아도 노동시장 불균형을 초래할 수 있는지 설명할 준비가 되었다. 이는 기본적으로 1장에서 강조했듯이 한국의 인구변화가 인구 규모를 변화시킬 뿐만 아니라 인구구조를 바꾸기 때문이다. 앞으로 노동시장에서 나이 든 인력은 늘어나는 반면 젊은 취업자는 줄어든다. 그런데 나이 든 사람과 젊은 사람은 인적자본의 특성과 노동시장에서 주로 맡는 일의 성격이 다르다. 각 일자리가 필요로 하는 인력의 유형도 다르다. 주로 젊은 인력에 의존하는 일자리도 있고 나이 든 사람에게 적합한 일자리도 있다. 따라서 노동인구의 나이 구성이 빠르게 바뀌면 인력 수급에 불균형이 발생할 수 있다.

다시 야구의 예를 들기로 한다. 실제로 꼭 그렇지는 않지만 젊고 체력이 좋은 선수가 주로 선발투수를 맡고 경험 많은 베테랑이 구원투수 역할을 한다고 가정해보자. 갑작스럽게 젊은 선수들이 줄고 나이 든 선수들이 은퇴를 늦춘다면 선발투수 시장에는 선수 부족이, 구원투수 시장에는 선수 과잉이 발생할 것이다. 일반 노동시장도 마찬가지이다. 보건업, 음식점 및 주점업, 기타 전문·과학 및 기술 서비스업, 스포츠 및 오락 관련 서비스업 같은 업종은 20대와 30대 초반의 젊은 노동인력이 집중되는 경향을 보인다. 반면 농림업, 광업, 부동산업, 운송업 같은 업종에는 젊은 노동인력이 상대적으로 적다. 따라서 인구구조 변화로 젊은 노동인력 비중이 줄어들면 이들에 대한 의존도가 높은 산업의 노동 공급이 더 큰 폭으로 감소할 것이다.

중년 및 고령 취업자의 퇴직률도 산업이나 직종에 따라 다르며, 이 역시도 인구구조 변화로 부문 간 노동 수급 불균형이 발생하는 요인이다. 이번에는 전체 스포츠의 예를 들어보자. 각 스포츠는 그 특성에 따라 선수들이 은퇴하는 일반적인 나이가 다르다. 김연아 선수의 사례가 보여주듯이 피겨스케이팅은 아무리 뛰어난 선수라도 20대 후반까지 선수 생활을 지속하기 어렵지만, 골프는 타이거 우즈 선수의 사례에서 볼 수 있듯이 쉰이 다 되어서도 프로 투어에서 활약하기도 한다. 만약 모든 스포츠에서 신인의 진입이 중단되면서 선수의 고령화가 진행된다면 어떤 일이 벌어질까? 이런 상황에서는 골프보다 피겨스케이팅이 더 심각한 선수 수급 불균형 문제를 경험할 가능성이 크다. 일반 노동시장의 경우도 마찬가지이다. 나이 든 취업자가 계속 일할 수 있는 부문에서는 인구 고령화로 인한 노동 공급 감소 효과가 상대적으로 작을 것이다.

폭우가 쏟아질 때, 특정 지역에만 홍수가 나는 이유는 지형과 각종 시설이 고르지 않기 때문이다. 노동시장의 지형도 고르지 않다. 산업과 직종에 따라 고용되어 있는 인력의 구성이 상이하다. 부문에 따라 나이에 따른 진입, 이동, 퇴직 양상이 다르다. 그러므로 전체 노동시장이 똑같은 인구변화에 직면한다고 해도 나타나는 결과는 산업과 직종에 따라 다를 것이다.

그렇다면 인구변화가 노동 공급 규모에 미치는 영향은 산업·직종별로 어떻게, 얼마나 다를까?[1]

인구변화로 저학력 운전기사는 급감하고 고학력 부동산중개인은 늘어난다는 전망

2장과 3장에서 설명한 것처럼, 인구변화로 장래 총노동 투입이 어떻게 변화할지 전망하는 일은 그리 간단하지 않다. 영향을 미칠 수 있는 가변적 요인이 많기 때문이다. 인구변화가 각 산업과 직종의 노동 공급에 미치는 영향을 전망하는 일은 더욱 어렵다. 더 많고 강한 가정을 도입해야 겨우 근사치를 얻을 수 있다. 그래도 이러한 전망 결과는 인구변화가 노동시장에 가져올 변화를 보다 구체적으로 파악하는 데 상당히 유용하다. 이 전망은 복잡하고 기술적인 작업이므로 먼저 그 방법을 간략하게 소개하는 편이 좋겠다. 방법에 대한 더 자세한 설명은 부록에 포함하였다.

어떤 산업에 고용된 특정한 성별, 나이, 학력을 가진 인력의 수는 5년 후 어떻게 변할까? 이는 5년 동안 이 부문에 같은 특성을 가진 신규 취업자가 몇 명 들어오는지, 기존 취업자 중 몇 명이 다른 산업으로 이동하거나 일을 그만두는지, 또 다른 산업이나 노동시장 밖에서 몇 명이 이 산업으로 들어오는지 등에 의해 결정될 것이다. 예컨대 A라는 산업에 애초 10명의 30대 초반 대졸 남성 인력이 있었다고 하자. 이후 5년 동안 이 특성을 가진 인력 가운데 신규 취업자가 2명, 전출자(퇴직자 포함)가 5명, 전입자가 2명 발생했다면 5년 후 30대 후반 대졸 남성 인력은 9명(10+2 - 5+2)이 될 것이다.

이처럼 특정 시점을 기준으로 어떤 산업의 성별·연령별·학력별 취업자 분포, 이후 5년간의 인구학적 특성별 신규 취업자 진입 비율 (전체 신규 취업자 가운데 특정한 산업에 진입하는 취업자 비율), 전출자 비율, 전입자 비율, 노동시장에 진입하는 전체 신규 취업자 수 등을 알 수 있다면, 5년 후 그 산업의 성별·연령별·학력별 취업자 수를 추계할 수 있다. 앞서 제시한 산업 A의 예에서 30대 초반 대졸 남성 취업자의 5년간 전입 비율은 20%, 전출 비율은 50%이다. 그리고 전체 신규 취업자가 100명이라고 한다면 산업 A의 신규 취업자 진입 비율은 2%로 계산된다.

이런 방법의 가장 큰 문제는 미래의 신규 취업자 진입 비율이나 전입·전출 비율 같은 노동시장의 동학적(動學的) 파라미터를 미리 알기 어렵다는 것이다. 필자는 이런 어려움을 우회하기 위해 최근 데이터에서 추정한 노동시장의 동학적 파라미터가 이후 10년간 유지된다고 가정하였다. 이는 2장에서 장래 총노동 투입 변화를 전망할 때 현재 경제활동참가율이나 생산성이 유지된다는 가정을 도입한 것과 같은 맥락이다. 보다 구체적으로, 2014년부터 2019년까지의 지역별 고용조사 마이크로 자료를 이용하여 각 산업과 직업에 대해 성별·연령별·학력별로 5년간 노동시장의 동학적 파라미터를 추정하였다. 2019년까지의 데이터를 이용한 것은 코로나19로 노동시장 상황이 평상시와 달라진 기간을 제거하기 위해서이다.

장래 성별·연령별·학력별 인구는 2장에서 설명한 방법에 따라 통계청 장래인구추계 중위 전망 결과를 이용하여 추계하였다. 여기에 5년 기간에 대한 노동시장의 동학적 파라미터 추정 결과를 결합하여, 노동시장 여건은 유지되고 인구만 변화하는 경우 2031년까지 발생할 각 산업과 직업의 성별·연령별·학력별 취업자 수 변화를 전망하였다. 이러한 부문별 취업자 수 변화는 순전히 인구변화라는 공급 측면 요인에 의한 결과이기 때문에 인구변화로 인한 노동 공급 변화로 해석할 수 있다. 일반적으로 인구가 변해서 노동 수급 사정이 바뀌면 상대적인 임금이 조정되고 이에 따라 앞서 살펴본 노동시장의 동학적 파라미터들이 변할 것이다. 따라서 인구변화에도 불구하고 이것이 유지된다는 가정은 매우 경직적인 노동시장을 염두에 둔 것이라고 할 수 있다. 이러한 가정이 현실적이지는 않지만 비교적 가까운 장래의 변화를 전망하는 데 적어도 유용한 근사치를 제공해줄 수 있다고 판단한다.

58개 산업과 40개 직업에서 얻은 결과를 모두 자세하게 소개하기는 어렵기 때문에 여기서는 인구변화로 노동 공급이 많이 줄어들거나 감소하는 부문을 중심으로 결과를 설명하고자 한다. 먼저 산업

그림 4-1. 2021~2031년 인구변화로 인한 산업별 노동 공급 변화:
상·하위 5개 산업

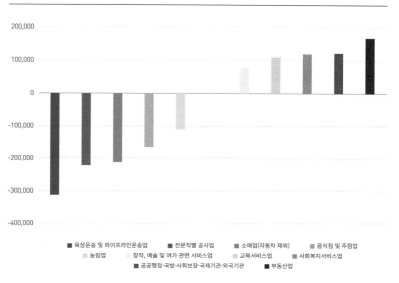

■ 육상운송 및 파이프라인운송업　　■ 전문직별 공사업　　■ 소매업(자동차 제외)　　■ 음식점 및 주점업
■ 농림업　　■ 창작, 예술 및 여가 관련 서비스업　　■ 교육서비스업　　■ 사회복지서비스업
■ 공공행정·국방·사회보장·국제기관·외국기관　　■ 부동산업

* 출처: 이철희·엄상민·이종관(2023)에 제시된 결과를 이용하여 저자가 작성

별 결과를 소개하고 이어서 직업별 결과를 제시할 것이다. 그리고 전체 노동 공급 변화에 관한 결과와 더불어 학력별 노동 공급의 변화를 살펴볼 것이다.

　그림 4-1은 인구변화로 노동 공급이 가장 많이 감소할 것으로 예상되는 5개 산업과 가장 많이 증가할 것으로 예상되는 5개 산업의 노동 공급 변화 크기를 보여준다. 2031년까지 인구변화로 노동 공급이 가장 많이 줄어들 것으로 예상되는 산업은 육상운송 및 파이프라인운송업으로, 그 감소 규모는 30만 명을 넘을 것으로 추정된다. 전문직별 공사업과 자동차를 제외한 소매업에서는 20만 명 이상, 음식점 및 주점업과 농림업에서는 10만 명 이상의 노동 공급 감

그림 4-2. 2021~2031년 인구변화로 인한 산업별 고학력 노동 공급 변화:
     상·하위 5개 산업

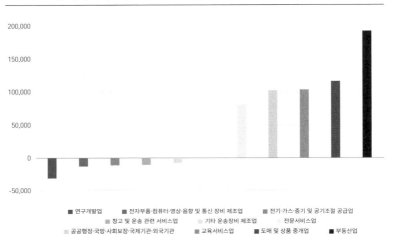

■ 연구개발업   ■ 전자부품·컴퓨터·영상·음향 및 통신 장비 제조업   ■ 전기·가스·증기 및 공기조절 공급업   ■ 창고 및 운송 관련 서비스업   ■ 기타 운송장비 제조업   ■ 전문서비스업   ■ 공공행정·국방·사회보장·국제기관·외국기관   ■ 교육서비스업   ■ 도매 및 상품 중개업   ■ 부동산업

• 출처: 이철희·엄상민·이종관(2023)에 제시된 결과를 이용하여 저자가 작성

소가 예상된다. 이와 대조적으로 부동산업, 공공행정·국방·사회보장·국제기관·외국기관, 사회복지서비스업, 교육서비스업 등에서는 노동 공급이 오히려 10만 명 이상 증가할 것으로 보인다.

　인구변화가 각 산업의 노동 공급에 미치는 영향은 교육수준에 따라 다를 것으로 예상할 수 있다. 그림 4-2와 4-3은 인구변화로 말미암아 노동 공급이 가장 많이 감소할 5개 산업과 가장 많이 증가할 것으로 예상되는 5개 산업의 공급 변화 규모를 학력별로 구분하여 제시한다. 그림에 나타나지 않은 전반적인 결과를 보면, 교육수준이 점차 높아지면서 고학력 노동인력이 상대적으로나 절대적으로 증가할 것으로 전망된다. 이 때문에 대부분 산업에서 고학력 노동 공급은 늘어날 것이고, 노동 공급이 감소하는 산업에서도 그 규모는

그림 4-3. 2021~2031년 인구변화로 인한 산업별 저학력 노동 공급 변화: 상·하위 5개 산업

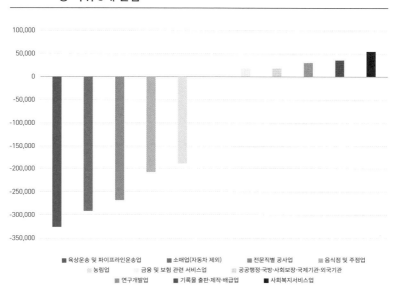

■ 육상운송 및 파이프라인운송업 ■ 소매업(자동차 제외) ■ 전문직별 공사업 ■ 음식점 및 주점업
농림업 금융 및 보험 관련 서비스업 공공행정·국방·사회보장·국제기관·외국기관
■ 연구개발업 ■ 기록물 출판·제작·배급업 ■ 사회복지서비스업

* 출처: 이철희·엄상민·이종관(2023)에 제시된 결과를 이용하여 저자가 작성

크지 않을 것으로 보인다. 반면 장차 고졸 이하 노동인구가 빠르게 감소하면서 대다수 산업에서 저학력 취업자 수는 빠르게 감소할 것이다.

2031년까지 인구변화로 고학력 노동 공급이 가장 많이 감소하리라 예상되는 산업은 연구개발업으로, 감소 규모는 3만 명이 조금 넘는다. 이외에도 전자부품·컴퓨터·영상·음향 및 통신 장비 제조업, 전기·가스·증기 및 공기조절 공급업, 창고 및 운송 관련 서비스업, 기타 운송장비 제조업 등의 산업에서 1만 명 내외의 노동력 감소가 예상된다. 인구변화로 고학력 노동 공급이 가장 많이 늘어날 것으로

전망되는 산업은 부동산업, 도매 및 상품 중개업, 교육서비스업, 공공행정·국방·사회보장·국제기관·외국기관, 전문서비스업 등이다.

2031년까지 인구변화로 말미암아 저학력 취업자 수가 가장 많이 감소할 것으로 추정되는 산업은 육상운송 및 파이프라인운송업, 소매업(자동차 제외), 전문직별 공사업, 음식점 및 주점업, 농림업 등이다. 이 결과는 그림 4-1에 제시된 전체 학력을 대상으로 한 분석 결과와 정확하게 일치한다. 이는 전체적인 산업별 노동 공급 감소가 주로 저학력 노동 공급 감소로 인한 것임을 보여준다. 반면 사회복지서비스업, 기록물 출판·제작·배급업, 연구개발업 등에서는 노동 공급이 3만 명 이상 늘어나고, 공공행정·국방·사회보장·국제기관·외국기관과 금융 및 보험 관련 서비스업에서도 2만 명 내외의 노동 인력이 증가할 것으로 전망된다.

이제 직업별 분석 결과를 살펴보자. 그림 4-4는 인구변화로 노동 공급이 가장 많이 줄어들 것으로 전망되는 5개 직종과 노동력이 가장 많이 늘어날 것으로 예상되는 5개 직종의 노동 공급 변화 크기를 보여준다. 2031년까지 인구변화로 노동 공급이 가장 많이 줄어들 것으로 추정되는 직종인 운전 및 운송 관련직에서는 약 26만 명의 노동인력 감소가 예상된다. 조리 및 음식 서비스직, 운송 관련 단순 노무직, 제조 관련 단순 노무직, 건설 및 채굴 관련 기능직 등에서도 10만 명 이상의 노동력 감소가 발생하는 것으로 나타났다. 반면 교육 전문가 및 관련직, 법률·행정·경영·금융 전문가 및 관련직, 경영 및 회계 관련 사무직 등의 직종에서는 인구변화로 오히려 노동 공급이 10만 명 이상 증가할 것으로 전망된다.

그림 4-5와 4-6은 고학력과 저학력 각각에 대해 직업별 노동 공

그림 4-4. 2021~2031년 인구변화로 인한 직업별 노동 공급 변화:
상·하위 5개 직업

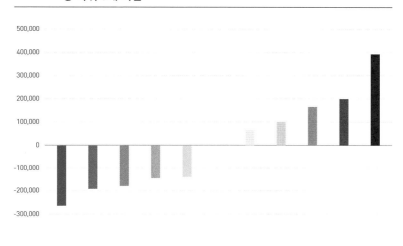

■ 운전 및 운송 관련직　　　■ 조리 및 음식 서비스직　　　■ 운송 관련 단순 노무직　　　■ 제조 관련 단순 노무직
▨ 건설 및 채굴 관련 기능직　　　▨ 과학·정보통신·공학 전문가 및 관련직　　　▨ 보건·사회복지 및 종교 관련직
■ 경영 및 회계 관련 사무직　　　■ 법률·행정·경영·금융 전문가 및 관련직　　　■ 교육 전문가 및 관련직

* 출처: 이철희·엄상민·이종관(2023)에 제시된 결과를 이용하여 저자가 작성

급 변화 전망 결과를 보여준다. 산업별 인력의 경우와 마찬가지로
앞으로 고학력 노동인력이 상대적·절대적으로 증가하기 때문에 대
부분의 직종에서는 이 기간 동안 고학력 취업자 수가 늘어날 것으
로 전망된다. 2031년까지 고학력 취업자 수가 1만 명 이상 감소할
것으로 예상되는 직업은 통신 및 방문·노점 판매 관련직, 경찰·소방
및 보안 관련 서비스직, 운송 관련 단순 노무직 등으로 나타났다. 반
면 경영 및 회계 관련 사무직, 법률 · 행정 · 경영 · 금융 전문가 및 관련
직, 매장 판매 및 상품 대여직 등의 직종에서는 취업자 수가 20만 명
이상 증가할 것으로 예상된다.

그림 4-5. 2021~2031년 인구변화로 인한 직업별 고학력 노동 공급 변화:
상·하위 5개 직업

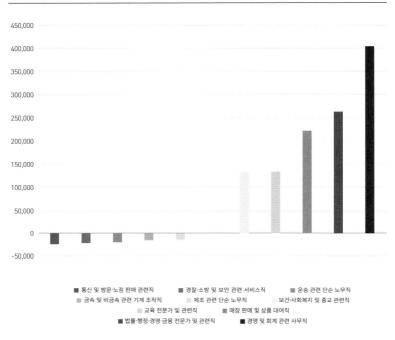

■ 통신 및 방문·노점 판매 관련직 　　■ 경찰·소방 및 보안 관련 서비스직 　　■ 운송 관련 단순 노무직
■ 금속 및 비금속 관련 기계 조작직 　　■ 제조 관련 단순 노무직 　　■ 보건·사회복지 및 종교 관련직
■ 교육 전문가 및 관련직 　　■ 매장 판매 및 상품 대여직
■ 법률·행정·경영·금융 전문가 및 관련직 　　■ 경영 및 회계 관련 사무직

* 출처: 이철희·엄상민·이종관(2023)에 제시된 결과를 이용하여 저자가 작성

　저학력에 대한 결과는 이와 사뭇 다르다. 고졸 이하 노동인구가
빠르게 감소하면서 거의 전 직종에 걸쳐 저학력 취업자 수가 감소
할 것으로 예상된다. 2031년까지 인구변화로 저학력 노동인력이 가
장 많이 감소할 것으로 추정되는 직종은 운전 및 운송 관련직, 경영
및 회계 관련 사무직, 조리 및 음식 서비스직, 매장 판매 및 상품 대
여직, 운송 관련 단순 노무직 등으로 나타났다. 인구변화로 노동 공
급이 늘어나는 직종은 교육 전문가 및 관련직과 법률 및 감사 사무

**그림 4-6. 2021~2031년 인구변화로 인한 직업별 저학력 노동 공급 변화:
상·하위 5개 직업**

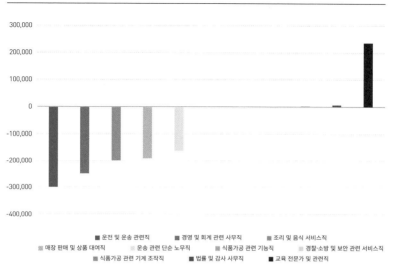

* 출처: 이철희·엄상민·이종관(2023)에 제시된 결과를 이용하여 저자가 작성

직 등 2개이다. 특히 교육 전문가 및 관련직에서는 인구변화로 노동 공급이 2031년까지 약 24만 명 늘어날 것으로 전망된다.

인구변화가 산업 및 직업별 노동 공급에 미친 영향에 대한 결론을 짓기 전에 일부 독자에게 생길 수 있는 궁금증과 오해를 풀 필요가 있겠다. 우선 어떤 독자는 인구가 줄어들고 고령화되는데 어떻게 일부 산업에서는 오히려 노동 공급이 늘어날 수 있는지 의아해할지도 모른다. 인구변화로 노동 공급이 늘어나는 부문의 일반적인 특징은 현재 인력구조가 심하게 고령화되어 있지 않고 중년 및 고령자(특히 고학력자)의 퇴출 비율이 낮다는 것이다. 예컨대 인구변화로 노동 공급이 늘어날 것으로 예상되는 부동산업은 일반적인 이미

지와 달리 55세 이상 취업자 비율이 상대적으로 낮은 편이며 50대 취업자가 5년 후 같은 산업에 남아 있는 비율이 매우 높다.

이러한 특성을 나타내는 부문은 노동인구의 고학력화와 고령화로 오히려 취업자가 증가할 수 있다. 고령 취업자 비중이 높지 않기 때문에 가까운 장래에 은퇴로 인한 유출이 적은 데다 늘어나는 고학력 중장년 취업자가 비교적 오랜 기간 같은 부문에 남으므로 가까운 장래에는 취업자가 오히려 늘 수 있다. 이와 반대되는 특성을 나타내는 산업은 높은 비중을 차지하는 고령자들이 대규모로 은퇴하고 늘어나는 중장년층이 조기퇴직이나 타 부문 이동으로 빠져나가면서 급격하게 노동력이 감소하게 된다.

지금까지 제시한 결과를 보면서 적잖은 독자들은 '인구변화로 노동 공급이 늘어날 것으로 전망되는' 부문에서 '실제로 취업자 수가 늘어날 것'이라고 오해할 수 있을 듯하다. 그렇지는 않다. 현재 노동시장의 동학적 여건이 변화하지 않는 경우, 인구변화는 부동산업의 노동 공급을 늘리는 요인으로 작용할 것이다. 그러나 실제 부동산업 취업자 수는 이 산업에서 수요가 어떻게 변화하느냐에 따라 결정될 것이다. 예컨대 주택시장이 침체해 부동산업에서 인력 수요가 감소한다면 이 부문의 보수가 떨어지고 고용은 줄어들 것이다. 이상의 결과는 다른 조건이 변하지 않을 때 인구변화가 각 부문의 노동 공급을 어떤 방향으로 변화시킬지를 보여주는 것이지, 실제 취업자 변화를 예측해주지는 않는다.

여기에 소개한 필자의 연구 결과는 여러 가정에 기반하고 있기 때문에 인구변화로 인한 부문별 노동 공급 변화의 정확한 규모를 보여준다고 자신할 수 없다. 그렇지만 인구변화가 노동시장에 가져올 충격이 노동시장의 각 부문에 따라, 노동인력의 유형에 따라 다르리라는 사실은 명확해 보인다. 그러므로 인구변화가 노동시장에 미치는 영향을 정확하게 이해하고 이에 대한 실효성 있는 대응 방안을 마련하기 위해서는 총량적인 노동력의 변화만을 보아서는 충분치 않다. 더 세부적인 부문과 유형에 따른 노동 수급 변화를 면밀하게 들여다볼 필요가 있다.

그런데 이러한 작업에서 더 유용한 정보는 부문 및 유형별 노동 공급의 변화보다 수급 불균형 혹은 노동력 부족 정도의 변화라고 할 수 있다. 이는 인구변화로 인한 노동 공급의 변화뿐만 아니라 각 부문 및 유형별 노동 수요 변화를 함께 전망해야 얻을 수 있는 정보이다.

장차 산업구조와 기술이 변화하며 산업·직업·학력별 노동 수요는 어떻게 달라질까? 장차 각 부문에서 숙련수준별 노동 공급과 노동 수요는 얼마나 괴리될까? 이로 인해 부문별로 어느 정도의 노동력 부족이 초래될까? 이제 좀 더 어려운 질문에 답해야 할 시간이 되었다.

사회복지서비스, 음식점, 공사업, 운송업 등에서 심각해질 노동력 부족 문제

특정한 산업이나 직종에서의 노동 수요 변화는 어떻게 결정될까? 사람들의 소득과 선호가 변하면 이에 따라 상품이나 서비스에 대한 수요가 변할 것이고 이는 이를 공급하는 산업이나 직종의 인력 수요 변화로 이어질 것이다.

필자가 어릴 적에는 한국의 대다수 가구가 난방과 취사에 연탄을 썼다. 동네마다 연탄 배급소가 있었고 강원도 정선이나 태백 같은 지역은 광부들로 북적였다. 소득이 증가하고 청정하며 안전한 에너지원에 대한 선호가 높아지면서, 이제 연탄은 쪽방 독거노인들의 겨울나기를 걱정하는 언론 보도에만 종종 등장할 뿐이고, 광부들로 넘쳐났던 동네에는 카지노가 들어서 있다. 석탄 채굴, 연탄 생산과 유통에 종사하는 인력에 대한 수요가 줄어들었음은 물론이다.

좀 더 빠르게 업종·직종별 노동 수요를 바꾸는 요인은 기술변화이다. 1764년 영국의 발명가 제임스 하그리브스(James Hargreaves)가 제니 방적기(Spinning Jenney)를 발명하고 1779년 리처드 아크라이트(Richard Arkwright)가 뮬 방적기(Spinning Mule)를 개발하여 면사를 생산하는 공정이 자동화되면서 면 방적공에 대한 노동 수요가 급격하게 줄었다. 반면 자동 방적기계를 생산하는 산업에서는 숙련공에 대한 수요가 증가하였다. 1980년대 이후 컴퓨터를 비롯한 IT의 진보는 반복적으로 수행되는 직무를 대체함으로써 이 일을 수행하는 인력에 대한 수요를 감소시켰다. 다른 한편 이러한 기술 진보는 컴퓨터프로그래머나 빅데이터 전문가에 대한 새로운 수요를 창출하였다.

이처럼 기술변화는 여러 산업과 직종에 종사하는 숙련수준이 다양한 노동인력의 상대적 생산성을 바꿔놓는다. 그리하여 이들에 대한 노동시장에서의 상대적 수요를 변화시킬 수 있다.

그렇다면 장래 부문별 노동 수요 변화를 어떻게 전망할 수 있을까? 미래의 기술 발전이 어떤 방향으로 전개될지 알기 어렵기 때문에 노동 수요를 전망하기 위해서는 일정한 가정을 설정할 수밖에 없다. 기본 가정은 근래에 관찰된 부문·유형별 생산성 추세가 가까운 장래에도 지속되며, 산업·직업·학력별 생산성 수준에 따라 경제 전체의 인적자원이 배분된다는 것이다. 예컨대 최근 전기장비제조업의 대졸 이상 관리자의 생산성이 상대적으로 개선되었다면 이 추세가 앞으로도 유지되면서 이 부문·유형 인력에 대한 상대적 수요가 증가한다고 전망할 수 있다.

매우 짧고 단순하게 설명하였으나 실제로 부문·유형별 노동 수요를 추정하는 일은 매우 복잡한 고난도 작업이다. 여러 부문과 이질적인 노동자를 포함한 실제 경제구조를 반영하는 '다부문 일반균형 모형'을 구축하고, 이 모형의 모수들을 지역별 고용조사와 국민계정 자료와 같은 데이터를 활용하여 추정해야 하며, 이 과정에서 각 부문의 생산성 추이를 도출해야 한다. 일반 독자에게는 지나치게 복잡하고 어려운 내용이어서 원 연구를 함께 수행한 공동연구자인 경희대 엄상민 교수가 공들여 작성한 수리적 모형과 자세한 수요 전망 방법은 아쉽지만 이 책에 싣지 않고자 한다.[2]

이상에서 설명한 방법에 기반하여 인구변화로 인한 산업·직업·학력별 노동의 공급과 수요가 2031년까지 어떻게 변화할지 전망하였다. 구체적으로 산업은 58개의 중분류 산업으로 구분하였고, 직종은 ① 전문직(관리자, 전문가 및 관련 종사자) ② 준전문직(사무 종사자, 서비스 종사자, 판매 종사자) ③ 숙련직(농림·어업 숙련 종사자, 기능원 및 관련 기능 종사자) ④ 비전문직(장치 기계 조작 및 조립 종사자, 단순 노무 종사자) 등 네 가지 범주로 나누었다. 그리고 이 결과를 이용하여 각 산업·직업·학력에서 발생할 노동력 부족 혹은 과잉 규모를 전망하였다.

만약 산업·직업·학력이 다른 취업자 간에 어떠한 대체도 일어나지 않는다면, 이렇게 부문·유형별 노동 공급량과 노동 수요량 간의 차이를 이용하여 어떤 부문에 어느 정도의 노동력 부족이 발생할지 판단할 수 있을 것이다. 그러나 만약 다른 부문 혹은 유형의 취업자가 서로 일을 바꾸어서 할 수 있다면 실제 노동력 부족 규모는 줄어들 수 있다.

예를 들어보자. 실제 전망 결과를 보면, 2031년까지 사회복지서비스업의 저학력 준전문직에서 약 40만 명의 노동력 부족이 발생하는 반면 자동차를 제외한 소매업의 저학력 준전문직에서는 약 28만 명의 노동력 과잉이 발생할 것으로 예상된다. 만약 일자리가 부족해진 자동차 제외 소매업의 준전문직 과잉 인력이 전원 사회복지서비스의 준전문직으로 전환할 수 있다면 사회복지서비스업의 저학력 준전문직에서 발생할 노동력 부족 규모는 약 12만 명으로 줄어들 수 있다. 반대로 아무도 다른 산업 혹은 직업으로 옮겨 가지 못하는 상황을 가정한다면 다른 부문에 남아도는 인력이 존재해도 사회복지서비스업의 저학력 준전문직에서는 여전히 40만 명의 노동력 부족이 발생할 것이다.

다른 산업·직업·학력을 가진 노동인력이 얼마나 원활하게 대체될 수 있을지를 정확하게 알기는 어렵다. 지금 생각할 수 있는 합리적인 방법은 몇 가지 가능한 시나리오를 도입하여 다른 부문 및 유형 사이의 대체 가능성 정도에 따라 노동력 부족 규모가 어떻게 달라지는지 살펴보는 것이다. 원 연구에서는 모두 4개의 시나리오를 도입하였지만, 이 책에서는 좀 더 단순한 설명을 위해 학력과 산업이 다른 인력 사이에 상당한 정도의 대체가 발생한다는 시나리오를 도입한 전망 결과에 초점을 맞추고자 한다.

이 시나리오의 가장 주된 가정은 같은 직업군 내에서는 전체 산업에서 발생하는 과잉 인력의 최대 50%까지 노동인력이 부족한 타 산업으로 전환할 수 있다는 것이다. 예를 들어 2031년까지 산업 전반적으로 40만 명의 숙련직 인력 과잉이 발생한다고 하자. 이 시나리오는 그 절반인 20만 명이 인력이 부족해지는 산업의 숙련직으로 옮겨 갈 수 있는 것으로 설정되었다. 남는 인력의 산업별 배분 규모는 각 산업의 노동 부족분에 비례한다고 가정하였다. 이를테면 노동력이 부족한 산업이 A와 B 둘이고 부족 규모가 각각 60만 명(75%)과 20만 명(25%)이라면, 20만 명의 과잉 인력 중 15만 명이 산업 A로, 5만 명이 산업 B로 이동하여 부족 인력의 일부를 보충하게 된다. 숙련수준별 대체탄력성에 비례하여 학력이 다른 인력 간 대체가 발생한다는 가정도 도입하였다. 이 시나리오에서는 직업이 다른 인력 간에는 대체가 일어나지 않는 것으로 보았다.[3]

이제 인구와 기술의 변화로 향후 어떤 부문에서 가장 심각한 노동력 부족이 발생할지 전망할 때가 되었다. 그림 4-7은 2031년까지 인구변화로 발생하는 노동력 부족 규모가 가장 큰 5개 산업의 노동력 부족분을 직업군별로 보여준다. 단연 두드러지는 산업은 사회복지서비스업으로, 2031년까지 약 37만 명의 노동력 부족이 추가로 발생하리라 예상된다. 이 산업은 인구변화로 노동 공급이 늘어날 것으로 예상되지만 이보다 훨씬 가파르게 노동 수요가 증가하면서 가까운 장래에 심각한 노동력 부족에 직면할 것으로 보인다. 만약 학력·산업 간 대체가 전혀 발생하지 않는다면 이 산업의 노동력 부족 규모는 73만 명을 넘을 전망이다. 특히 이 산업의 전문직과 준

그림 4-7. 2021~2031년 인구변화로 발생할 산업·직업군별 노동력 부족 규모:
상위 5개 산업

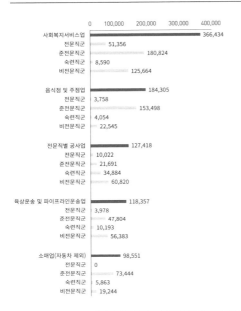

• 출처: 이철희·엄상민·이종관(2023)에 제시된 결과를 이용하여 저자가 작성

전문직에서 노동력 부족이 심각해질 것으로 예상된다.

음식점 및 주점업에서는 준전문직을 중심으로 2031년까지 18만
명 이상의 노동력 부족이 발생할 것으로 예상된다. 전문직별 공사
업은 비전문직과 숙련직에 대한 초과 수요로 약 13만 명의 노동력
부족에 당면할 것이다. 육상운송 및 파이프라인운송업에서 비전문
직과 준전문직의 노동 공급 증가가 노동 수요 증가에 미치지 못하
면서 약 12만 명의 노동력 부족이 추가로 발생할 것으로 보인다. 자
동차 제외 소매업에서도 준전문직을 중심으로 약 10만 명의 노동력

부족이 나타날 것이다. 이외에도 전문서비스업과 농림업에서도 각각 8만 명과 7만 명 규모의 노동력 부족이 발생할 것으로 전망된다. 이 산업들 역시 학력·산업 간 인력 대체가 발생하지 않는다면 노동력 부족 규모가 여기에 제시한 수치의 약 두 배에 달할 것이다.

이미 다가온 인구변화의 미래, 노동 수급의 균형이 무너지고 있다

본격적인 총인구변화 감소는 아직 시작되지 않았고, 3장에서 밝혔듯 총량적인 노동력도 앞으로 15~20년간은 눈에 띄게 줄어들지 않을 것이다. 그러나 이번 장의 결과는 인구변화와 산업·기술 변화의 영향이 중첩되면서 아주 가까운 장래에 특정한 산업·직종·유형의 노동력이 큰 규모로 부족해지리라는 전망을 드러낸다. 조만간 출생아 수 40만 명대의 출생 코호트가 본격적으로 노동시장에 진입한다는 사실을 고려할 때, 7년 후인 2031년에 특정 산업에서 20만~30만 명대의 노동력 부족이 발생하는 상황은 결코 가볍게 볼 문제가 아니다.

　실제로 일부 업종 혹은 직종의 노동 수급 불균형 문제는 이미 시작되어 나날이 강하게 체감할 수 있다. 장래에 노동력 부족 규모가 커질 것으로 전망되는 사회복지서비스업의 요양보호사나 간병인 같은 직종에서는 이미 사람을 구하기 어렵게 되었다. 요양보호사의 도움을 받고 계신 노모를 둔 필자는 이미 이 부문의 구인난을 직접 체험하고 있다. 2031년까지 약 12만 명의 노동력 부족이 추가로 발생하리라 예상되는 육상운송업의 구인난도 이미 진행 중이다. 필자가 이용할 수밖에 없는 동네 마을버스는 꽤 오래전부터 운전기사 모집 안내문을 걸고 다녔지만 끝내 사람을 구하지 못해 운행 편수를 줄이고 있다. 음식점 및 주점업과 숙박업 등 일부 서비스업의 구인난은 최근 정부가 이 부문에 외국인력 도입을 확대하는 조치를 불가피하게 만들었다.

이렇듯 여러 부문의 일자리에서 구인난이 점차 심각해지는 동시에 노동시장의 다른 한편에서는 자신에게 맞는 일자리를 구하기 어려운 사람들이 생겨나고 있다. 앞서 수행한 부문별 노동 수급 변화 분석 결과는 상당수 산업 및 직업군에서 노동의 과잉 공급이 발생할 것이고, 이 부문의 인력이 추가 노동력이 필요한 다른 부문으로 이동하지 못할 경우 실업자나 비자발적인 노동시장 비참가자로 남을 것임을 보여준다. 일부 부문의 심각한 구인난 속에서도 많은 청년이 오랜 기간 취업준비생으로 보내는 현실은 이와 같은 노동시장 미스매치의 단면을 드러낸다.

앞으로 젊은 인력이 빠르게 감소하고 노동인구가 고령화되면서 이미 나타나고 있는 부문 및 유형 간 노동 수급 불균형은 더 넓게 확산하고 더 심각해질 것이다. 일반적으로 생각할 때, 먼 훗날 다가올 문제보다는 당면한 문제를 우선시하고 더 많은 정책 역량을 기울이는 접근이 합리적일 것이다. 따라서 적어도 지금은 인구변화가 노동시장에 가져올 충격에 대응하는 과정에서 총량적인 노동력 감소로 발생하는 문제보다 부문 및 유형 간에 발생하는 노동 수급 불균형 문제에 집중할 필요가 있다. 뒤에서 더 자세하게 다루겠지만 총량적인 노동력 부족에 대한 대응과 부문 및 유형 간 불균형에 대한 대응은 다르다. 그리고 단기적으로 필요한 일을 먼저 하는 것이 인구변화 대응 정책의 비용을 줄이고 그 효과성을 높이는 방법이다.

이번 장에서는 인구변화로 인한 노동 수급 변화를 전체 노동시장이 아닌 산업 및 직업별로 세밀하게 살펴봄으로써 노동시장의 미래를 더 구체적으로 전망해보았다. 그러나 여전히 58개 중분류 산업과 각 산업 내의 4개 직업군은 개별적인 일자리의 미래를 자세하게 내다보기에 지나치게 큰 단위이다. 더 세부적인 개별 일자리들의 일부는 이번 장의 결과가 보여주는 것보다 더 심각한 노동 수급 불균형을 겪을 가능성이 있다.

특히 인구변화가 노동 공급에 영향을 미칠 뿐 아니라 노동 수요 자체를 빠르게 증가시키는 부문은 장차 매우 심각한 인력 부족에 직면할 것이다. 나이 든 사람이 늘면서 수요가 폭발적으로 확대될 수 있는 의료서비스와 돌봄서비스 부문이 대표적인 예이다. 다음 장은 이 세부적인 2개 부문에서 어떤 노동 수급 불균형이 발생할지 들여다볼 것이다.

5장

누가
우리를 치료하고
돌볼 것인가?

인간 수명의 한계는 몇 살일까? 이는 인류가 품어온 오랜 질문이다. 기네스북에 기록된 최장수인은 프랑스의 잔 루이즈 칼망이다. 그녀는 122년 5개월 14일을 살고 1997년에 사망했다. 최근에는 한 인도네시아 여성이 157세까지 생존했다는 소식이 전해지기도 했다. 백세시대로 불리는 만큼, 이제는 100살을 넘기거나 이에 근접한 나이까지 생존하는 사례가 그리 드물지 않다.

그러나 특수한 개인이 아닌 종(種)으로서의 인간이 누릴 수 있는 평균수명의 한계에 대해서는 아직도 과학자들 간에 좁혀지지 않는 이견이 존재한다. 어떤 학자들은 인간 수명의 한계가 정해져 있지 않으며 환경개선과 의학 발달에 힘입어 앞으로도 훨씬 더 많이 연장될 수 있다고 본다. 생물인구학자로서 노화 연구의 권위자인 독일의 제임스 파우펠(James Vaupel) 박사는 초파리를 대상으로 한 실험 결과와 지난 150년에 걸친 최장수국의 평균수명 변화 추이 등을 토대로, 인간의 평균수명이 무한하지는 않지만 적어도 100세보다는 훨씬 높아질 가능성이 있다는 견해를 제시하였다.[1]

물론 반론도 만만치는 않다. 오래 사는 개인이 늘고 있지만 유전적으로 결정된 잠재적 인간 수명은 상한이 존재한다는 것이다. 저명한 의학자이자 노화 연구자인 미국의 제임스 프리스(James Fries) 교수는 평균수명의 상한이 대체로 85세이고 표준편차는 7년 정도라는 이론을 제시하였다. 환경개선과 의료기술 발달에 따라 각종 질환의 발병 시기가 늦추어지고 건강하게 사는 기간이 길어지는데도 불구하고, 인간 세포의 노화 자체를 막는 기술은 아직 개발되지 않았다는 사실도 지적되었다. 이 견해에 따르면 삶의 여건이 개선되면서 인간 수명의 생물학적 한계 자체가 늘어나는 것이 아니라 조기사망이 감소하면서 대다수 사람의 수명이 잠재적 상한에 근접하는 것이다.[2]

진화생물학 관점에서 인간의 평균수명이 일정한 한계를 넘어서기 어렵다는 주장을 펼치는 학자들도 있다. 미국의 생물인구학·노인학 전문가인 제이 올샌스키(Jay Olshansky) 교수에 따르면, 인간을 포함한 모든 생명체는 유전적으로 종족 번식에 최적화되어 있어서 다음 세대를 재생산한 후에는 사망률이 급격하게 높아진다고 한다. 즉 평균수명이 50대였던 시대에는 대부분 사람이 암이나 치매에 걸릴 위험이 생겨나기 전에 사망하였다. 하지만 인간이 유전적인 면에서 '품질 보증된' 50년의 생물학적 재생산 기간을 지나 더 오래 살게 되자 이전에 나타나지 않았던 각종 퇴행성 만성질환이 발생하며 인간 수명 연장이 어려워졌다.[3]

두 가지 상반된 견해 모두 대표적인 과학 저널 《사이언스》에 게재되었을 만큼 과학적으로 탄탄한 기반 위에 있어서 한쪽 손을 들어주기는 어렵다. 인간 수명의 한계가 높아져서인지 아니면 다수의 사람이 생물학적 한계까지 생존하기 때문인지는 알기 어렵지만, 한국인의 기대수명은 빠르게 높아지고 있다. 한국인의 기대수명(0세 때의 기대여명)은 1970년 62.3세에서 2022년 82.7세로 약 20년 늘어나, 제임스 프리스 교수가 제시한 인간 평균수명 한계에 2.3년 차이로 다가섰다. 2023년 통계청 장래인구추계는 한국인의 기대수명이 2072년에는 91세로 늘어난다고 전망하였다. 이는 비관론자들이 생각하는 인간 수명의 생물학적 한계보다 6년이나 긴 것이다.

이처럼 수명이 계속 연장된다는 기대는 기쁜 소식일까? 불로초를 찾으며 영생을 꿈꾸었던 진시황이 이 소식을 들었다면 대제국 황제 자리를 포기하고 2000년 후 세상의 평민으로 태어나고 싶었을지 모른다. 그렇지만 오래 사는 것이 무조건 축복이라 보기는 어렵다. '건강하고 행복하게'라는 조건이 충족된다면 오래 살기를 바라는 사람이 많겠지만 현대인의 노년기는 질병, 장애, 빈곤, 고립 등 여러 위험이 도사리고 있는 시기이다. 특히 건강 악화는 빈곤이나 고립 같은 다른 어려움의 원인이 되기도 하는, 장수의 어두운 그림자이다. 인간 수명에 대한 진화생물학적 이론이 주장하듯이 50대를 넘어서면서 각종 만성질환과 신체 및 인지 기능 제약의 위험성이 빠르게 높아진다. 2022년 한국인의 기대수명은 82.7세였지만 유병 기간을 제외한 소위 '건강수명'은 65.8세로 추정된다. 평균적인 개인은 생애의 마지막 17년을 병이나 장애를 견디며 살아야 하는 셈이다.

통계청 전망대로 향후 50년 동안 평균수명이 8년 더 늘어나면 개인이 아프거나 불편한 가운데 보내야 하는 기간이 더 길어질 가능성이 높다. 이처럼 빠르게 진행되는 인구 고령화는 전체 인구 가운데 병들었거나 몸을 움직이기 어려운 인구가 차지하는 비중 증가를 불러올 것이다. 젊은 시절 지위 고하를 막론하고 대부분 사람은 생애의 마지막에 아픈 자신을 고쳐주고 돌보아줄 사람을 필요로 한다.

숨 가쁘게 진행되는 인구변화의 끝에, 이와 같은 인간의 기본적인 필요를 충족시켜줄 인력이 충분히 남을까? 누가 우리를 치료하고 돌볼 것인가?

단기적으론 의사 부족, 장기적으론 의사 과잉?!

널리 알려진 것처럼 의료서비스에 대한 수요는 나이에 따라 달라진다. 그림 5-1은 건강보험자료를 이용하여 코로나19가 발생하기 직전인 2019년의 나이와 성별에 따른 1인당 내원 일수를 계산한 결과를 보여준다. 얼마나 자주 병원을 찾는지를 지표로 볼 때, 의료서비스에 대한 수요는 태어난 직후 5년간 비교적 높고, 커가면서 감소했다가, 50세 이후 다시 빠르게 증가하는 형태를 나타낸다. 2019년 5세 미만 영유아의 연간 평균 내원 일수는 29.4일, 70세 이상 고령층의 연간 평균 내원 일수는 38.8일이었다. 코로나19 발생 후, 특히 영유아를 중심으로 의료 이용이 감소했지만 나이에 따른 변화 형태는 크게 달라지지 않았다.

이와 같은 나이와 의료서비스 이용 사이의 관계는 인구가 고령화

그림 5-1. 2019년 성별·연령별 1인당 연간 내원 일수

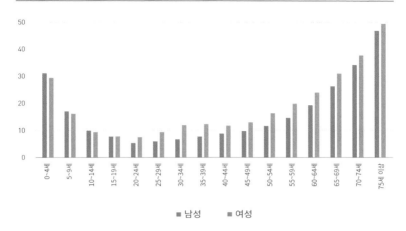

■ 남성 ■ 여성

* 출처: 이철희·권정현·김태훈(2023)

되면서 의료서비스에 대한 수요가 빠르게 증가할 것임을 추측하게 해준다. 낮은 출산율 때문에 영유아 수가 줄어드는 현상은 의료 이용을 감소시키는 요인으로 작용하겠지만, 나이 든 인구가 더 빠르게 늘면서 전반적인 의료 이용은 확대될 것으로 전망된다.

그렇다면 장차 의료 이용이 얼마나 많이 늘어날까? 이는 인구구조뿐만 아니라 성별·연령별 의료 이용 정도의 변화에 달려 있는데, 그 방향은 아직 확실하지 않다. 소득이 늘고 건강한 삶에 대한 선호가 강해지면서 성별·연령별 의료 이용이 늘어날 수도 있지만, 전반적으로 건강상태가 개선되면서 의료 이용이 감소할 수도 있다. 의료기술 및 의료 시스템의 변화도 의료서비스 수요에 영향을 미칠 것이다.

이렇듯 여러 변수가 있지만 일단은 2019년에 나타난 성별·연령

그림 5-2. 2020~2070년 장래인구추계 시나리오별 연간 총 내원 일수 전망

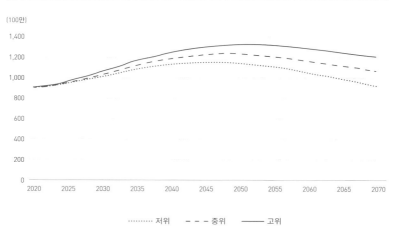

• 출처: 이철희·권정현·김태훈(2023)

별 의료 이용 패턴이 앞으로 변화하지 않고 인구구조만 통계청의 세 가지(중위, 고위, 저위) 장래인구추계에 따라 변화할 것으로 가정하기로 하자. 그림 5-2는 이 경우 나타날 2020년부터 2070년까지의 총 내원 일수의 변화 추이를 보여준다. 지금부터 2048년까지는 인구 규모가 감소하는데도 인구 고령화의 영향 때문에 총 내원 일수가 2019년 수준의 138%인 12억 3000만 일까지 증가할 것으로 예상된다. 그 후에는 인구감소 효과가 인구 고령화 효과를 압도하면서 의료서비스에 대한 수요는 점차 감소할 것이다.

　인구변화로 인한 전반적인 의료서비스 수요 증가는 장차 이 분야의 수급 불균형 문제를 야기할 수 있다. 4장에서 소개한 산업·직종별 노동 수급 불균형 전망 결과는 학력 및 산업 간 인력 대체가 발생하지 않는 경우, 2031년까지 의료서비스를 포함하는 보건업에서

13만 명 이상의 노동력 부족이 발생할 것임을 보여준다. 특정한 자격과 전문성을 필요로 하는 보건업의 특성상, 이 전망치가 학력 및 산업 간 인력 대체를 가정한 전망치보다 더 현실적일 것으로 보인다. 이 중 전문직 부족 규모가 약 6만 1,000명, 비전문직 부족 규모가 약 4만 1,000명으로 예상된다.

인구변화로 인한 의료서비스 수급 불균형은 의사, 간호사, 간호조무사 등 다양한 유형의 의료인력은 물론 의료 시설과 장비 부족으로 나타날 수 있다. 그러나 한국에서 의료서비스 수급 불균형 문제의 핵심은 의사 수의 부족 문제로 귀결될 가능성이 크다.

이는 두 가지 이유 때문이다. 첫째, 다른 의료인력이나 시설·장비에 비해 한국의 의사 수가 상대적으로 적다. 한의사를 포함한 한국의 인구 1,000명당 의사 수는 2.6명으로 OECD 평균인 3.7명보다 훨씬 적고, 2.5명인 멕시코에 이어 두 번째로 낮다. 간호인력도 인구 1,000명당 8.8명으로 OECD 평균인 9.8명보다는 적지만 상대적 순위는 그리 떨어지지 않는다. 반면 한국의 인구 1,000명당 병상, MRI, CT 수는 OECD 평균보다 훨씬 높다.

둘째, 의료서비스를 구성하는 다른 인적·물적 투입 요소에 비해 의사의 공급이 매우 경직적이다. 기본적으로 한국의 신규 의사 수는 의대 정원에 의해 결정되는데, 2000년 3,507명이었던 의대 정원은 2006년까지 3,058명으로 감축된 후 2024년 현재까지 그대로 유지되고 있다. 2020년에 의대 정원 확대가 추진된 적이 있으나 의료계의 거센 반발로 무산되었다. 2024년 5월 현재 진행 중인 의대 증원 추진도 난항을 겪고 있다. 일부 선진국처럼 외국인 의사를 수입하는 길이 열려 있는 것도 아니다. 또한 현재 의사가 담당하게 되어 있는 의료행위를 다른 의료인력에게 넘기는 것도, 원격진료 등을 통해 실질적으로 서비스 공급을 확대하는 일도 강하게 규제되고 있다. 따라서 의료인력 시장에 의사에 대한 수요가 늘더라도 이것이 공급 증가로 이어지기는 어려운 상황이다. 이러한 사정 때문에 인구변화가 가져올 수 있는 의료서비스 수급 불균형 문제 가운데 의사 인력 수급 불균형 문제가 가장 심각한 사안이라고 할 수 있다.

그렇다면 장차 의사 수는 얼마나 부족해질까? 이 질문에 대한 답은 의대 정원을 몇 명 더 늘려야 하는가에 관한 논의에서 가장 중요한 근거가 될 수 있다. 그만큼 이견이 많고 논란이 큰 숫자이다.[4]

우선 의사에 대한 수요 증가 전망에 대한 이견이 있을 수 있다. 앞에서 지적했듯이 의료수요에 영향을 미칠 수 있는 건강, 선호, 의료제도, 의료기술 등의 요인이 앞으로 어떻게 변화할지 현재로서 잘 알 수 없다. 예컨대 로봇 도입 같은 새로운 의료기술이 의사의 일을 대체할 수 있다면 다른 조건이 같을 때 의사에 대한 수요는 감소할 것이다. 여기에서는 일반적인 연구자들이 흔히 가정하듯이 의사의 서비스에 대한 수요가 내원 일수로 측정한 의료서비스 수요 변화와 같은 추이로 증가한다고 가정하기로 한다.

의사 공급을 정확하게 전망하기도 쉽지는 않다. 앞서 언급했듯이 매년 새로 진입하는 의사의 수는 의대 정원과 의사국가시험 합격률 등을 토대로 비교적 정확하게 전망할 수 있다. 그러나 매년 몇 명의 의사가 일을 그만둘 것인지, 의사들이 일하는 시간이 어떻게 달라질 것인지, 의사들의 생산성이 어떻게 변화할 것인지 등 의사의 실질적인 총노동 투입을 결정하는 여러 요인의 변화를 정확하게 전망하기는 어렵다. 여기에서는 가용한 데이터와 기타 증거에 기초하여 의사 공급에 대한 몇 가지 시나리오를 설정하고 이를 전망에 도입하였다.

가장 단순한 '기본 시나리오'는 최근의 연령별 의사 인력 분포 자료에서 얻은 의사의 노동시장 이탈 위험률이 유지되고 90세까지 노동시장에 남은 의사들은 이 나이에 모두 이탈한다는 가정을 도입하였다. 이 시나리오를 적용하는 경우, 2021년 10만 9,937명이었던 전체 의사 수는 2040년까지 12만 6,649명으로 증가하지만, 이후 정체하여 2050년 12만 6,647명으로 유지될 것으로 전망된다.

기본 시나리오 외에 여성 의사 비중 변화, 나이와 성별에 따른 생산성 차이, 향후 의사의 노동시간 감소 가능성을 고려한 시나리오도 추가로 설정하였다. 시나리오 1은 남성 의사와 여성 의사의 연령별 노동시장 이탈 위험률 차이를 반영하였다. 시나리오 2는 65세가 넘으면 의사의 생산성이 10% 감소한다는 가정을 도입하여 고령화로 인한 생산성 변화를 반영하였다. 시나리오 3은 추가로 75세 이상 남성 의사와 66세 이상 여성 의사의 생산성을 각각 활동 의사 0.8인과 0.81인으로 치환하여 나이에 따른 생산성 변화를 더 정치하게 반영하였다. 시나리오 4는 의대 여학생 비율이 50%로 높아지는 변화를 가정하였다. 시나리오 5는 활동 의사 인력의 노동시간이 5% 감소한다고 가정하였다. 이상의 시나리오에 기초한 의사 인력 규모 전망치는 기본 시나리오에 기초한 전망 결과에 비해 약간 작은 것으로 나타난다.

이제 장래에 발생할 의사 인력의 부족 규모를 전망할 때가 되었다. 이를 위해서 현재 의사의 업무량을 그대로 유지하는 데 필요한 추가적인 의사 수를 계산하였다. 산출 방법은 다음과 같다. 2019년

그림 5-3. 시나리오별 2019년 현재 업무량 기준 추가로 필요한 의사 규모 전망

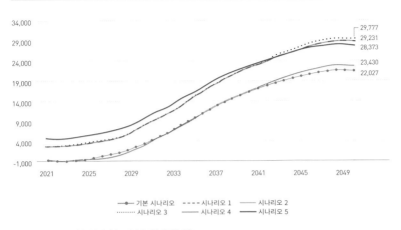

* 시나리오 1: 남성과 여성 의사의 성별 노동시장 이탈 위험률 적용
  시나리오 2: 의사 생산성 66세 이상 90% 적용
  시나리오 3: 의사 생산성 66세 이상 남성 90%, 75세 이상 남성 80%, 66세 이상 여성 81% 적용
  시나리오 4: 의대 여성 입학생 비중 50%까지 증가
  시나리오 5: 의사 노동시간 5% 감소

* 출처: 이철희·권정현·김태훈(2023)

활동 의사 1인당 연간 환자 내원 일수는 8,261일이다. 인구변화로 내원 일수는 빠르게 증가하는데 의사 수는 그보다 느리게 증가하기 때문에 의사 수가 늘지 않으면 의사 1인당 업무량은 늘어난다. 기본 시나리오에 따라 의사 수가 변화하는 경우, 2050년 활동 의사 1인당 연간 환자 내원 일수는 9,716일에 이른다. 이를 2019년 업무량인 8,261명으로 낮추는 데 필요한 의사 수는 약 14만 8,900명으로, 기본 시나리오에서 산출되는 2050년 의사 수보다 약 2만 2,000명 더 많다. 이 숫자는 의사의 기존 업무량 유지를 위해 추가로 필요한 의사 인력의 규모를 나타낸다.

그림 5-3은 앞서 소개한 6개의 시나리오를 적용하여 얻은 결과

를 보여준다. 이미 설명한 바와 같이, 기본 시나리오를 도입하는 경우 2020년대 말부터 의사 부족 규모가 빠르게 증가하여 2050년까지 약 2만 2,000명의 의사 공급이 추가로 필요한 것으로 전망된다. 다른 시나리오는 장래 의사 인력 규모 전망치를 기본 시나리오에 비해 낮게 전망하기 때문에 여기에서 도출된 의사 인력 부족 규모가 더 커진다. 예컨대 65세 이상 의사의 생산성이 낮다는 가정을 도입한 시나리오 2와 3을 적용하면 2050년까지 추가로 필요한 의사 수는 3만 명을 넘는다. 요컨대 나이에 따른 의료서비스 수요가 현재 수준에서 변하지 않는다면 인구변화로 증가하는 의료수요를 감당하기 위해 2050년까지 의사 수를 2만 2,000명에서 3만 명 정도 늘려야 한다는 것을 알 수 있다.

이러한 미래 전망은 여러 가정에 기초한 만큼 다른 여건의 변화에 따라 바뀔 수 있다. 일례로 사람들의 건강상태가 전반적으로 개선된다면 의료서비스에 대한 수요는 줄어들 것이다. 이는 앞으로 고령인구의 교육수준이 높아지면서 실현될 가능성이 있는 시나리오이다. 현재 나이에 따른 의료 이용 현황을 보면 대학 졸업자가 학력이 고졸 미만인 사람에 비해 의료서비스를 적게 이용하는 경향이 관찰된다. 이는 일반적으로 고학력자가 저학력자에 비해 건강하다는 사실을 반영한다. 만약 이러한 학력 간 의료 이용 차이가 유지되는 가운데 인구의 고학력화가 진행되면 어떻게 될까? 2장에서 소개한 방법으로 추계한 장래의 학력별 인구를 적용하는 경우 2050년까지 필요한 추가 의사 수는 약 8,500명으로 전망된다. 인구의 고학력화가 가져오는 건강상태 개선과 이로 인한 의료서비스 수요 감소로 의사 인력 부족 규모가 기본 시나리오를 적용하여 얻은 전망치의 약 40%로 줄어드는 셈이다. 그러나 소득 증가, 선호 변화, 새로운 감염병 유행과 같은 환경 악화 등으로 의료수요가 오히려 늘어날 가능성도 존재하기 때문에 변화의 방향을 예단하기는 어렵다.

이상에서 살펴본 바와 같이 2050년까지 2만 2000명에서 3만 명의 의사 인력이 부족해졌다가 이후 인구감소로 그 부족 규모가 줄어드는 수급 불균형이 발생한다면, 이에 대응하기 위해서 어떤 조치가 필요할까? 지금부터 시작해서 7년 동안 의대 정원을 매년 5%씩 확대하여 현 정원보다 약 1,500명 많은 4,500명으로 늘린 후 그 수준을 유지한다면 대체로 기본 시나리오에서 도출한 장래 의사 인력 부족을 어느 정도 해소할 수 있을 것이다. 즉 이러한 의대 증원 정책이 시행되면 2050년까지 활동 의사 인력 규모가 약 14만 6,000명이 되어 정원이 변하지 않는 경우에 비해 거의 2만 명가량 늘어난다. 다만 2050년경부터 의료서비스 수요가 감소하여 의사 인력 과잉 공급이 나타날 수 있기 때문에, 수요 변화 추이를 면밀하게 분석하여 의대 정원을 적절하고 섬세하게 조정할 필요가 있겠다.

가까운 미래에는 뇌 수술을 받기 위해 외국 병원으로 가야 할지도 모른다

전체 의사 인력의 수급 불균형 문제를 해결하면 그것으로 충분할까? 의사는 비교적 동질적인 직업군이기는 하지만 그 안에 다양한 전문 과목이 있으며, 다른 과목 의사는 이질적인 지식과 숙련을 보유한다. 특히 고도의 전문성을 요구하는 분야의 치료는 해당 분야

그림 5-4. 2020~2070년 인구변화로 인한 소아청소년과, 이비인후과, 산부인과 총 내원 일수 전망

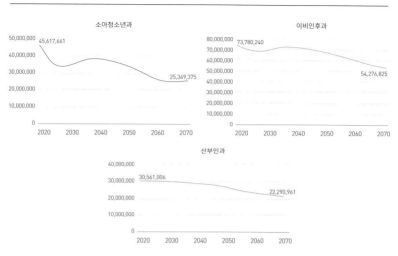

* 출처: 이철희·권정현·김태훈(2023)

의 전문의만 담당할 수 있다. 아무리 뛰어난 마취과 의사라도 직접 뇌 수술을 집도할 수는 없다. 그러므로 의사 인력에 대한 총량적인 수요와 공급이 일치하더라도 전문 과목 간 수급 불균형이 발생할 수 있다.

인구변화는 전체 의료서비스뿐 아니라 전문 과목별 서비스 수급에도 심각한 불균형을 초래할 것으로 우려된다. 인구변화로 인한 의료서비스 수요 변화가 전문 과목에 따라 다를 것이기 때문이다. 예컨대 출생아 수 감소는 산부인과를 찾는 임산부 수를 줄일 것이다. 또한 아동·청소년 수가 점점 줄면서 이들이 많이 방문하는 소아청소년과나 이비인후과 환자도 감소할 것이다. 반면 고령자가 많이

그림 5-5. 2020~2070년 인구변화로 인한 신경과, 신경외과, 외과, 흉부외과 총 내원 일수 전망

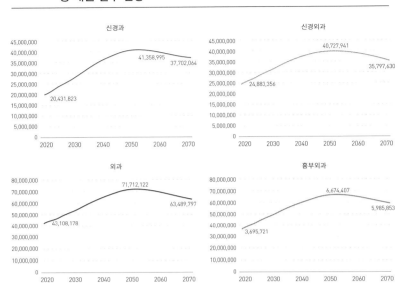

* 출처: 이철희·권정현·김태훈(2023)

걸리는 각종 만성질환을 주로 다루는 신경과, 신경외과, 외과, 흉부외과 등을 찾는 환자는 빠르게 증가할 것이다.

이를 구체적으로 살펴보기 위해 총 내원 일수와 같은 방법으로 장래의 전문 과목별 총 내원 일수를 전망하였다. 그림 5-4와 5-5에 제시된 결과는 전문 과목에 따라 인구변화가 의료서비스 수요에 미치는 영향이 극명하게 다르다는 것을 보여준다. 소아청소년과, 이비인후과, 산부인과의 경우 인구변화 때문에 장기적으로 의료서비스 수요가 감소할 것으로 예상된다. 예컨대 소아청소년과 총 내원 일수는 2070년까지 현재의 약 55%로 감소할 것이다. 반면 신경과, 신

그림 5-6. 2019년 업무량 기준 소아청소년과, 이비인후과, 산부인과
필요 의사 규모 전망

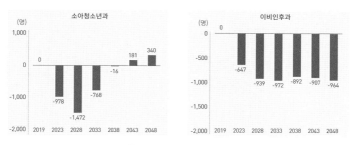

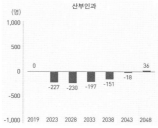

* 출처: 이철희·권정현·김태훈(2023)

경외과, 외과, 흉부외과의 의료 이용은 2050년경까지 빠르게 증가하다가 이후 감소할 것으로 전망된다. 특히 뇌졸중, 파킨슨병, 치매 등 고령층에 집중되는 신경계 질환을 다루는 신경과의 총 내원 일수는 2050년까지 현재의 약 두 배로 늘어날 것이다.

각 전문 과목의 장래 의사 인력 수급 불균형을 살펴보기 위해 전체 의사의 경우와 유사하게 전문 과목별 의사 수 변화를 전망하였다. 각 전문 과목의 신규 전문의 진입은 해당 분야 전공의 정원과 그 충족률에 의해 결정된다. 예컨대 2021년 소아청소년과 전공의 정원은 204명이었고 충족률은 37.3%였다. 전문 과목별 의사의 이탈 규모는 최근 각 과목 의사 인력의 연령별 분포 데이터를 이용하여 연령별 노동시장 이탈 위험률을 추산한 후 이것이 유지된다고 가정하였다.

그림 5-6은 인구변화로 의료서비스 수요가 줄어들 것으로 예상되는 전문 과목에 대해 현재 의사 1인당 업무량을 유지하는 데 필요한 의사 인력 규모를 추정한 결과를 보여준다. 2019년을 기준 시점으로 정할 때, 소아청소년과, 산부인과, 이비인후과는 이미 수요에 비해 전문의 공급이 과잉인 것으로 나타난다. 다시 말해 현재의 1인당 업무량이 유지되기 위해서는 2028년까지 소아청소년과 의사 약 1,470명, 이비인후과 의사 약 940명, 산부인과 의사 230명이 감소해야 한다. 최근 소아청소년과의 폐업 및 타 과목 전환이 늘어나는 것은 이러한 수급 상황을 반영한다.

이상의 결과는 조심스럽게 해석되어야 할 필요가 있다. 첫째, 의대 졸업생들의 선택이 변하면 여기서 제시한 것보다 해당 과목 전문의 수가 더 빠르게 줄어들 가능성을 고려해야 한다. 소아청소년과의 경우 2040년경부터는 오히려 의사 수가 부족해지는 것으로 나타난다. 이는 최근 전공의 정원 충족률이 급감했기 때문으로 풀이된다. 장래의 수익 전망이 나빠져서 전공의 정원 충족률이 더 낮아진다면 의사 수가 부족해지는 시점이 앞당겨질 수 있다. 둘째, 지역 간 불균형 문제를 고려하면 의사에 대한 전반적인 수요가 감소하는 가운데에도 어떤 곳에서는 정작 필요한 의료서비스를 받지 못하는 문제가 발생할 가능성이 있다. 최소한의 의료서비스 수요가 확보되지 않는 곳은 의사들이 떠나면서 의료취약지역이 될 것이기 때문이다.

그림 5-7은 인구변화로 의료서비스 수요가 큰 폭으로 증가할 것

그림 5-7. 2019년 업무량 기준 신경과, 신경외과, 외과, 흉부외과
　　　　　필요 의사 규모 전망

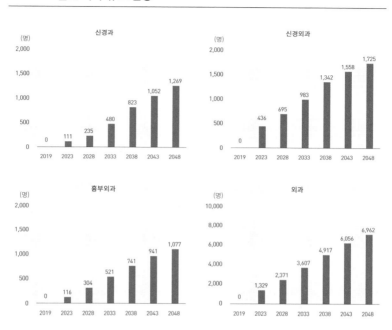

* 출처: 이철희·권정현·김태훈(2023)

으로 예상되는 전문 과목에 대해 현재 의사 1인당 업무량을 유지하
는 데 필요한 의사 인력 규모를 추정한 결과를 보여준다. 이 전문
과목에서는 향후 매우 빠른 속도로 전문의 부족 규모가 늘어날 것
으로 예상된다. 현재의 전문의 업무량을 유지하기 위해 2048년까
지 필요한 추가적인 의사 인력 규모는 대략 신경과 1,270명, 신경외
과 1,730명, 흉부외과 1,080명, 외과 6,960명으로 추산된다. 별다른
대책 없이 현재와 같은 추이로 인구변화가 진행된다면 이러한 전문

과목에서는 적절한 의료서비스를 받기가 매우 어려워질 전망이다.

　이상의 결과는 인구변화가 초래할 수 있는 전문 과목별 의사 인력 불균형 문제가 전반적인 의사 인력 부족 문제만큼 심각하다는 것을 보여준다. 젊은 의사들이 일부 인기 전공과목으로 몰리고 전문의 자격 없이 수익성이 높은 과목 의원을 개업하는 현상이 지속되는 경우, 인구변화로 인한 전문 과목 간 의료인력 수급 불균형 심화는 가속화될 것이다. 의료 전문가가 아닌 필자로서는 이와 같은 전문 과목 간 불균형 문제를 완화할 수 있는 가장 적절한 해법을 제시하기 어렵다. 그러나 과거 논의된 바 있는 분야 간 건강보험 수가 조정, 필수 의료 과목에서의 급여 및 근무조건 개선 등을 포함해 지금부터 최대한의 노력을 기울여야 할 당위는 확실해 보인다. 정책적 대응이 늦거나 모자라면 꼭 필요한 수술을 받기 위해 외국에 있는 병원에 가야 하는 일이 벌어질 테고, 그럴 여력이 없는 환자는 치료 기회를 얻을 수 없는 암울한 미래가 기다릴 수 있기 때문이다.

1~2인 가구가 늘어나면서 불가피해질
고령자와 영유아 돌봄 공백

병원에 갈 만큼 아프지 않더라도 여전히 다른 인력의 돌봄이 필요한 사람들이 있다. 돌봄이 요구되는 사람들은 대표적으로 영유아, 장애인, 거동이 불편한 고령자 등이다. 따라서 아동의 수가 줄어들고 고령자의 수가 늘어나는 인구변화는 다른 조건이 같을 때 아동 돌봄서비스에 대한 수요를 감소시키고 고령자 돌봄서비스에 대한 수요를 증가시킬 것으로 예상할 수 있다.

그런데 전문적인 돌봄인력에 대한 수요는 인구구조뿐 아니라 가구 구조 변화에도 영향을 받는다. 어떤 가정에 아기가 태어났다고 하자. 적어도 영유아기 내내 누군가가 이 아이를 돌보아야 하므로 새 생명의 탄생은 돌봄에 대한 수요를 만들어낸다. 그러나 어머니가 직접 아이를 돌본다면 이는 보육시설 교사나 아이 돌보미 같은 전문인력 서비스에 대한 수요 증가로 이어지진 않는다. 마찬가지로 몸이 불편한 노인을 집에서 가족이 돌본다면 요양보호사나 간병인 서비스에 대한 수요가 늘지는 않을 것이다.

따라서 돌봄서비스 인력 수급의 관점에서는 서비스 수요에 영향을 미치는 가구의 구조와 특성이 어떻게 변화하는지를 전망하는 작업이 중요하다. 예컨대 여러 세대가 함께 거주하는 가구가 줄어들면 가족 간 돌봄 가능성이 낮아지면서 돌봄서비스에 대한 수요가 증가할 것이다. 가구원의 경제활동도 중요한 변수이다. 전통적으로 가족 돌봄의 부담은 여성에게 더 많이 지워져왔다. 그러므로 여성의 경제활동이 늘면서 맞벌이 가구의 비중이 높아지면 돌봄서비스에 대한 수요가 증가할 가능성이 크다.

이처럼 가구의 구조 및 특성 변화를 반영하여 돌봄서비스 수요를 전망하는 것이 바람직하지만, 여기에는 중요한 걸림돌이 있다. 필요한 데이터의 부재이다. 2년마다 통계청이 발표하는 장래가구추계 자료는 1인 가구, 3세대 가구 등 특정한 유형의 가구 수가 앞으로 어떻게 변화할지를 보여주지만, 돌봄의 대상이 되는 사람들, 이를테면 영유아나 고령자가 포함된 가구 수를 알려주지는 않는다. 또한 각 유형의 가구 중 맞벌이 가구의 비중이 어떻게 변화하는지도 알 수 없다. 이런 사정 때문에 정확한 돌봄서비스 수요를 전망하기 위해서는 직접 유형 및 특성별 가구 수 변화를 추정할 필요가 있다.

이러한 필요를 반영하여, 필자와 한국보건사회연구원 이지혜 박사가 최근에 수행한 연구에서는 '가구 전이율법(household transition methods)'을 도입해 특정한 돌봄서비스 대상을 포함하는 특성별 가구 수 변화를 전망하였다. 이는 최근의 종단자료(한 개인 혹은 가구를 따라가면서 여러 시점에서 조사한 자료)를 이용하여 특정한 유형의 가구가 몇 년 후에 어떤 유형의 가구로 전이되는지 분석하고, 이렇게 추정한 전이율을 이후 기간에 적용하여 각 유형의 가구 수 변화를 전망하는 방법이다.[5] 이 방법에 대한 설명은 부록에 요약해두었다.

영유아의 경우, 2세 이하 영아가 있는 가구와 3~6세 유아가 있는 가구 각각을 ① 부부와 미혼 자녀: 맞벌이 ② 부부와 미혼 자녀: 비맞벌이 ③ 한 부모 ④ 3세대: 맞벌이 ⑤ 3세대: 비맞벌이 ⑥ 기타 가구 등으로 구분하여 총 12개 유형의 가구 수 변화를 전망하였다. 고령자의 경우, 성별 및 나이(65~74세와 75세 이상)에 따른 4개 유형의 고령자 가구를 ① 1인 가구 ② 부부 중 고령자 1인 ③ 부부 중 고령자 2인 ④ 자녀 동거 및 고령자 1인 ⑤ 자녀 동거 및 고령자 2인 ⑥ 기타 및 고령자 1인 ⑦ 기타 및 고령자 2인 등 7개 유형으로 구분하여 총 28개 유형의 가구 수 변화를 전망하였다. 영유아와 고령자의 나이를 구분한 것은 영아와 유아, 상대적으로 젊은 고령자와 75세 이상 고령자의 돌봄수요가 질적으로나 양적으로 다르다는 사실을 반영하기 위함이다.

이러한 분석을 수행하는 데도 2020년 발생한 코로나19의 영향을 어떻게 취급할지가 관건이 된다. 코로나19 대유행은 가구 구조와 여성 경제활동에 적지 않은 영향을 미쳤다. 예컨대 대유행 기간에는 여성 고용 부진으로 맞벌이 가구 증가 속도가 완만해졌고 고령층 가운데 1인 가구 비중 증가 속도도 줄었다. 그런데 이러한 변화가 코로나19 대유행이 종식된 이후에도 지속될지는 아직 확실하지 않다. 이러한 불확실성을 반영하기 위해 대유행 기간의 가구 구조 변화 및 맞벌이 가구 비중 변화에 다른 가중치를 부여하는 몇 가지 시나리오를 설정하여 전망에 이용하였다. 예를 들어 대유행 기간을 포함하는 최근 몇 년이 아닌 2015~2021년 6년 기간의 가구 전이율을 이용하고 한국의 맞벌이 가구 비중이 OECD 평균 수준까지 높아진다는 시나리오를 도입하면, 최근(2018~2021년)의 가구 전이율을 이용하는 경우보다 맞벌이 부부와 미혼 자녀로 구성된 가구 비중이 훨씬 빠르게 높아지는 것으로 나타난다.

다음으로 필요한 일은 가구·개인 특성별로 특정한 유형의 돌봄서비스에 대한 수요를 추정하는 작업이다. 예컨대 맞벌이 부부가 키우는 영유아가 보육시설 돌봄을 더 많이 필요로 한다면 맞벌이 부부 가구 비중의 증가는 보육시설 돌봄에 대한 수요를 높이는 요인으로 작용할 것이다. 그렇다면 맞벌이 부부 가구 영유아의 돌봄수요는 외벌이 부부 가구 영유아의 돌봄수요에 비해 얼마나 더 클까? 이는 영유아의 유형별 돌봄서비스 이용에 관한 정보를 담고 있는 보육실태조사 같은 데이터를 이용하여 확인할 수 있다. 마찬가지로 고령자의 유형별 돌봄서비스 이용 현황은 한국고령화패널 같은 자료를 이용하여 분석할 수 있다.[6]

인구 및 가구 특성 변화로 발생할 수 있는 장래의 돌봄서비스 수급 불균형 문제를 심층적으로 살펴보려면 전체 서비스가 아닌 유형별 서비스 수요 변화를 전망할 필요가 있다. 영유아 돌봄 유형은 다음과 같이 나눌 수 있다. ① 부모 돌봄 ② 어린이집 ③ 유치원 ④ 어린이집+개인 양육 ⑤ 유치원+개인 양육 ⑥ 개인 양육. 고령층의 돌봄 유형은 다음과 같이 구분할 수 있다. ① 돌봄 필요 없음(건강 양호) ② 비공식 돌봄 ③ 비공식 돌봄+공식 돌봄 ④ 공식 돌봄 ⑤ 도움 없음. 가구와 개인의 특성 변화는 전체 돌봄서비스 가운데 특정한 유형이 차지하는 비중을 바꿀 수 있다. 예컨대 자녀와 동거하는 고령자가 비공식 돌봄에 의존하는 경향이 있다면 자녀와 동거하는 고령자 비율 감소는 비공식 돌봄에 대한 상대적 수요를 감소시킬 것이다.

원 연구는 '다항 로지스틱 회귀분석'이라는 방법을 이용하여 돌봄수요에 영향을 미치는 가구와 개인의 특성이 여러 유형의 돌봄서비스 실제 이용 여부, 이용 시간, 비용 등에 미친 영향을 추정하였다. 영유아의 경우, 앞서 소개한 6개 가구 유형뿐만 아니라 아동의 성별, 나이, 출생 순위, 출생 분기, 어머니 나이, 가구 내 다른 영유아 수, 가구 소득, 맞벌이 여부, 지역, 보육시설 접근성, 신뢰할 만한 기관 유무 등의 특성이 유형별 돌봄수요에 미치는 효과를 분석하였다. 이를테면 다른 조건이 같은 경우 맞벌이 가구의 영유아가 어린이집을 이용할 확률이 높다면, 이 특성을 가진 영유아는 그 크기만큼 높은 어린이집 이용 비율을 부여받는다. 고령자의 경우, 가구 유형과 함께 성별, 나이, 교육수준, 의료급여 수급 여부, 근거리 거주 자녀 수, 가구 소득, 일상생활 제한 정도, 만성질환 수 등의 요인이 미치는 영향을 고려하였다. 이 분석모형은 부록에 간략하게 소개하였다.

그림 5-8. 2021~2035년 고령자 돌봄 유형별 이용 규모 추계 결과

2021년 65세 이상 고령인구 수를 100으로 환산한 비율(%)

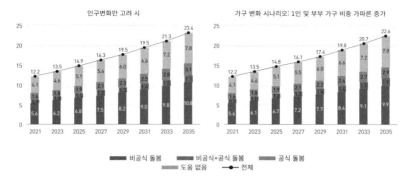

* 출처: 이지혜·이철희(2024a)

이러한 결과에서 어떻게 장래 돌봄수요를 전망할 수 있을까? 앞서 수행한 분석 결과는 우선 앞으로 특정한 성별·연령별·가구 유형별 영유아 수와 고령자 수가 어떻게 변화할지 알려준다. 그리고 각 특성을 나타내는 영유아 혹은 고령자의 몇 퍼센트가 특정한 유형의 돌봄서비스를 이용할지, 이용하는 경우 이용 시간과 비용은 얼마나 될지 제공한다. 이를 결합하면 이용자 수, 이용 시간, 비용 등으로 측정한 장래의 유형별 돌봄서비스 수요를 전망할 수 있다. 이 또한 자세한 방법은 부록에 제시하였다.

이제 고령자부터 시작하여 돌봄서비스 수요 전망 결과를 살펴보자. 그림 5-8은 두 가지 시나리오에 대해 65세 이상 고령자의 유형별 돌봄서비스 수요자 수 변화를 보여준다. 수치는 2021년의 65세 이상 인구(857만 1,000명)를 100으로 환산했을 때, 각 연도의 수요자 규모를 보여준다. 고령자 돌봄수요는 시나리오와 무관하게 빠른 인구 고령화로 인해 2030년대 중반까지 폭발적으로 증가하리라 전망된다. 가구 구조의 변화 없이 성별·연령별 인구만 변화하는 시나리오를 적용하는 경우, 2021년 인구 대비 12.2%인 전체 고령자 돌봄수요자는 2035년까지 거의 두 배 수준인 23.4%로 증가하리라 예상된다. 공식 돌봄에 대한 수요도 전체 수요와 유사한 추세로 확대될 것으로 보인다. 2021년 65세 이상 인구의 0.9%였던 비공식 및 공식 돌봄 이용자와 1.6%였던 공식 돌봄 이용자는 2035년까지 각각 1.7%와 3.1%로 늘어날 전망이다.

자녀와 동거하는 고령인구가 빠르게 줄면서 1인 가구와 부부 가구 비중이 빠르게 늘어나는 시나리오를 적용하더라도 결과는 크게 달라지지 않는다. 다만, 비공식 돌봄에 대한 수요 증가가 인구변화만 발생하는 경우보다 약간 줄어드는 경향이 나타난다. 이는 비공식 돌봄을 도와주는 자녀와의 동거가 감소하는 효과를 반영하는 것으로 보인다. 서비스 이용자 수를 고려하는 경우, 1인 가구 및 부부 가구 비중 증가로 요약되는 고령자 가구 구조 변화가 돌봄서비스 수요에 미치는 영향은 그리 크지 않다고 할 수 있다.

그러나 이용자 수가 아닌 돌봄 시간을 고려하면 가구 구조 변화의 효과가 달라진다. 그림 5-9는 75세 이상 인구에 대해 시나리오별로 공식 돌봄 시간과 비공식 돌봄 시간 변화를 추계한 결과를 보여준다. 인구변화만 발생하는 경우, 2021년 유형별 돌봄 시간을 100%로 환산한 공식 돌봄과 비공식 돌봄 시간 모두 2021년부터 2035년까지 거의 두 배 가까이 증가하는 것으로 나타난다. 이는 이용자 규모를 살펴본 결과와 유사하다. 반면 가구 구조 변화를 고려

그림 5-9. 시나리오별 2035년 75세 이상 고령자 돌봄 시간 추계 결과

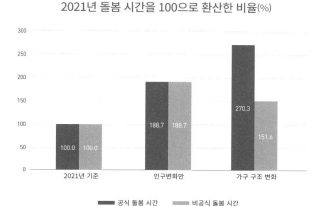

2021년 돌봄 시간을 100으로 환산한 비율(%)

* 출처: 이지혜·이철희(2024a)

하는 경우, 2035년까지 공식 돌봄 시간은 270%, 비공식 돌봄 시간은 150%로 증가할 것이다. 즉 자녀와 따로 사는 고령 가구가 늘면서 전체 공식 돌봄서비스 이용자 수는 약 두 배로 늘겠지만, 공식 돌봄 서비스 이용 시간은 그보다 훨씬 더 큰 폭으로 늘어날 가능성이 있다.

그러면 이제 영유아 돌봄서비스 변화를 전망해보자. 그림 5-10은 2021년 영아(0~2세) 수(88만 4,000명)를 100으로 환산했을 때 시나리오별로 각 유형 돌봄서비스 이용 규모가 어떻게 변화할지를 보여준다. 모든 영아는 어떤 형태로든 돌봄을 받아야 하므로, 시나리오와 관계없이 총 이용 규모는 통계청이 전망하는 영아 수로 결정된다. 당분간은 과거 출생아 수 감소로 영아 수가 감소하지만, 2024년 이후 출생아 수가 반등한다는 통계청 가정이 반영되어 2027년부터는

그림 5-10. 2021~2036년 영아(0~2세) 돌봄 유형별 이용 규모 추계 결과

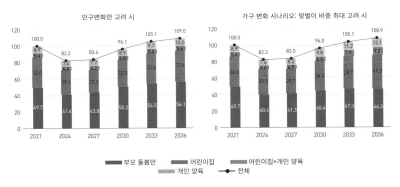

2021년 영아 수를 100으로 환산한 비율(%)

• 출처: 이지혜·이철희(2024b)

영아 수가 증가한다. 이 인구추계를 적용하면 전체 영아 돌봄 규모
는 감소했다가 2027년부터 증가하여 2036년에는 109로 높아질 것
이다. 만약 현재의 저출산 추이가 지속되어 출생아 수가 반등하지
않는다면 장래의 영아 돌봄수요는 여기에 제시된 전망보다 낮아질
수 있다.

　각 유형의 돌봄수요는 가구 구조의 변화에 따라 크게 달라질 것
으로 보인다. 맞벌이 가구의 비중이 빠른 속도로 증가한다면 인
구만 변화하는 경우보다 부모 돌봄의 비중은 감소하고 시설 돌봄
의 비중은 높아질 것이다. 인구변화만 고려하는 경우, 부모 돌봄은
2021년 49.7에서 2036년 56.1로 늘어나지만, 어린이집 이용(개인 양
육 동시 이용 포함)은 41.4에서 43으로 약간 늘어나는 데 그친다. 반면
빠른 맞벌이 가구 증가를 가정하는 경우, 부모 돌봄은 46.3으로 줄

그림 5-11. 2036년 영아의 어린이집 이용 시간 및 비용 규모 추계 결과

2021년 이용 시간과 시간당 비용을 100으로 환산한 비율(%)

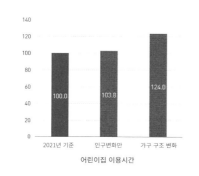
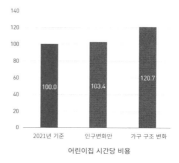

• 출처: 이지혜·이철희(2024b)

어들고 어린이집 이용(개인 양육 동시 이용 포함)은 41.4에서 50.5로 증가하는 것으로 나타난다.

고령자의 경우와 마찬가지로, 가구 구조 변화의 효과는 돌봄 이용 시간을 살펴볼 때 더 뚜렷하게 드러난다. 그림 5-11은 시나리오별로 2036년 영아의 어린이집 이용 시간과 시간당 비용을 추정한 결과를 보여준다. 인구변화만 고려하는 경우, 2036년의 어린이집 이용 시간과 시간당 비용은 2021년 대비 각각 3.8%와 3.4% 증가하는 것으로 나타난다. 반면 맞벌이 가구 비중이 빠르게 증가하는 시나리오를 도입하면 이용 시간과 시간당 비용이 각각 24%와 20.7% 증가한다는 전망 결과를 얻는다. 즉 맞벌이 가구가 늘면 단순히 어린이집을 이용하는 영아 수가 증가할 뿐 아니라, 더 질 높은 보육시설에 보내고 더 오랜 시간 아이를 맡기는 경향이 나타날 것이다. 이러한 결과는 장차 출생아 수가 감소하더라도 영아 돌봄서비스에 대한 수요가 감소하지 않을 수 있음을 시사한다.

이상에서 살펴본 바와 같이 인구 및 가구 구조 변화로 인해 가까운 장래에 고령자에 대한 돌봄서비스 수요는 매우 빠르게 증가할 것으로 예상된다. 현재 돌봄이 필요한 노인 가운데 공식 돌봄을 받는 노인의 비중은 매우 낮고 어떤 돌봄도 받지 못하는 고령자 비율이 3분의 1에 달한다. 이런 여건을 고려할 때, 고령자에 대한 공식 돌봄서비스 수요는 전체 수요에 비해 더 빠르게 증가할 가능성이 있다. 저출산 추이가 이어지면 아동 수는 장기적으로 감소할 가능성이 크다. 그러나 여성의 경제활동이 늘고 이에 따라 맞벌이 가구 비중이 높아지면서 보육시설 돌봄과 개인 양육에 대한 수요는 오히려 증가할 개연성이 크다.

의사와 달리 돌봄서비스의 경우 인력 공급을 정확하게 전망하기 어렵다. 이 작업을 위해서는 세밀하게 분류한 산업과 직종별 취업자 수 통계가 필요한데, 현재 가용한 데이터는 중분류 수준의 부문별 고용 현황을 제공해줄 뿐이다. 그렇지만 돌봄서비스 일자리들을 포괄하는 사회복지서비스에 대한 4장의 인력 수급 전망 결과는 장차 한국이 매우 심각한 돌봄인력 부족에 직면할 가능성이 크다는 사실을 보여준다. 즉 상당한 정도의 산업 간 인력 대체가 발생하더라도 사회복지서비스 분야에서 2031년까지 약 37만 명의 노동력 부족이 예상된다. 이러한 부족 인력의 상당수는 돌봄서비스 종사자일 것으로 추정된다.

심각한 전문 과목별 의사 인력 수급 불균형이 예상되는 의료 분야에 비해서는 덜하겠지만, 돌봄서비스에서도 돌봄 유형 간 불균형 문제가 발생할 가능성이 있다. 고령자의 경우, 75세 혹은 85세 이상 초고령인구 비중이 빠르게 늘면서 신체 혹은 인지 능력이 상대적으로 떨어진 노인을 돌보아야 하는 인력이 더 많이 필요해질 것이다. 아동의 경우, 양질의 장시간 돌봄서비스를 얻기 위해 더 높은 비용을 부담할 의사가 있는 가구의 비중이 늘어날 것이다. 출생아 수가 빠르게 줄면 유아 대상 돌봄인력이 영아 대상 돌봄인력으로 전환해야 할 필요도 발생할 것이다. 다양한 유형의 돌봄서비스를 담당할 인력이 서로 완전하게 대체적이지 않다면 어느 정도의 유형 간 수급 불균형 문제는 불가피할 것으로 보인다.

정책 수립과 정치적 결정을 위해 지금 당장 총력을 기울여야 한다

코로나19 대유행 시기의 경험이 뚜렷하게 보여주듯이 의사, 간호사, 간호조무사 등의 의료인력은 국민의 생명과 건강을 지키는 일선에 서 있는 사람들이다. 따라서 인구변화가 초래할 것으로 예상되는 의료인력 부족은 의료서비스에 대한 접근성을 낮춤으로써 국민의 건강권을 위협할 것으로 우려된다. 일부 과목과 지역에서는 이미 의료인력 부족 문제가 심각한 상황이다. 응급 환자가 제때 치료받지 못해 사망했다는 뉴스가 익숙해진 현실이 씁쓸할 따름이다. 지방 병원들은 높은 급여를 책정하고도 꼭 필요한 과목의 의사를 구하지 못하는 실정이다.

영유아, 장애인, 아픈 고령자와 그 보호자의 일상은 보육시설 교사, 요양보호사, 간병인의 돌봄에 힘입어 유지되고 있다. 인구변화로 돌봄서비스 인력 공급이 양적·질적으로 부족해지면 직접적인 대상자와 그 가족의 삶은 불편해지고 황폐해지고 심지어 무너질 수 있다. 돌봄인력 부족 역시 이미 다가와 있는 현재 문제이다. 간병인을 구하지 못하는 환자와 요양보호사를 구하지 못하는 불편한 노인의 사례를 주변에서 너무나 자주 볼 수 있다.

의료인력과 돌봄인력의 부족은 개인의 고통뿐만 아니라 국가의 경제적 손실로 이어질 것이다. 건강 악화는 노동 공급과 생산성을 저해하는 주된 요인으로 지적된다. 따라서 의료인력 부족이 초래할 수 있는 국민 건강 수준 저하는 경제성장에 부정적인 영향을 미칠 것이다. 돌봄인력이 부족해지면 공식 돌봄의 공백을 채워야 하는 보호자의 경제활동이 어려워지고 생산성이 저하될 것이다. 특히 주된 비공식 돌봄 제공자인 여성에게 더 무거운 짐이 지워질 것이다. 돌봄서비스 공급 부족이 가져오는 아동 보육의 질 저하와 장애인·고령자의 건강 악화 역시 장기적으로 큰 사회경제적 비용을 초래할 것이다.

아프거나 약해졌을 때 사람들은 예외 없이 누군가의 치료와 돌봄이 필요하다. 이러한 인간의 기본적인 필요가 충족되지 않는 미래상은 암울하다. 앞으로 아무런 변화를 이루어내지 못한다면 이렇게 암울한 미래상이 현실이 될 가능성이 있다. 이번 장의 결과가 보여주듯이 이미 경고음이 들리고 있는 의료와 돌봄 인력 부족 문제는 숨 가쁘게 진행되는 인구변화로 점점 더 심각해질 것이다. 현재의 의료와 돌봄 서비스 이용 수준이 유지되려면, 25년 안에 의사 수가 적어도 2만 명 이상 늘어야 하고 15년 내로 고령자를 위한 돌봄

인력이 현재의 두 배로 늘어야 한다.

의사 인력 수급 불균형 문제를 완화하기 위해서는 조속하게 사회적 타협을 이루어 의대 정원을 적정한 수준으로 확대해야 하고, 의료취약지역이 늘어나는 현상을 방지하기 위해서는 공공 의료를 강화하는 방안을 마련해야 한다. 과목 간 불균형을 완화하기 위한 제도적 개선도 필요하다.

2024년 2월, 정부는 2025년부터 의대 정원을 2,000명씩 증원하고 이를 5년 동안 유지하는 내용을 골자로 한 정책을 발표하였다. 이는 2035년까지 의사 인력을 1만 명 더 늘리는 방안이다. 이 조치에 의사 단체는 강력하게 반발하여 대다수 전공의들이 병원을 떠났고 의대 교수들도 사직을 결정한 상황이다. 이 책을 마지막으로 다듬고 있는 2024년 5월 초 현재, 정부는 각 대학의 자율적인 정원 감축을 허용하여 2025년 의대 정원이 약 1,500명 선으로 조정되었지만, 첨예한 의정 갈등은 계속되고 있다. 의대 정원이 현재 안으로 확정되더라도, 갑작스러운 증원으로 인한 의대 교육의 질 저하 가능성, 2030년 이후 수요 변화를 반영한 의대 정원 조정 방법 결정, 과목 간 불균형 해소 방안 마련 등 풀어야 할 어려운 과제가 산적해 있다.

돌봄서비스 수급 불균형 문제를 근본적으로 해결하기 위해서는 무엇보다 돌봄의 사회경제적 가치를 반영하는 수준의 처우를 제공하여 양질의 인력이 충분히 공급되게 하는 제도적 방안을 마련해야 한다. 또한 일·생활 균형 강화, 건강관리 개선, 장애인·고령자 친화적인 생활환경 조성 등을 통해 돌봄서비스 수요를 줄이는 노력도 중요하다. 다른 국가의 사례에서 볼 수 있듯이 일부 서비스는 외국인력 도입을 고려할 수 있겠다. 어렵고 복잡한 정책 수립 과정과 길고 험난한 정치적 결정 과정이 필요한 일들인 만큼 지금부터 총력을 기울여도 절대 이르지 않다.

6장

일터에서 젊은이가 사라진다

젊은이는 특별하다. 영국 가수 클리프 리처드(Cliff Richard)는 1961년 히트곡 〈젊은이들(The Young Ones)〉에서 "젊은이여, 불꽃이 강하게 타오르는 동안, 살아가고 사랑하기를 두려워하지 말아요"라고 노래했다. 프란코 체피렐리(Franco Zeffirelli) 감독의 1968년 영화 〈로미오와 줄리엣〉의 주제곡은 "젊은이란 무엇인가? 격렬한 불길이다(What is a youth, impetuous fire)"라는 가사로 시작한다. 한국의 가수 김수철은 1984년 발표된 노래 〈젊은 그대〉에서 젊은이를 태양 같다며 찬양했다.

　나이 들어서도 젊은이 못지않은 열정을 유지하는 사람들도 있다. 방금 소개한 두 가수가 좋은 사례이다. 83세 클리프 리처드는 최근까지 정규음반을 내고 세계를 돌며 공연하고 있다. 국악 현대화의 선구자로 중년을 보낸 66세 김수철은 얼마 전 100인조 동서양 오케스트라와 함께 데뷔 45주년을 기념하는 공연을 열기도 했다. 그러나 나이가 숫자에 불과함을 보여주는 사례가 아무리 많아도 젊음의 특별함을 부정하기는 어렵다. 청춘을 누리고 떠나보낸 사람은, 오직 젊을 때만 누릴 수 있고 젊은이만 가질 수 있는 무언가가 있다는 사실을 알 것이다.

　노동시장에서도 젊은 인력은 특별하다. 평균적으로 볼 때, 젊은이는 나이 든 사람보다 더 건강하고 신체 능력과 인지 기능에서 앞서는 경우가 많다. 경험과 경륜이 부족하다는 단점이 있지만, 젊음이 주는 장점이 단점을 압도하는 직종은 적지 않다. 예컨대 프로게이머처럼 빠른 반응과 기민한 손놀림이 요구되는 일은 젊은이의 전유물이다. 또한 청년인력은 비교적 최근에 교육을 받고 일자리를 선택하여 노동시장에 진입한 사람들이기도 하다. 따라서 지금의 젊은 신규 취업자는 과거에 취업한 세대보다 현재의 노동시장이 필요로 하는 인적자본을 더 잘 갖추고 있을 가능성이 높다.

　젊은 인력은 또한 새로운 정보와 지식을 흡수하고 최신 기능과 숙련을 배울 수 있는 역량에서 나이 든 사람을 앞서는 경향이 있다. 이는 부분적으로는 기존 세상이 익숙한 사람은 새로운 것을 배우기가 더 어려운 반면 달라진 세상이 당연한 사람은 새로운 것을 배우기가 더 쉽기 때문일 것이다. 예컨대 어려서부터 컴퓨터와 스마트폰을 다루고 학교에서 코딩을 배운 세대는 나이 들어 처음 컴퓨터를 배우게 된 세대에 비해 하루가 다르게 바뀌는 IT를 쉽게 따라잡을 수 있다. 따라서 젊은 인력은 나이 든 인력에 비해 다른 직무 혹은 직장으로 옮겨서 새로운 일에 적응할 수 있는 능력이 더 나을 가능성이 크다.

　앞으로 살 날이 더 길다는 사실도 젊은이가 가진 중요한 강점 가운데 하나이다. 노동시장에서 일할 기간이 길게 남아 있는 경우, 노동자 본인이나 고용주는 인적자본을 개선하는 데 투자할 유인이 커진다. 예컨대 대학원생이나 젊은 연구자는 앞으로 수십 년간 쓸 수 있으리라는 기대로 최신 연구 방법이나 새로 개발된 전산 프로그램을 배우고 익히는 데 시간과 노력을 아끼지 않는 경향이 있다. 투자 성과를 오래 누릴 수 있으므로 젊은이의 인적자본 투자에 대한 기대보수는 높은 편이다. 반면 은퇴를 앞둔 고령자의 경우, 새로운 지식과 숙련을 익히는 투자에 대한 경제적 보수가 낮을 수밖에 없다.

남아 있는 나날이 얼마나 되는지는 노동시장에서 이동성의 정도를 결정하는 요인이기도 하다. 경제학적 관점에서 다른 지역으로 이주하거나 다른 일자리로 전직하는 행위는 일종의 인적자본 투자라고 할 수 있다. 이와 같은 이동에는 금전적·심리적 비용이 발생한다. 이주와 정착 비용이 발생하고, 낯선 환경에 애써 적응해야 하며, 예상하지 못했던 어려움이 발생할 위험도 있다. 다른 한편으로 이러한 이동은 인적자본의 가치를 높여서 생애에 걸친 소득을 높이는 경제적 편익을 가져올 수 있다. 고위험과 고수익을 동반하는 기회가 주어질 때, 앞으로 살아갈 날이 많을 것으로 기대하는 젊은이들은 더 나은 미래를 위해 현재의 고통과 위험을 감수하는 모험에 나설 유인이 크겠지만, 남은 날수가 많지 않다고 생각하는 사람은 아마도 "내가 이제 와서 무슨 부귀영화를 누리겠다고"라고 하면서 그 기회를 외면할 가능성이 크다.

이처럼 젊은이는 나이 든 사람보다 일반적으로 더 건강하고 강건하고 기민하고 새로운 것을 빨리 배우고 다른 지역이나 직장으로의 이동성이 높은 사람들이다. 이러한 특성 때문에 젊은 인력은 노동시장에서 매우 중요한 위치를 차지한다. 그런데 인구변화로 말미암아 이러한 성격을 나타내는 젊은이들이 가까운 장래에 썰물처럼 노동시장에서 빠져나갈 것으로 전망된다. 일부 산업 혹은 직종에서는 젊은 취업자를 찾아보기 어려워질 것이다. 이러한 변화는 노동시장에 어떤 충격을 일으킬까? 젊은이가 떠난 일터의 공백을 어떻게 채울 수 있을까?

2050년 이후에는 젊은 취업자 수가 현재의 절반 아래로 떨어진다

태어나는 아기는 자라나서 청년이 되고 때가 되면 취업을 하여 일을 시작한다. 그러므로 내국인 청년인력의 감소는 과거의 출생아수 감소 추이에서 이미 어느 정도 예견할 수 있는 현상이다. 그림 6-1은 1970년 이후 한국 출생아 수 변화를 보여준다. 어떤 청년은 취업하지 않기도 하고 또 일을 시작하는 나이도 다르지만, 25세 전후에 각 출생 코호트가 취업한다고 가정하면 1970년경에 태어난 약 100만 명의 연간 출생아는 1990년대 중반을 전후해 노동시장에 진입했을 것이다. 즉 30년 전까지는 매년 노동인구에 추가로 포함될수 있는 잠재 인력이 100만 명에 달했다고 볼 수 있다.

이 가정을 유지하면 2024년 현재는 1990년대 말에 태어난 65만명 선의 연간 출생아가 노동시장에 나오고 있을 것이다. 출생아 수는 2000년과 2005년 사이 약 3분의 2로 급격하게 감소하여 40만명대로 떨어졌고 이후 약 10년간 40만 명대에서 등락을 거듭하였

그림 6-1. 1970~2023년 연간 출생아 수 변화

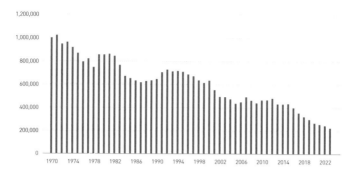

* 출처: 통계청 출생 통계

다. 이렇게 갑자기 줄어든 출생 코호트는 2020년대 말부터는 본격적으로 노동시장에 진입하고, 그 결과 청년 신규 취업자 규모는 급격히 감소할 것이다. 2012년 혹은 2015년 이후부터는 출생아 수가 더 가파르게 감소하였다. 2012년 48만 명이었던 출생아 수는 2022년 25만 명 아래로 감소하였고 2023년에는 23만 명을 기록하였다. 이로 말미암아 2040년경부터는 또다시 빠른 속도로 청년인력이 줄어들 것이다.

이제 좀 더 구체적으로 청년인력 감소 규모를 살펴보자. 이를 위해서는 먼저 누가 청년인지를 정의해야 한다. 현재의 청년기본법은 청년을 19세 이상 34세 이하인 사람으로 정의하고 있다. 물론 다른 기준도 있다. 청년 고용촉진특별법은 청년의 나이를 15세 이상 29세 이하로 규정하고 있으며, 인구 고령화 정도가 상이한 지방자치단체들의 '청년기본조례'에 등장하는 청년 나이 상한은 39세에서

그림 6-2. 2022~2072년 대졸 35세 미만 경제활동인구 추계

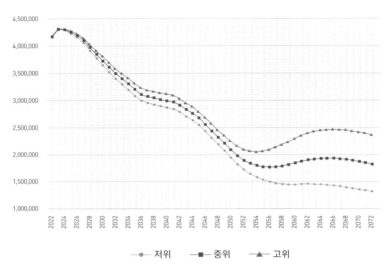

49세까지 다양하다. 젊은이가 노동시장에 진출하는 나이가 늦어지면서 청년기본법상 나이를 39세까지 높이려는 정치적 움직임도 있다. 여기에서는 통상적으로 널리 이용되는 청년기본법의 정의를 적용하여 35세 미만 노동인력의 변화를 보기로 한다.

그림 6-2는 2022년의 성별·연령별·학력별 경제활동참가율이 유지되는 경우, 2022년부터 2072년까지 대졸 35세 미만 경제활동인구 변화를 전망한 결과를 보여준다. 중위 인구 전망을 적용하는 경우 2022년 약 416만 명이었던 대졸 35세 미만 경제활동인구는 2027년까지는 그 규모가 유지되겠지만, 이후 빠르게 감소하여 2050년에는 2022년 수준의 절반에 불과한 약 210만 명으로 줄어들

그림 6-3. 2022~2072년 고졸 이하 35세 미만 경제활동인구 추계

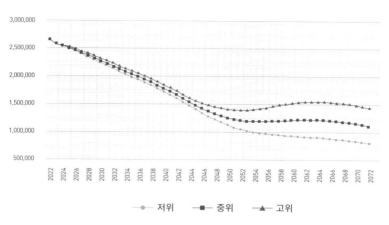

* 출처: 통계청 장래인구추계와 경제활동인구조사 자료 이용하여 저자가 추계

고 2056년에는 현재의 40% 수준인 177만 명까지 축소될 것으로 전망된다. 만약 더 비관적인 인구 전망이 실현된다면 50년 후 35세 미만 대졸 경제활동인구는 현재 규모의 약 30% 수준인 133만 명으로 줄어들 것이다.

그림 6-3에 제시된 장래의 고졸 이하 35세 미만 경제활동인구는 2050년대 초까지 대졸 35세 미만 경제활동인구보다 더 빠르게 줄어들다가 이후 크게 변화하지 않을 것으로 전망된다. 향후 30년 동안의 빠른 감소는 청년인구 감소와 고학력화 효과를 동시에 반영한다. 중위 인구 전망이 실현되는 경우, 2022년 약 261만 명이었던 고졸 이하 35세 미만 경제활동인구는 2050년까지 기준 시점의 47%인 133만 명으로 감소할 것으로 예상된다. 저위 인구 전망이 실현된다면 고졸 35세 미만 경제활동인구는 2072년까지 현재의 30%

그림 6-4. 2021~2031년 인구변화로 인한 학력·산업별 20~34세 노동 공급 감소 규모

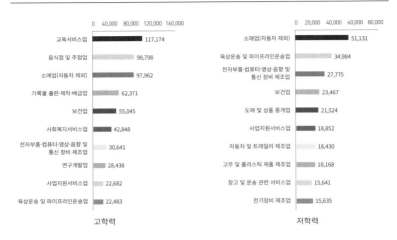

* 출처: 이철희·엄상민·이종관(2023)에 제시된 결과를 이용하여 저자가 작성

수준인 78만 명으로 줄어들 것이다.

청년 경제활동인구의 변화는 산업과 직종에 따라 매우 다를 것으로 예상된다. 이는 4장에서 설명한 대로 부문에 따라 현재 취업인력의 연령 분포, 신규 취업자의 진입 비율, 연령별 순 유입 및 퇴출 비율이 달라서 나타나는 현상이다. 그러므로 일부 부문에서는 청년인력 감소의 충격이 전체 청년인력 감소 정도가 보여주는 것보다 심할 가능성이 있다. 이를 구체적으로 확인하기 위해 4장에서 설명한 방법을 이용하여 인구변화가 각 부문 20~34세 청년인력의 공급에 미치는 영향을 추정한 결과를 살펴보자.

그림 6-4는 인구변화로 2031년까지 35세 미만 고학력 및 저학력 노동 공급이 가장 많이 감소할 것으로 예상되는 10개 산업과 각

그림 6-5. 2021~2031년 인구변화로 인한 학력·직종별 20~34세 노동 공급
감소 규모

* 출처: 이철희·엄상민·이종관(2023)에 제시된 결과를 이용하여 저자가 작성

각의 노동 공급 감소 규모를 보여준다. 대다수 청년인력이 대졸자
인 현실이 반영되어 전반적으로 고학력 청년인력이 더 큰 폭으로
감소하는 것으로 나타난다. 인구변화로 인한 고학력 청년인력 공급
의 감소 규모는 교육서비스업 11만 7,000명, 음식점 및 주점업 9만
9,000명, 소매업(자동차 제외) 9만 8,000명 등으로 전망된다. 저학력
청년인력 공급은 소매업(자동차 제외)에서 5만 1,000명, 육상운송 및
파이프라인운송업에서 3만 5,000명, 전자부품·컴퓨터·영상·음향
및 통신 장비 제조업에서 2만 8,000명 감소할 것으로 전망된다.

인구변화로 청년층 노동 공급이 가장 많이 줄어드는 직종은 무엇
일까? 그림 6-5는 학력별로 35세 미만 인력 감소가 가장 클 것으로
추정되는 10개 직종을 보여준다. 고학력 청년인력의 경우, 경영 및 회

계 관련 사무직에서 13만 3,000명, 과학·정보통신·공학 전문가 및 관련직에서 10만 2,000명, 보건·사회복지 및 종교 관련직에서 7만 8,000명, 조리 및 음식 서비스직에서 7만 7,000명의 노동 공급이 감소할 것으로 예상된다. 저학력 청년인력의 경우, 경영 및 회계 관련 사무직에서 5만 8,000명, 운송 관련 단순 노무직에서 4만 6,000명, 제조 관련 단순 노무직에서 3만 7,000명이 줄어들 것이다.

가까운 장래에 청년 경제활동인구가 전반적으로 빠르게 감소하지만, 모든 산업과 직종에서 청년인력의 감소가 발생하지는 않을 것이다. 11개 산업에서는 2021년부터 2031년까지 대졸 35세 미만 노동 공급이 거의 변하지 않거나 오히려 늘어날 것이다. 예를 들어 인구변화로 말미암아 2021년부터 2031년까지 고학력 청년인력 공급이 전문서비스업에서 3만 1,000명, 금융 및 보험 관련 서비스업에서는 1만 8,000명 늘어날 것으로 전망된다. 마찬가지로 저학력 청년인력이 감소하지 않는 것으로 예상되는 산업도 17개에 이른다. 특히 교육서비스업에서는 인구변화로 인해 2021년부터 2031년까지 35세 미만 저학력 노동 공급이 6만 3,000명 증가할 것으로 추정된다.

이상에서 살펴본 바와 같이 청년 노동인구의 급격한 감소는 인구변화로 인해 노동시장에서 발생할 가장 두드러진 현상 가운데 하나이다. 향후 25년 안에 35세 미만 경제활동인구는 현재의 절반 수준 아래로 감소할 것이고, 출산율의 반등이 일어나지 않는 경우 50년 안에 현재 규모의 3분의 1 수준을 밑돌 것이다. 노동시장에서 젊은이를 찾아보기 어려워지는 것이다. 그리고 인구변화로 인한 청년인력 감소는 특정한 산업이나 직종에서는 더욱 심각하게 나타날 것이다.

그렇다면 이와 같은 젊은 인력의 급격한 감소는 노동시장에 어떠한 충격을 일으킬까?

청년인력 감소는
왜 전체 노동시장에 타격을 주는가

앞에서 설명했듯이 청년 경제활동인구 감소는 일반적인 노동인력 감소와는 사뭇 의미가 다르다. 이는 최근 학교교육을 받아서 현재의 노동시장이 필요로 하는 최신의 지식과 숙련을 보유한 노동인력이 줄어든다는 뜻이다. 또한 상대적으로 학습 능력, 적응력, 지리적·사회적 이동성이 높은 집단의 비중이 축소된다는 의미이기도 하다. 따라서 청년인력 감소는 같은 규모의 평균적인 노동인구 감소보다 노동시장에 더 큰 타격을 줄 수 있다.

노동시장의 기본 기능은 특정한 인적자본을 가진 노동력을 동원하여 해당 인력이 필요한 부문 혹은 지역에 탄력적으로 재배분하는 것이다. 이러한 노동력의 동원과 재배분이 효율적으로 이루어지면 각 개인은 자신이 가장 높은 생산성을 발휘할 수 있는 곳에서 일하게 되고, 이는 결과적으로 개별 산업의 경쟁력과 국민경제 전체의 성장률을 높이는 데 도움이 된다. 이를테면 우수한 투수가 즐비한 팀에서 길게 던지는 중간계투 역할을 맡을 수밖에 없는 선수가 투수가 부족한 팀으로 이적하면 주전 선발투수로 활약하며 더 높은 성과를 낼 수 있다. 프로야구의 이적 시장이 효율적으로 작동하면 개별 선수가 잠재력을 최대로 발휘하고 각 팀의 짜임새가 좋아지며

리그 전체의 경쟁력도 높아질 것이다.

　노동시장의 효율적 기능은 특히 기술과 산업구조가 빠르게 변화하는 시기에 중요하다. 새로운 지역이나 산업이 부상하는 경우, 이 지역 혹은 산업으로 노동을 포함한 생산 투입이 탄력적으로 배분되어야 전체 경제가 빠르게 성장할 수 있다. 특히 노동의 이동성은 새로운 산업과 지역의 성장을 결정하는 중요한 요인이다. 산업혁명 시기 기술 진보가 집중되었던 신산업 분야가 성장하자 가족, 고향, 전통적인 직종을 떠나 낯선 도시의 공장에 취업하는 위험을 감수했던 노동자들이 필요해졌다. 19세기 대륙횡단철도 건설로 미국 서부가 열렸을 때, 길고 험난한 이동로, 척박한 생활환경, 공권력 부재 등 숱한 어려움과 위험을 감내한 이주민들의 개척 정신이 이 지역 개발에 크게 기여하였다.

　새로운 산업기술이나 노동시장 환경과 마주할 준비가 잘되어 있고, 이동성이 상대적으로 높으며, 위험을 감내할 유인이 큰 청년인력은 노동시장이 제 기능을 발휘할 수 있도록 하는 데 매우 적합한 유형의 노동력이다. 그렇기에 새로운 산업이나 지역이 떠올랐을 때 그곳으로 진입하여 필요한 일손을 채우는 역할을 가장 적극적으로 해낸 유형의 인력 또한 청년이었다. 지리적 이동성은 일반적으로 나이와 반비례하며 19세기 미국 서부 개척의 선봉에 섰던 인구집단 역시 젊은 남성이었다. 산업혁명이 진행될 때, 애초에 농업이나 전통적인 가내수공업에 종사했던 성인 노동자들은 각자의 페이스로 일할 수 없고 노동규율이 강한 공장 노동을 혐오하였다. 초창기 면직공장이 아동과 젊은 여성의 노동에 크게 의존한 것은 이들의 높은 이동성과 적응력 때문이었다.

한국의 경험도 크게 다르지 않다. 한국에서도 청년은 지리적 이동성이 가장 높은 인구집단이다. 1970년대와 1980년대 농촌인구가 대거 도시로 유입된 현상은 청년이 주도하였다. 젊은이가 떠난 농촌은 고령화되었고, 자식들의 빈자리를 채우기 위해 농촌의 고령자는 더 늦은 나이까지 일을 계속하게 되었다.[1] 2000년부터 2020년까지 발생한 한국의 시군구 간 인구 불균형 확대는 주로 20대와 30대 인구가 대도시로 이동하면서 나타난 결과였다.[2]

빠르게 성장하는 새로운 산업의 노동력 부족을 채우는 데도 젊은 인력의 공헌이 컸다. 한국은 비교적 짧은 기간에 압축적인 산업화와 산업구조의 변화를 경험하였다. 이 과정에서 새롭게 부상한 산업은 기존 취업자가 지니지 못했던 새로운 지식이나 숙련을 요구하는 경우가 많았다. 이러한 필요를 반영하여 새로 생겨나거나 확대된 대학의 전공 분야 졸업생과 당시 실업계고등학교로 불렸던 특성화고 졸업생들이 신산업의 노동 수요를 채우는 데 중요한 역할을 하였다. 신규 취업자가 아니더라도 새로운 지식을 흡수하고 숙련을 익히는 데 유리했던 젊은 인력은 성장하는 부문으로 이동하여 노동 수급 불균형을 해소하는 역할을 했다.

그림 6-6은 신산업의 성장과 산업구조 개편이 활발했던 1980년대 초반 5년간 각 산업의 고용 비중(전체 산업 고용에서 해당 산업 고용이 차지하는 비중) 변화와 35세 미만 고용 비중(해당 산업 고용에서 35세 미만 취업자가 차지하는 비중) 사이의 관계를 보여준다.[3] 이때는 1970년경부터 시작된 중화학공업 성장이 궤도에 올라 전기, 전자, 기계, 정유, 화학 등 산업이 빠르게 성장했던 시기이다. 결과는 상대적으로 성장이 빨랐던 산업에서 35세 미만 취업자 비중이 더 빠르게 증가

그림 6-6. 1980~1985년 산업별 고용 비중 변화와 35세 미만 고용 비중
변화 간 관계

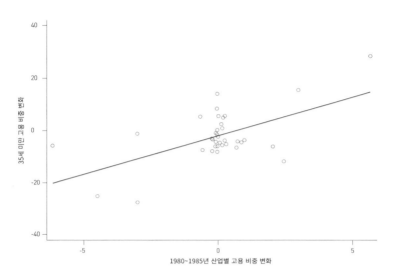

1980~1985년 산업별 고용 비중 변화

* 출처: 통계청 인구주택센서스 2% 표본 이용한 분석 결과에 기초하여 저자가 작성

했음을 보여준다. 회귀분석 결과는 어떤 산업의 상대적 고용 비중
이 1%p 높아질 때 35세 미만 취업자 비중이 약 3%p 더 높아졌음
을 알려준다. 이 결과는 한국 경제가 빠르게 성장하던 시기에 급격
하게 확대되었던 산업의 노동 수요를 젊은 인력이 적극적으로 채웠
음을 시사한다.

　이상에서 살펴본 정황증거들이 보여주듯이 산업과 기술의 변화
로 인해 노동 수요가 구조적으로 변화할 때, 젊은 인력은 새로운 인
적자원이 필요한 부문 혹은 지역에 탄력적으로 진입함으로써 부문
간, 지역 간 노동 수급 불균형을 완화하는 역할을 가장 효과적으로

할 수 있는 인구집단이다. 그러므로 인구변화로 청년인구가 줄고 새로 취업하는 젊은 인력이 감소하면, 산업이 필요로 하는 인적자본을 탄력적으로 공급하는 노동시장 기능의 효율성이 떨어진다. 이는 산업 경쟁력과 경제성장에 악영향을 미칠 것으로 우려된다.

인적자본의 탄력적 공급이 경제성장의 핵심 전제 조건이라는 사실은 미국의 역사적 사례에서도 확인된다. 2023년 노벨경제학상 수상자인 하버드대 클로디아 골딘 교수와 로런스 캐츠(Lawrence Katz) 교수는 인적자본의 탄력적 공급 여부가 20세기 미국이 경험한 경제적 부침을 결정한 중요한 요인이었음을 지적한 바 있다. 즉 20세기 초중반에 걸쳐 산업과 기술이 빠르게 변하면서 새로운 인적자본에 대한 수요가 발생할 때 미국의 교육 시스템은 이를 탄력적으로 공급할 수 있었고, 이는 경제성장을 견인함과 동시에 소득불평등을 완화하는 역할을 했음을 밝혔다. 반면 1970년대 중반 이후 미국의 경제성장이 둔화하고 소득불평등이 심화된 중요한 원인의 하나로 미국 교육제도의 인적자본 공급 기능 약화를 지적하였다. 이는 필요한 숙련을 갖춘 인력의 부족이 해당 분야의 성장을 저해하고 숙련에 따른 임금격차를 확대했기 때문으로 풀이된다.[4]

한국이 직면한 청년인력 감소는 과거 미국이 경험한 교육 시스템의 기능 약화와는 물론 다른 현상이다. 1970년대 이후 미국에서는 노동시장에 진입하는 신규 인력의 양이 아닌 질이 저하되었던 반면, 장차 한국에서는 인구변화 때문에 젊은 인력의 양이 감소할 것이다. 그러나 앞서 설명했듯이 그 시기의 노동시장이 요구하는 최신·최적의 인적자본을 갖춘 인력이 양적으로 감소하는 현상은 미국의 경우처럼 필요한 숙련을 갖춘 인력의 부족을 초래하여 경제성장을 저해하고 숙련에 따른 임금격차를 확대할 가능성이 있다.

한국 경제의 미래가 달린 산업에서
청년이 더욱 빠르게 줄어든다

전술한 바와 같이 인구변화로 인한 청년인력의 감소 규모는 산업과 직종에 따라 상이할 것으로 전망된다. 따라서 청년인력 감소의 충격은 부문에 따라 다르게 나타날 것이다. 166~167쪽 그림 6-4와 6-5에 나타난 청년인력의 수가 큰 폭으로 감소하는 산업과 직종은 줄어드는 젊은 인력을 다른 유형의 인력으로 대체하기 어려운 경우, 인력 부족에 직면할 가능성이 높다.

　청년인력에 대한 의존도가 높으면서 인구변화로 청년인력의 공급이 큰 폭으로 감소하는 부문의 고용주는 심각한 어려움을 겪을 것이다. 예컨대 기록물 출판·제작·배급업과 보건업 등은 35세 미만 취업자 비중이 각각 46%와 41%에 달하고, 인구변화가 가져오는 35세 미만 노동 공급 감소 규모에 있어 상위 5개 산업에 속한다.[5] 만약 이렇게 높은 청년 취업자 비중이 이들에 대한 의존도가 높고 다른 유형의 인력과의 대체 가능성이 낮은 데 기인한 것이라면, 이 업종은 가까운 장래에 청년인력 감소로 인한 인력 수급 어려움을 겪을 가능성이 있다.

　인구변화로 인한 전반적인 노동 공급의 감소가 크지 않은 산업과 직종 가운데, 청년인력의 감소 때문에 '세대 간 불균형' 문제에 직면할 부문도 생겨날 것이다. 예컨대 경영 및 회계 관련 사무직에서는 인구변화로 55~74세 고학력 인력은 약 35만 명 증가하는 반면 20~34세 고학력 인력은 13만 명 이상 감소하는 것으로 전망된다.[6] 이와 유사한 현상은 고학력의 과학·정보통신·공학 전문가 및 관리직, 보건·사회복지 및 종교 관련직, 교육 전문가 및 관련직 등에서도 나타날 것으로 보인다.

앞에서 강조했듯이 젊은 인력은 여러 면에서 나이 든 인력과 다르고 둘은 서로 완전히 대체되기도 어렵다. 따라서 특정 부문의 노동인력이 감소하지 않더라도 젊은 인력의 비중이 급격하게 줄어들면 같은 학력 및 부문 내에서 '세대 간 불균형'이 발생할 수 있다. 다른 직급과 경력을 가진 직원의 업무와 역량이 같지 않기 때문에, 나이가 다른 직원이 서로의 일을 맡아서 수행하기 어려운 경우가 많다. 강도 높은 신체·인지 기능을 요구하는 업무는 젊은 인력이 아니면 감당하기 어려울 수 있다. 다른 나이의 인력 간 대체가 어느 정도 가능한 경우에도 젊은 인력 비중의 급격한 감소는 생산성 감소로 이어질 수 있다. 일례로 새로운 지식과 아이디어를 보유한 소위 '젊은 피'의 유입이 줄어들면 직장 내 역동성이 떨어지고 혁신이 어려워질 수 있다.

여러 경로를 통해 청년인력 비중의 감소는 해당 산업의 생산성과 경쟁력에 부정적인 영향을 미칠 수 있다. 그렇다면 인구변화로 인한 청년인력 비중의 감소는 어떤 성격의 산업에서 더 두드러지게 나타날까? 이를 살펴보기 위해 특정 시점 기준 각 산업의 특성과 이후 인구변화로 초래될 청년인력 비중 감소 사이의 관계를 분석한 연구 결과를 소개한다.[7] 보다 구체적으로 2018년 측정한 각 산업의 5년간 고용 성장률, 평균임금, 35~54세 취업자의 평균 교육 연수

그림 6-7. 2013~2018년 산업별 고용 비중 변화와 2018~2038년 35세 미만 인력 비중 변화 추정치

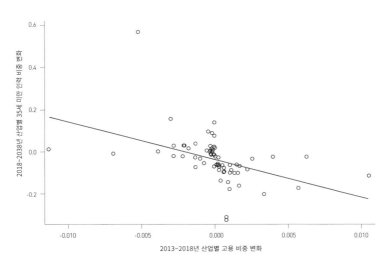

* 출처: 이철희(2019a)

등과 2018~2038년 35세 미만 인력 비중 변화 추정치 간의 관계를 살펴보았다.

그림 6-7부터 6-9에 제시된 결과는 앞으로 청년인력 비중이 상대적으로 빠르게 감소할 것으로 전망되는 산업은 대체로 일자리의 질과 성장잠재력이 더 높다는 사실을 보여준다. 즉 이전 5년간 고용 성장률, 평균임금, 청년을 제외한 핵심 연령층의 평균 교육 연수 모두 인구변화로 인한 35세 미만 인력 변화율과 뚜렷한 음(-)의 관계를 나타낸다. 회귀분석 결과는 이러한 음(-)의 관계가 통계적으로 유의함을 알려준다. 빠르게 성장하고, 임금이 높으며, 고용된 인력의 인적자본 수준이 높은 산업은 한국 경제의 미래에서 더 중요한

그림 6-8. 2013~2018년 산업별 평균임금 로그값과
2018~2038년 35세 미만 인력 비중 변화 추정치

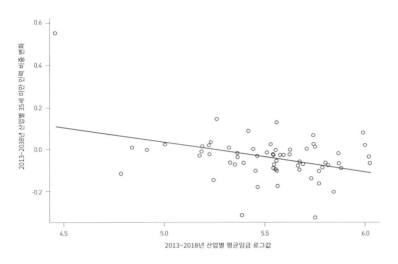

• 출처: 이철희(2019a)

부문이라고 할 수 있다. 이러한 산업에서 청년인력이 상대적으로
더 빠르게 줄어든다는 전망은 인구변화로 인한 청년인력 감소가 가
져올 경제적 충격이 상당할 것임을 암시한다.

젊은 노동력의 빈자리를 채우기 위한
두 갈래의 개혁 방안

계속 지적했듯 청년인력은 특별하며 다른 유형의 인력으로 완전
히 대체하기 어렵다. 이들은 또한 높은 이동성과 학습 능력을 갖추

그림 6-9. 2018년 35~54세 취업자 평균 교육 연수와 2018~2038년 35세 미만 인력 비중 변화 추정치

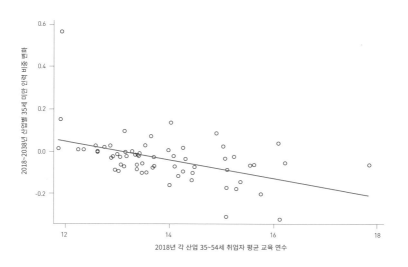

• 출처: 이철희(2019a)

고 노동시장의 윤활유 역할을 하는 소중한 인적자원이다. 30~40년 전에는 매년 약 100만 명의 출생 코호트가 그 역할을 해낼 신규 인력의 잠재군에 유입되었다. 그런데 과거의 출생아 수 감소로 그 규모는 이제 약 60만 명이 되었고, 몇 년 후에는 40만 명대, 2040년경 이후에는 30만 명대, 이어 20만 명대로 줄어들 것이다. 이러한 청년 인력 감소는 단기적으로는 부문 간, 세대 간 노동 수급 불균형 문제를 초래할 것이고, 중장기적으로는 노동시장의 기능을 떨어뜨려 산업 경쟁력과 경제성장의 잠재력을 잠식할 것이다.

그렇다면 청년인력 감소가 노동시장에 일으킬 충격을 어떻게 완

화할 수 있을까? 청년이 사라진 노동시장의 빈자리를 어떤 방법으로 채울 수 있을까?

첫째, 교육제도 개혁이 필요하다. 이는 교육 시스템을 개선해 노동시장 수요에 잘 부합하는 인재를 양성함으로써, 현재 약 60만 명의 청년이 맡고 있는 역할을 그 절반 혹은 3분의 1 규모의 청년이 해낼 수 있도록 하는 방안이다. 둘째, 노동시장 개혁이 필요하다. 이는 노동시장 유연화와 훈련 프로그램 개선을 통해 다른 부문 및 유형의 인력 사이 대체 가능성을 높이고, 청년인력의 공백을 메꿀 수 있는 다른 인구집단의 고용을 확대하는 방안이다. 차례로 좀 더 자세히 살펴보자.

먼저 교육제도 개혁을 통해 청년인구의 양적 감소가 가져올 충격을 인적자본의 질적 개선으로 완화하는 방안을 생각해보자. 3장에서 설명했듯이, 다음 세대를 더 건강하고 창의적이고 생산적으로 키워낼 수 있다면 노동인력이 양적으로 줄어들어도 생산성을 반영한 노동 투입의 급격한 감소를 막을 수 있다. 젊은이들이 점점 필요성이 높아지고 있는 지식과 숙련을 충분하게 축적하고 노동시장에 진입할 수 있다면, 이들의 취업률이 높아지고 일자리와 인적자본 간 미스매치로 인한 노동 수급 불균형 문제가 완화될 수 있다.

생애주기별로 볼 때, 이 방안의 첫 과제는 학령기 이전 아동에 대한 투자 확대이다. 근래 연구들은 생애 초기의 다양한 조건이 개인의 인지능력 및 비인지능력의 발달, 건강과 인적자본의 형성을 결정하는 중요한 요인임을 보여준다. 태아기와 영유아기에 어머니의 스트레스, 영양결핍, 유해환경, 빈곤 등에 노출되는 경우, 생애에 걸쳐 건강과 교육성과가 나빠지고 성인기의 사회경제적 지위도 낮아진다는 실증적 증거가 제시되었다.[8] 반대로 임신 중인 여성과 영유아가 있는 가구를 대상으로 한 사회복지 및 교육 프로그램은 생애에 걸친 건강과 인적자본 발달에 긍정적인 효과가 있었다.[9] 이를 고려하건대, 아동에 대한 투자는 이들을 더 생산적인 젊은 인력으로 키워내서 인구변화의 충격을 완화하는 데 도움이 될 수 있으리라 기대한다.

두 번째 과제는 초중등교육을 개선하는 것이다. 산업구조와 기술의 변화로 현재의 노동시장에서는 표준화되어 있고 반복적으로 진행되는 루틴(routine) 업무에 대한 수요가 많이 감소하였다.[10] 생산자동화와 AI 도입 확대는 이러한 경향을 강화할 것이다. 그 결과, 현재의 노동시장에서는 창의력, 유연성, 적응력, 소통 능력 같은 인적자본의 중요성이 강조되고 있다. 그리고 이와 같은 역량 개발에는 인지능력뿐만 아니라 비인지능력이 요구된다. 비인지능력은 인지능력에 비해 더 이른 나이에 발달하며 인지능력 발달에도 영향을 미친다고 알려져 있다.[11] 그러므로 초중등교육과정에서 이러한 능력을 길러줄 필요가 있다. 인구변화로 인한 학령인구 감소에 발맞추어 미래의 청년에게 요구되는 능력을 길러내는 방향으로 초중등교육과정을 획기적으로 개선한다면, 청년인구의 양적 감소를 보완하는 데 도움이 될 것이다.

가장 중요하고 직접적인 과제는 노동시장의 수요 변화에 신축적으로 대응하고 학생들의 잠재력을 최대한 끌어낼 수 있도록 고등교육을 변혁하는 일이다. 한국 고등교육제도의 경직성과 비효율성은 국가경쟁력을 저해하는 요인으로 오래전부터 비판 대상이 되어왔다. 세상과 일자리는 숨 가쁘게 변화하지만 오래전에 만들어진 대학의 학과, 전공, 교과목, 교육 내용은 제자리에 머무르는 경우가 많다. 상당수 학생은 자신이 누구인지, 무엇을 원하는지 알지 못하는 상태에서 전공을 결정하고, 선호와 필요가 바뀌어도 다른 대학이나 전공으로 옮겨 갈 기회를 얻지 못한다. 그 결과, 수많은 젊은이가 원하지도, 필요하지도 않은 공부를 하며 인생의 가장 중요한 시간을 보내고, 사회에 나와서는 자신의 잠재력을 충분히 발휘하지 못하며 살아간다.

젊은이들이 겪는 어려움은 한국만의 현상이 아니다. 영국 시사주간지 《이코노미스트》는 "잃어버린 세대(Generation Lost)"로 불리는 오늘날 젊은이들이 노동시장에서 직면하는 좌절의 중요한 원인 가운데 하나로 청년층이 보유한 인적자본과 노동시장이 요구하는 인적자본 간 불일치를 지적하였다.[12] 한국에서도 이러한 인적자본 불일치 문제가 심각하다. 한국고용정보원이 실시하는 대졸자 직업 이동 경로 조사를 분석한 결과는 일부 전공의 일자리 일치도가 50%에도 미치지 못하는 현실을 보여준다. 전문가들이 평가한 객관적 일치도는 본인이 평가한 주관적 일치도보다 떨어지는 것으로 나타난다. 이러한 전공-직종 간 불일치는 임금과 일자리 만족도를 낮추는 요인으로 지적된다.[13]

고등교육의 수월성은 미국이 지닌 경쟁력의 중요한 원천으로 여겨진다. 앞서 소개한 골딘 교수와 캐츠 교수의 연구는 분권화된 통제, 대학 간 경쟁, 다양성, 접근성, 기회의 제공 등을 미국 고등교육의 주된 덕목으로 꼽았다.[14] 분권화, 경쟁, 다양성 같은 특성은 대학이 세상의 변화에 빠르게 대응하여 필요한 인재를 길러내는 데 도움이 된다. 학생에게 광범위한 선택권을 제공하고 다시 시작할 수 있는 기회를 주는 유연하고 너그러운 교육 시스템은 모든 사람이 각자의 적성과 능력에 따라 잠재 역량을 최대한 발휘할 수 있게 해준다. 이러한 미국의 고등교육 시스템은 획일적인 데다 경직되고 너그럽지 못한 한국의 교육 현실에 시사하는 바가 적지 않다.

인구변화가 노동시장에 불러올 충격에 효과적으로 대응하기 위해서는 줄어드는 청년 가운데 누구 한 사람도 '낭비'되지 않도록 고등교육을 제도적으로 개혁해야 한다. 무엇보다 학생들에게 자신의 선호와 여건에 따른 선택과 진로 변경의 기회를 거듭 제공함으로써 이들의 역량을 전 생애에 걸쳐 최대한 발휘할 수 있게 해주는 너그러운 교육 시스템으로 전환해야 한다. 전공 간 칸막이를 낮추고 새로운 학문 분야 혹은 과정 개설을 쉽게 함으로써 빠르게 변화하는 노동시장 여건에 신축적으로 대응할 수 있는 제도적 토대를 마련하는 일도 중요하다. 직장 간 혹은 부문 간 이동성이 높아지는 변화에 부응하여, 특정 분야에 대한 맞춤형 인력을 길러내기보다 지식, 정보, 숙련 등을 빠르게 습득하고 새로운 환경에 적응할 수 있는 일반적인 능력을 키우는 교육과정을 제공하는 편이 바람직하다.

이제 청년인구 감소에 대응하기 위한 노동시장 개혁 과제를 살펴보자. 앞서 언급했듯이 청년인력 감소가 가져올 인력 수급 불균형은 부문과 인력 유형에 따라 상이하게 나타날 것으로 예상된다. 이 문제를 완화하기 위해서는 부문 간, 직장 간 이동이 효율적이고 탄력적으로 이루어질 수 있도록 노동시장을 좀 더 유연하게 만드는 노력이 필요하다. 이를 통해 줄어드는 청년인력이 이들을 가장 필요로 하는 일자리로 재배치될 수 있도록 해야 할 것이다. 교육과 훈련을 강화하여 다른 유형의 인력이 서로의 빈자리를 채울 수 있도록 하는 정책도 필요하다. 이를테면 고학력 청년이 빠르게 감소할 일자리의 업무를 고학력 중장년이나 저학력 청년이 맡아서 수행할 수 있으면 이 부문의 노동 수급 불균형을 어느 정도 완화할 수 있을 것이다.

기업과 노동시장의 채용 및 훈련 시스템 변화도 요구된다. 대다수 대기업과 상당수의 중견기업은 새로운 분야에서 인력 수요가 발생할 때, 이 분야를 전공한 신규 인력을 채용하여 필요 인력을 확보할 수 있었다. 그러나 출생아 수가 40만 명대로 떨어진 2000년대 이후 출생자들이 본격적으로 노동시장에 진입하면서 젊은 신규 취업자가 빠르게 감소하면 기업은 더 이상 신규 채용에 의존하기 어려워질 것이다. 청년인력 감소로 말미암아, 이미 중소기업이 오래전부터 경험하고 있는 신규 인력 확보의 어려움은 점차 중견기업을 거쳐 대기업까지 확대될 가능성이 있다. 이러한 노동시장 변화에 대응하여, 기업은 기존 직원의 재교육·훈련이나 타 분야 출신 인력의 채용과 교육 등을 통해 필요한 인력을 확보하는 노력을 늘려야 할 것이다. 이는 앞으로 기업들이 지금과는 다른 교육훈련 및 채용 시스템을 개발하고 도입해야 한다는 뜻이다.

지금까지 제시한 대응 방안은 줄어드는 노동인력의 생산성을 높이고 최대한 효율적으로 활용하기 위한 것이다. 이와 더불어 노동인력 자체를 늘리는 방안도 고려할 수 있다. 3장에서 설명했듯이 여성, 장년, 청년의 경제활동참가율이 늘어난다면 장래 노동인력의 감소 규모가 상당한 폭으로 축소될 수 있다. 특히 청년의 경제활동참가율을 높이면 직접적으로 청년인력이 늘어나 노동인구 연령구조 변화의 충격을 완화할 수 있을 것이다. 물론 다른 인구집단에 비해 청년층의 경제활동참가율 변화 전망은 불투명하다. 그렇지만 청년의 인적자본을 개선하기 위한 교육제도 개혁과 이들의 노동시장 활용도를 높이기 위한 노동시장 개혁은 이들의 고용을 확대하는 데도 도움이 될 수 있을 것이다.

30대 중반과 40대 여성의 경제활동참가율을 높이는 것도 몇 가지 면에서 청년인력 감소의 충격을 완화할 수 있는 좋은 방안이다. 첫째, 인적자본의 질에 있어 이 연령층 여성은 청년층과 유사하다. 교육수준, 산업과 직종, 생애에 걸친 경험이 크게 다르지 않으므로 청년층의 빈자리를 효과적으로 채울 가능성이 높다. 둘째, 이 연령층 여성은 '경력 단절' 현상 때문에 상대적으로 경제활동참가율이 낮다. 따라서 향후 정책 변화와 노동시장 여건 개선에 힘입어 30대 중반과 40대 여성의 고용이 빠르게 늘 수 있는 여지가 크다. 셋째, 여성의 고용 여건을 개선하기 위한 정책들, 예컨대 일·가정 양립 강화, 보육 지원, 노동조건 개선 등은 결혼과 출산의 어려움을 완화하는 효과로도 이어질 수 있다. 또한 출생아 수 감소 완화는 미래의 청년인구 감소 속도를 늦추는 데 도움을 줄 수 있다.

만약 청년과 중년 여성의 고용을 늘려도 줄어드는 청년인력의 빈자리를 충분히 채우기 어렵다면 어떻게 해야 할까? 이제 남아 있는 유형의 내국인 노동인력은 고령층뿐이다. 전체 노동인력은 장기적으로 감소하겠지만, 고령인력은 당분간 절대적으로 증가하고 전체 노동인력에서 차지하는 비중이 계속 늘어날 전망이다. 특히 고학력의 고령인력은 앞으로 매우 빠르게 증가할 것이다. 3장의 결과는 고령층 경제활동참가율 증가가 전체 노동인력 감소 속도를 상당 정도 낮출 수 있음을 보여준다.

그렇다면 늘어나는 고령인력은 줄어드는 청년인력의 빈자리를 효과적으로 채울 수 있을까? 어떻게 하면 그 가능성을 높일 수 있을까? 이 문제를 다음 장에서 살펴보자.

7장

노인을 위한 나라, 노인이 없는 사회

"산업 쓰레기 더미(industrial scrap heap)."

19세기 말과 20세기 초, 산업화의 확산과 심화에 따른 급격한 고용 환경 변화에 적응하지 못하고 노동시장에서 밀려난 미국 고령 노동자의 처지를 동시대인은 이렇게 묘사했다.[1] 이 전통적인 주장에 따르면, 작업장에서 노동강도가 높아지고 공적 교육의 필요성이 증가하고 체계적인 경영 기법이 도입되면서, 고용 측면에서 고령자가 매우 불리해졌으며 나이에 따른 차별(age discrimination)이 사회 전반으로 확산하였다.[2] 기술과 산업구조가 빠르게 변화하며 고령 노동자의 경험과 숙련은 낡은 것이 되어버렸고, 이는 고령층을 장기 실업과 비자발적인 퇴직으로 내몰았다.

개별 사례도 생생하게 전해진다. 20세기 초 새로운 인쇄 기계가 도입되며 노동강도와 작업속도가 증가하자 나이 든 인쇄공들이 이 산업에서 밀려났다. 또한 고령자들이 근대적 경영 방법이나 변화하는 경제적·기술적 환경에 적응할 능력이 없다는 인식이 확산하면서 40세 이상 판매원들은 고용상 불이익을 당하기도 하였다.[3] 도시화와 산업화는 고령인구에 대한 퇴직 압력을 증가시켰을 뿐 아니라 대가족제도를 붕괴시킴으로써 고령자들이 가족 내에서 행사하던 권위와 역할을 박탈하기도 했다. 또한 교육수준이 지속적으로 개선되며 고령자들이 가진 경험과 지식의 유용성이 줄어들었다.[4] 이 시기 고령인구의 빈곤과 경제적 의존 문제는 1910년대 혁신주의(progressivism) 시기와 1930년대 대공황기의 개혁가들이 공공복지제도의 설립과 확대를 요구하게 한 중요한 요인으로 지적된다.[5]

이와 같은 산업화 시기 고령자의 이미지는 놀랍게도 약 반세기가 지난 후 극적으로 반전된다. 1980년대와 1990년대에 축적된 경제사학자와 사회사학자들의 연구는 과거 고령자의 사회경제적 여건과 노동시장 지위가 양호했다는 주장을 제기하였다. 이들에 따르면, 고령 남성의 노동시장 참가율이 1935년 사회보장법 제정 때까지 비교적 낮은 수준에서 안정적으로 유지되었다. 이는 산업화 시기 고령 노동자가 노동시장에서 밀려났다는 주장과 부합하지 않는다.[6] 또한 20세기 초 농민이 비농민보다 더 일찍 은퇴했다는 결과를 토대로 산업화의 확산이 고령자의 경제활동 감소를 가져오지 않았다고 주장하였다.[7]

이 수정주의적 견해는 더 나아가 100년 전 은퇴자의 삶에 대한 긍정적인 이미지를 제시했다. 한 연구는 19세기 말에서 20세기 초 미국 고령인구의 노동시장 참가율이 비교적 낮았던 이유를 "짧은 여가와 많은 소득 대신 긴 여가와 다소 낮은 소득을 선호한 노동자의 자발적 선택"으로 설명하였다. 또한 20세기 초 직업에 따른 퇴직 나이의 차이를 분석한 연구들은 이 시기 고령자들이 자발적으로 퇴직하였으며 은퇴자들은 저축과 가족의 부양에 힘입어 비교적 안락한 생활을 영위할 수 있었다고 보았다.[8] 그리고 미국 사회복지제도의 태동이 유럽에 비해 늦었던 것은 개인저축, 생명보험, 산업연금 등 사적인 노후대책이 발달하여 미국 고령층의 경제적 자립도가 높았기 때문이었다는 주장도 제기하였다.[9]

"산업 쓰레기 더미"와 "여유로운 자발적 은퇴자." 100년 전 미국의 고령자들은 도대체 누구였을까? 사료와 문헌에 기대어 파악해야 하는 역사 속 고령자의 정체에 대해서는 이처럼 견해가 엇갈릴 법도 하다.

그렇다면 지금 한국의 고령자는 어떤 사람일까? 산업화 시기 미국 고령자에 대한 전통적인 견해처럼, 한국의 노인은 대체로 빠르게 변화하는 사회와 노동시장의 뒤안길로 떠밀려 고독과 빈곤을 견디며 생애의 마지막을 보내는 모습으로 각인된 듯하다. 쪽방에서 혼자 살며 폐지를 수집하다가 교통사고로 사망한 노인, 조기퇴직 후 퇴직금을 털어 음식점을 열었다가 코로나19로 폐업한 60대 장년은 이러한 이미지를 대표한다.

그러나 실제로 한국 고령자의 스펙트럼은 넓다. 자세히 살펴보면 한국 사회의 중요한 자리를 점하고 있는 사람들은 여전히 나이 든 사람들이다. 빈곤한 노인의 비율이 세계에서 가장 높다고 하지만, 막대한 자산을 소유하고 있는 사람들 가운데 고령자가 많은 것도 사실이다. 건강하고 활기차고 세련된 '젊은 노인' 이미지가 새롭게 부상하고 있으며 실제로 늦은 나이에 전성기를 보내는 고령자를 쉽게 찾아볼 수 있다. 아흔의 나이에도 경영 일선에서 활약하고 있는 창업자, 70대 중반에 아카데미상을 수상하고 여전히 다양한 영화에서 새로운 연기를 보여주고 있는 여배우 역시 한국의 고령자이다.

인구변화의 미래는 고령자의 모습이 어떻게 변하는지에 크게 의존한다. 그리 머지않은 장래에 65세 이상 고령인구는 한국 사회와 노동시장의 주축이 될 것이기 때문이다. 통계청의 장래인구추계에 따르면 이들은 2072년까지 전체 인구의 거의 절반을 차지하게 될 것이다. 현재의 성별·연령별·학력별 경제활동참가율이 유지되는 경우, 50년 후 65세 이상 인력이 노동인구에서 차지하는 비중은 거의 30% 수준까지 높아질 것이다.

이렇게 늘어나는 미래의 고령자는 지금의 고령자와 어떤 면에서 다를까? 이들은 빠르게 줄어드는 젊은 인력의 빈자리를 채울 수 있을까? 미래의 고령인구를 최대한 잘 활용하기 위해 우리 사회가 어떻게 바뀌어야 할까?

더 건강하고 더 교육받고 더 의욕적인 노인의 시대가 온다

미래의 고령인구는 어떤 사람들일까? 그 수가 많아질 뿐, 현재의 고령자와 별반 다르지 않을까? 그렇지는 않을 것 같다. 미래의 고령자는 현재의 고령자와는 여러모로 다를 것이다. 한국전쟁 이후의 압축적 경제성장과 사회발전을 고려할 때, 일찍 태어난 현재의 고령자보다 늦게 태어난 미래의 고령자가 평균적으로 더 건강하고 더

그림 7-1. 2022~2072년 65세 이상 대졸 인구 추계

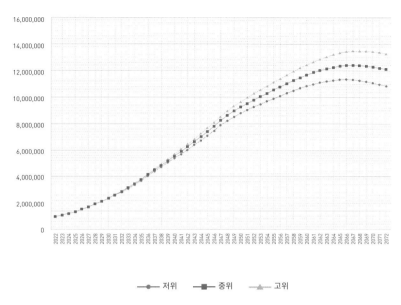

범례: 저위 / 중위 / 고위

* 출처: 통계청 장래인구추계와 경제활동인구조사 자료를 이용하여 저자가 추계

높은 수준의 인적자본을 보유할 가능성이 크다.

　가장 눈에 띄는 변화는 교육수준의 개선일 것이다. 2장에서 살펴보았듯이 과거의 교육 확대에 힘입어 한국의 인구와 노동인력의 학력은 장차 빠르게 높아질 것이다. 그런데 이러한 교육수준 개선이 가장 극적으로 나타날 인구집단이 바로 고령인구이다. 그림 7-1은 2072년까지 65세 이상 대졸 인구가 어떻게 변화할 것인지 보여준다. 50쪽 그림 2-1에서 나타나듯 전체 대졸 인구는 비교적 완만하게 증가하지만 65세 이상 대졸 인구는 그야말로 폭발적으로 증가하여, 현재 약 95만 명에서 40년 후인 2063년까지 약 1,200만 명으로

그림 7-2. 2022~2072년 15세 이상 연령·학력별 인구 구성 변화 전망

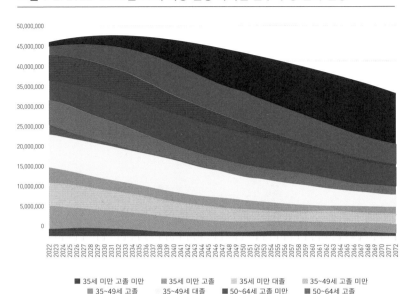

■ 35세 미만 고졸 미만　■ 35세 미만 고졸　■ 35세 미만 대졸　■ 35~49세 고졸 미만
■ 35~49세 고졸　　35~49세 대졸　■ 50~64세 고졸 미만　■ 50~64세 고졸
■ 50~64세 대졸　■ 65세 이상 고졸 미만　■ 65세 미만 고졸　■ 65세 이상 대졸

* 출처: 통계청 장래인구추계와 경제활동인구조사 자료를 이용하여 저자가 추계

무려 열두 배나 늘어날 것으로 전망된다.

　고학력 고령인구가 전체 인구에서 차지하는 비중도 빠른 속도로 늘어날 것이다. 그림 7-2는 2072년까지 장래인구추계 시나리오별로 15세 이상 인구 가운데 연령·학력별 인구 비중이 어떻게 변화할지 전망한 결과를 보여준다. 65세 이상 대졸 인구는 상대적으로 가장 빠르게 늘어나는 인구집단이 될 것이다. 대졸 고령인구는 현재 전체 인구의 5% 미만이지만, 2072년이 되면 15세 이상 인구의 약 3분의 1이 65세 이상 대졸자로 구성될 것이다. 여기에 55~64세 대

그림 7-3. 2022~2072년 65세 이상 대졸 경제활동인구 추계

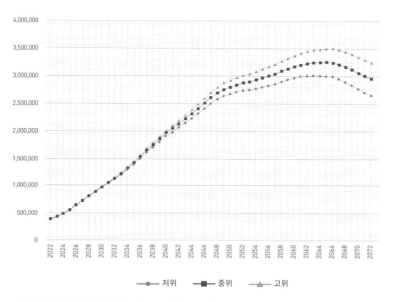

* 출처: 통계청 장래인구추계와 경제활동인구조사 자료를 이용하여 저자가 추계

졸 인구를 포함하면 50년 후에는 대학을 졸업한 55세 이상 장년인
구가 전체 인구의 절반 이상을 차지할 전망이다.

　이와 같은 인구변화에 따라 고학력 고령 노동인구도 빠르게 늘
어날 것이다. 그림 7-3은 장래인구추계의 각 시나리오가 적용되고
2022년 성별·연령별 대졸자 경제활동참가율이 유지되는 경우, 인
구변화로 65세 이상 경제활동인구가 어떻게 변화할지 보여준다.
2022년 약 40만 명이었던 65세 이상 대졸 경제활동인구는 25년 후
약 270만 명, 40년 후에는 약 320만 명으로 증가할 전망이다. 대졸

그림 7-4. 2022~2072년 연령·학력별 경제활동인구 구성 변화 전망

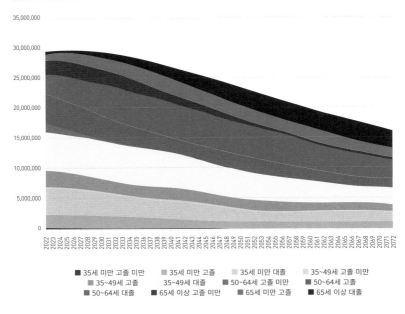

* 출처: 통계청 장래인구추계와 경제활동인구조사 자료를 이용하여 저자가 추계

고령인구의 증가 속도보다는 약간 느리지만 여전히 매우 빠른 증가
추세라고 할 수 있다.

　마찬가지로 대졸 65세 이상 경제활동인구가 전체 노동인구에서
차지하는 비중 역시 빠르게 증가할 것이다. 그림 7-4는 장래인구추
계 중위 전망이 실현되는 경우, 2072년까지 연령·학력별 경제활동
인구 규모와 비중 변화를 전망한 결과를 보여준다. 65세 이상 대졸
자가 전체 경제활동인구에서 차지하는 비중은 현재의 매우 낮은 수
준에서 빠르게 높아져, 2072년에는 35~49세 대졸 경제활동인구 비

중과 비슷해질 것으로 추정된다. 55~64세 장년층을 포함한 55세 이상 대졸 경제활동인구는 2072년까지 전체 경제활동인구의 3분의 1 정도를 차지하는 노동시장의 주축 인력이 될 전망이다.

이처럼 미래의 고령인구는 현재의 고령인구에 비해 교육수준이 높아질 것이고, 고학력 고령인력은 전체 노동력에서 중요한 부분을 차지할 것이다. 2장에서 확인했듯이 고령자의 향상된 교육수준은 생산성을 개선하는 요인으로 작용할 것이다. 일반적으로 고학력자의 생산성이 저학력자에 비해 높기 때문이다.

게다가 미래의 고령자는 현재의 고령자보다 더 건강할 것이다. 그리고 건강상태 개선은 학력 신장과는 별도의 경로로 이들의 생산성을 높일 것이다. 교육수준이 높은 사람이 더 건강하고 더 오래 산다는 사실은 널리 알려져 있다. 고학력자는 일반적으로 저학력자보다 건강한 생활 습관을 유지하고 위험한 행위를 덜 하며 건강과 관련된 정보를 더 많이 가지고 있다. 또한 교육을 많이 받은 사람은 의료기술을 더 잘 이해하고 의료서비스를 더 효과적으로 이용할 수 있기도 하다.[10] 일부 연구는 교육수준에 따른 사망률 차이가 시간이 지나면서 더 벌어졌다는 결과를 보고하기도 했다.[11]

한국 역시 고학력자가 더 건강한 경향이 나타난다. 그림 7-5는 국민건강보험공단 데이터를 이용하여 코로나19 대유행 직전 시기 연령·학력별 연간 의료기관 방문 횟수를 보여준다. 이를 통해 40세가 넘으면 대학을 다닌 사람들이 고졸 이하 학력자보다 의료서비스를 덜 이용한다는 사실이 드러난다. 이는 고학력자가 저학력자보다 각종 질환의 유병률이 낮기 때문으로 풀이된다. 한 연구에 따르면 한국의 대졸자가 고졸자보다 평균적으로 3년 늦게 사망하는 것으로

그림 7-5. 2019년 연령·학력별 건강 수준(연간 내원일수) 차이

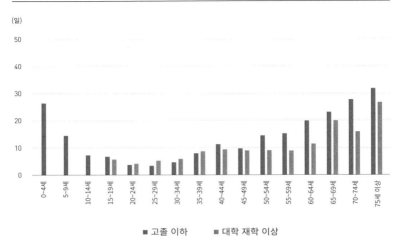

(일)

■ 고졸 이하   ■ 대학 재학 이상

• 출처: 이철희·권정현·김태훈(2023)

나타났다.[12]

   건강 개선에 힘입어 미래의 고령자는 더 오래, 더 생산적으로 일할 수 있을 것이다. 건강 악화는 중년을 넘긴 노동자가 일을 그만두는 가장 중요한 원인이다.[13] 한국고령화패널자료에 보고된 퇴직 사유를 분석해보면 50~69세 퇴직자 가운데 거의 4분의 1이 건강이 악화되어 일자리를 떠난 것으로 나타났다. 이는 정년을 사유로 든 퇴직자보다 더 높은 비율이다. 각종 질환과 건강 악화는 중고령자의 고용뿐만 아니라 임금에 반영된 생산성을 낮추는 요인이기도 하다.[14] 그러므로 건강이 더 나아지는 미래 고령인구는 현재의 고용인구에 비해 경제활동참가율이 높아지고 생산성이 개선될 가능성이 크다.

미래 고령인구의 생산성을 높일 수 있는 변화는 교육수준의 개선만이 아니다. 6장에서 언급했듯이 태아기와 아동기의 경제적 여건, 영양 섭취, 의료서비스 접근성, 생활환경 등은 생애에 걸친 건강과 인적자본 형성에 영향을 미치는 중요한 요인이다. 한국전쟁 이후 시간이 지나면서 경제가 빠르게 성장하고 생활수준이 개선되었으므로 더 늦게 태어난 세대일수록 더 나은 여건에서 이 결정적인 시기를 보냈을 것이다.

1946년생과 1957년생의 성장기 경험을 비교하면 불과 11년 터울로 태어난 두 출생 코호트가 매우 다른 환경에서 아동기와 청년기를 보냈음을 알 수 있다. 그림 7-6부터 7-11은 두 출생 코호트가 태어나서 20세까지 각 나이에 경험했던 생활수준을 짐작할 수 있는 몇 가지 지표들을 보여준다. 이는 2010년 미국 달러 가치로 환산한 1인당 국민소득, 의료시설의 수, 일평균 총칼로리 섭취량, 일평균 단백질 섭취량, 전력 공급량, 에너지 소비량 등을 포함한다.

그림 7-6에 제시된 두 출생 코호트의 생애 초기 1인당 국민소득을 살펴보면, 현재 70대 후반인 1946년생은 태어나서부터 스무 살까지 20년을 줄곧 최빈국 국민으로 보낸 반면 이제 60대 중반을 넘긴 1957년생은 아동기와 청년기를 빠르게 성장하는 신흥 개발국에서 보냈음을 알 수 있다. 한국의 1인당 국민소득은 1946년생이 스무 살이 될 때까지 130달러를 넘지 못했지만 1957년생이 초등학교에 입학하여 스무 살 청년이 될 때까지 106달러에서 1,051달러로 열 배나 커졌다. 따라서 이 두 출생 코호트가 누릴 수 있었던 성장기의 물질적 생활수준은 사뭇 달랐을 것이다.

다른 몇 가지 생활수준 지표를 보더라도 이러한 추측이 확인된

그림 7-6. 1946년생과 1957년생의 각 연령 1인당 국민소득 (2010년 미국 달러 가치로 환산)

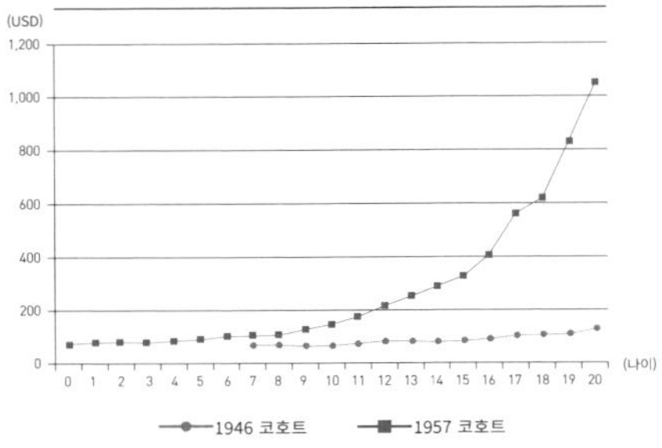

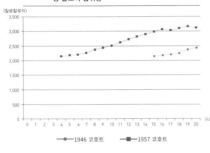

그림 7-7. 1946년생과 1957년생의 각 연령 의료시설 수

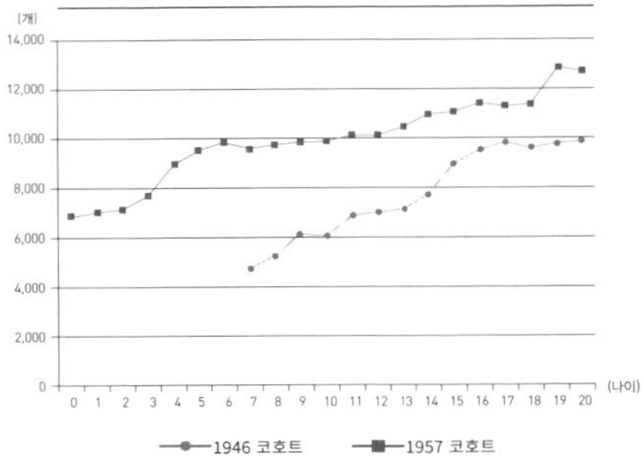

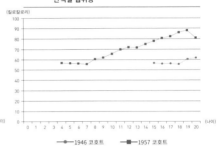

그림 7-8. 1946년생과 1957년생의 각 연령 1인당 일평균 총 칼로리 섭취량

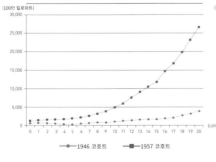

그림 7-9. 1946년생과 1957년생의 각 연령 1인당 일평균 단백질 섭취량

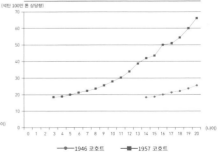

그림 7-10. 1946년생과 1957년생의 각 연령 전력 공급량

그림 7-11. 1946년생과 1957년생의 각 연령 에너지 소비량

* 출처: Lee(2022)

200

다. 그림 7-7이 보여주는 바와 같이 1957년생은 1946년생에 비해 아동기와 청소년기 의료시설 접근성이 더 높았던 것으로 추정된다. 1957년생이 일곱 살이었을 때의 의료시설 수는 1946년생이 같은 나이였던 시기에 비해 두 배 더 많았다. 그림 7-8과 7-9가 보여주듯이 1957년생은 1946년생에 비해 청소년기 영양상태가 더 양호했던 것으로 파악된다. 필자가 과거의 지자체별 통계 연보에 기초하여 추정한 결과를 보면 1957년생은 1946년생에 비해 청소년기 일평균 총칼로리 섭취량과 단백질 섭취량이 훨씬 높았던 것으로 나타났다.[15] 소위 '보릿고개'로 대변되는 만성적인 굶주림을 겪지 않고 의료기술의 혜택을 충분히 받으며 어린 시절을 보낸 세대는 더 건강한 노년을 보낼 가능성이 크다.

뒤에 태어난 세대는 성장기의 문화적·기술적 환경에서도 이전에 태어난 세대와 달랐다. 그림 7-10과 7-11의 결과에서 볼 수 있듯이 청소년기의 전력 공급량과 에너지 소비량에서 1957년생이 1946년생을 크게 앞서는 것으로 나타났다. 1950년대 말 이후에 태어난 세대는 호롱불이 아닌 전깃불 아래에서 공부할 수 있었고, 초등학생 혹은 중고등학생 때부터 TV를 시청할 수 있었으며, 난방과 취사에 장작이 아닌 연탄을 쓰는 환경에서 자라났다. 이들이 청소년기를 보낼 때 전 가구에 전화가 빠르게 보급되었고 고속도로들이 개통되어 전국이 일일생활권으로 변모하고 있었다.

한국전쟁 이후 빠르게 개선된 사회경제적 환경에서 아동기와 청소년기를 보낸 세대는 그 이전 세대보다 교육수준이 더 높고 건강과 인적자본에 대한 투자를 더 많이 받을 수 있었다. 이들은 성인기에 들어와서도 더 나아진 노동조건과 사회적 인프라에 힘입어 자신의 건강과 생산성을 개선하는 관리에 더 많이 투자할 수 있었던 세대이기도 하다. 또한 산업구조가 변화하면서 농업을 비롯한 전통적인 부문에 주로 종사했던 과거 세대와 달리 일자리의 특성과 숙련의 질에 있어 현재의 젊은 취업자와의 차이가 줄었다.

1960년대부터 한국의 경제발전과 이로 인한 일상생활의 변화가 본격화되었으므로, 앞으로 고령층에 진입하는 세대는 어린 시절부터 그 혜택을 누릴 수 있었던 코호트라고 할 수 있다. 이들이 고령인구의 주축이 되면서 건강하고 학력과 직업의 전문성이 높은 소위 '파워 시니어(Power Senior)'의 시대가 열릴 전망이다.

그렇다면 한국의 노동시장은 현재의 고령자와 여러모로 다를 것으로 예상되는 미래의 고령자를 충분히 활용할 준비가 되어 있을까? 어떻게 하면 건강하고 생산적인 파워 시니어의 생산 역량을 최대한 효과적으로 끌어낼 수 있을까?

고령인구 고용률이 세계적으로 가장 높은 한국, 그러나 함정이 있다

한국의 고령인구는 얼마나 충분히 노동시장에서 활용되고 있을까? 장년인력이 조기 퇴직하는 현상이 사회문제로 지적되고 고령자가 더 오래 일할 수 있도록 정년을 연장해야 한다는 주장도 제기되고 있지만, 적어도 양적인 면에서 한국의 고령자는 세계 어느 국가의 고령자보다 더 늦은 나이까지 일하고 있다. 특히 65세 이상 고령인구의 고용률은 세계에서 가장 높은 수준이다.

그림 7-12. 2022년 65세 이상 인구 고용률: OECD 국가 간 비교

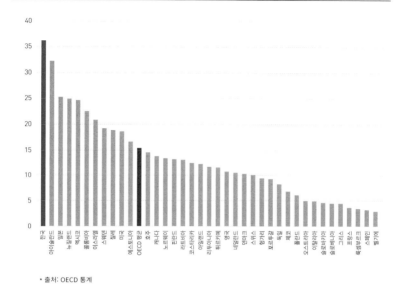

* 출처: OECD 통계

　　그림 7-12의 결과는 2022년 한국 65세 이상 고령인구 고용률이 약 36%로 OECD 국가 가운데 가장 높다는 것을 보여준다. 이는 OECD 국가 평균(약 16%)의 두 배가 넘고 일본보다 11%p 더 높은 수준이다. 여기에 제시되지는 않았지만 2022년 한국의 55~64세 장년인구의 고용률은 약 69%로, 이스라엘, 일본, 스웨덴 등 국가보다 낮지만 OECD 국가 평균보다 6%p 높은 수준이다. 3장에서 설명한 바와 같이, 근래의 변화 추세를 보건대 가까운 장래에 한국 장년층의 경제활동참가율이 현재의 일본 수준으로 높아질 가능성이 있다. 이처럼 한국의 고령자는 전 세계 어떤 국가의 고령자보다 일을 더 많이 하고 있다.

그림 7-13. 미국, 독일, 일본, 한국의 학력별 65세 이상 인구 고용률

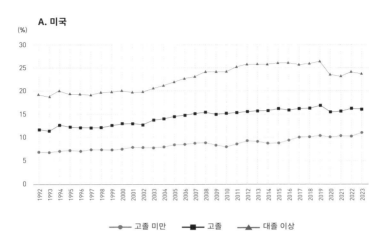

A. 미국

(%)

├ 고졸 미만   ├ 고졸   ├ 대졸 이상

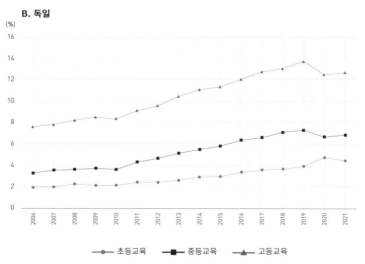

B. 독일

(%)

├ 초등교육   ├ 중등교육   ├ 고등교육

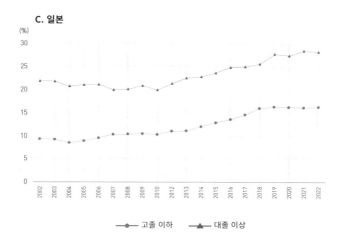

C. 일본

(%)

고졸 이하 ──●── 대졸 이상 ──▲──

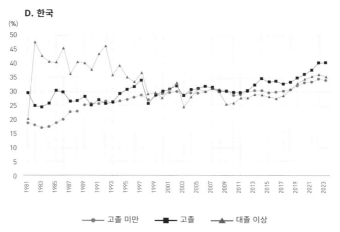

D. 한국

(%)

고졸 미만 ──●── 고졸 ──■── 대졸 이상 ──▲──

• 출처: 미국 Current Population Survey, 독일 EU Labour Force Survey(ILOSTAT에서 추출), 일본 The Labor Force Survey(일본 e-stat에서 추출), 한국 경제활동인구조사

이 결과를 토대로 한국이 고령인구의 인적자원을 충분히 효과적으로 활용하고 있다고 할 수 있을까? 고령인구의 고용률을 인적자본 수준별로 나누어 살펴보면 전체 고용률이 보여주는 바와는 다른 결론이 도출된다. 그림 7-13은 미국, 독일, 일본, 한국의 65세 이상 인구의 학력별 고용률 변화를 보여준다. 한국을 제외한 나머지 3개국의 경우, 학력이 높을수록 고령자의 고용률이 높은 경향을 보인다. 최근 이 국가들의 대졸 65세 이상 인구 고용률은 같은 나이 고졸 미만 인구 고용률보다 두 배 이상 높은 것으로 나타난다. 또한 미국과 독일의 경우, 근래 들어 65세 이상 대졸자의 고용률이 저학력자의 고용률보다 더 빠르게 높아지는 추세를 보인다.

그림 7-14는 학력 수준을 더 세밀하게 나누어 미국의 62~74세 인구 노동시장 참가율 변화를 추정한 결과를 보여준다. 결과는 이 연령집단의 노동시장 참가율과 1990년대 초부터 2010년경까지 노동시장 참가율 증가 정도가 모두 교육수준과 정비례함을 보여준다. 대졸 이상의 학력 내에서도 박사학위를 소지한 고령자의 노동시장 참가율과 그 증가 정도가 상대적으로 가장 높았고 석사학위 소지자가 그 뒤를 이었다.

반면, 앞서 그림 7-13에 제시된 한국 사례는 다른 3개국과 다른 양상을 보인다. 2000년 이후 한국의 65세 이상 대졸 인구 고용률은 같은 나이 고졸 인구 고용률에 비해 낮았으며 일부 기간에는 고졸 미만 인구 고용률에 비해서도 낮았다. 2010년경부터 65세 인구 고용률이 전반적으로 빠르게 높아졌지만 여전히 고졸 인구 고용률에 비해 낮게 유지되고 있다. 분석에 포함된 4개국의 55~64세 학력별 고용률을 살펴보더라도 비슷한 결론이 도출된다. 다른 3개국은 이

그림 7-14. 미국 62~74세 세부 학력별 노동 참가율 변화

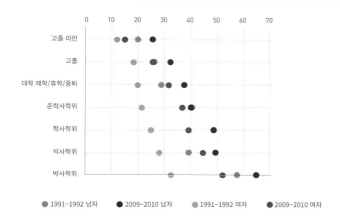

* 출처: 영국 〈이코노미스트〉, 2014년 4월 29일

연령층에서도 대졸자 고용률이 훨씬 더 높지만, 한국의 경우 대졸자와 고졸자의 고용률이 큰 차이를 보이지 않는다.

전체 고령자 고용률을 기준으로 볼 때, 한국의 고령자는 늦은 나이까지 노동시장에 남아서 비교적 잘 '활용'되고 있다고 볼 수 있다. 한국 고령자의 고용률이 전반적으로 높으므로 한국 고학력 고령자의 고용률 역시 미국이나 독일 고학력 고령자의 고용률보다는 높다. 그러나 다른 국가에 비해 한국의 고학력 고령자가 상대적으로 덜 활용되고 있다는 사실은 분명해 보인다.

이러한 한국 고령 노동시장의 특징은 두 가지 정책과제를 던져준다. 첫째, 현재와 같은 고령자 고용구조는 노동생산성을 낮추는 요인이다. 고령자의 고용률이 높아지지 않더라도 더 생산적인 인력이 노동시장에 오래 남는 구조로 바뀔 수 있다면 노동생산성이 더 높

아질 것이다. 둘째, 앞에서 지적한 대로 향후 고학력 고령인구가 폭발적으로 증가할 것이다. 현재의 여건이 지속된다면 늘어나는 파워 시니어를 충분히 활용하기 어려울 것이다.

그렇다면 한국은 왜 고학력자로 대표되는 '파워 시니어'의 고용률이 다른 국가에 비해 낮을까? 그 중요한 이유 가운데 하나로 고령 노동시장의 경직성을 들 수 있다. 한국의 고학력·고숙련 인력의 다수는 대기업과 공공 부문에 정규직으로 고용되어 있다. 그리고 이 부문은 정년제가 엄격하게 적용되고 있다. 따라서 대부분 고학력·고숙련 인력은 현재의 법적 정년인 60세가 되면 일자리에서 퇴직한다. 적지 않은 경우, 이들은 다양한 방식으로 법적 정년보다 일찍 일자리를 떠나기도 한다. 기업 임원이 된 직원들은 계약이 연장되지 않으면 정년 이전이라도 직장을 그만둔다. 금융사를 비롯한 일부 기업들은 감원 사유가 발생할 때, '명예퇴직' 혹은 '정리해고' 등의 명목으로 나이 든 직원들을 내보내기도 한다.

고학력·고숙련 인력이 정년이나 그 이전에 대거 직장을 떠나는 것은 임금체계와 직무구조의 경직성에 기인하는 바가 크다. 어떤 직원의 생산성이 임금수준과 같거나 더 높다면 고용주로서는 특정 나이가 지났다고 해서 그 직원을 강제로 퇴직시킬 이유가 없다. 그런데 생산성이 떨어져도 이에 따라 임금을 낮출 수 없고 맡은 일을 잘하기 어렵게 되어도 직무를 바꾸기 어렵다면, 고용주는 합법적 기회가 생길 때 해당 직원을 내보내고자 할 것이다. 필자가 한국고령화패널자료를 분석한 결과를 보면 임금이 특정 수준보다 높을수록, 임금체계가 경직적일수록, 50세 이상 임금노동자의 퇴직 위험률이 높은 것으로 나타났다.[16] 한국 기업에서 정년제가 유지되는 주

된 이유는 나이 든 직원이 늘어나면서 임금 부담이 커지고 인사 적체가 발생하기 때문으로 지적된다.[17]

주된 일자리에서 퇴직한 고학력·고숙련 인력의 다수가 다른 일자리에 재취업하지 않고 일찍 은퇴하는 중요한 원인 가운데 하나는 대기업과 공공 부문을 중심으로 한 공식 부문 노동시장의 경직성 때문이다. 해고와 채용이 자유롭지 못하고 고용 방식과 조건이 획일적인 여건 때문에, 기존 일자리를 떠난 장년인력은 자신에게 맞는 적합한 일자리를 찾아서 재취업하기 어렵다. 아예 눈높이를 낮추어서 이전 일자리보다 질이 낮은 직장을 찾는다면 재취업 확률이 높아지겠지만, 어느 정도 은퇴를 위한 재정적인 준비가 되어 있는 파워 시니어는 일을 그만두는 선택을 할 가능성이 크다.

이와 반대로 저학력·저숙련 인력이 상대적으로 많이 고용된 중소기업과 자영업 부문에서는 강제적인 퇴직 압력이 낮은 편이다. 소규모 사업체의 다수는 정년제가 없거나 있더라도 실질적인 영향이 없는 경우가 많다. 정년이 60세로 연장된 후에도 중소기업 장년 노동자의 주된 퇴직 사유는 정년퇴직이 아닌 건강 악화와 직장 폐업 등이다. 비공식 부문 일자리의 임금은 노동시장 수급 사정을 반영하여 결정되기 때문에 역설적으로 재취업을 희망하는 고령자에게 기회가 돌아갈 수 있다. 재정적인 면에서 은퇴 준비가 부족한 다수의 장년층은 임금이 낮고 노동조건이 나쁜 일자리라도 재취업하여 계속 일할 수밖에 없는 처지이다.

필자의 연구 결과에 따르면 적어도 지난 30년간 한국의 산업구조는 고령자에 대한 상대적 수요를 감소시키는 방향으로 변화하였다.[18] 즉 고령자 고용에 호의적인 산업은 장기적으로 축소해왔다.

이와 같은 수요 감소에도 불구하고 고령인구 고용이 높아지는 것은 이들의 생계형 노동 공급이 늘었기 때문으로 분석된다. 지난 수십 년간 자녀 부양을 포함한 전통적인 노후보장 방식은 급속하게 붕괴하고 있지만, 아직 공적연금을 받지 못하는 고령자가 적지 않고 설사 받더라도 그 수령액이 "용돈 연금"으로 불릴 정도로 낮은 실정이다. 이러한 사정 때문에 점점 더 많은 고령자가 생계를 위해 늦은 나이까지 일을 놓을 수 없는 처지에 놓이고 있다.

이와 같은 고령 노동시장의 사정 때문에 한국에서는 고학력·고숙련 고령인력에 비해 저학력·저숙련 고령인력이 더 늦게 은퇴하는 경향을 보인다. 그 결과, 현재 한국의 고령 취업자 가운데는 건강이 나쁘고 생산성이 낮은데도 생계를 위해 임금이 낮고 질이 낮은 일자리에서 노동을 이어가는 사람들의 비중이 높다. 이러한 구조적 특성을 고려한다면 높은 고용률에도 불구하고 한국의 고령인력이 충분하게, 효과적으로 활용된다고 보기는 어렵다. 따라서 다가오는 파워 시니어의 시대에 고령인구의 생산 역량이 충분히 발휘되게 하려면 전체 고령인구의 고용 확대만으로는 부족하며, 생산성이 상대적으로 높은 고학력·고숙련 고령자의 상대적인 고용 확대가 요구된다. 그렇다면 어떻게 이 목표를 달성할 수 있을까?

정년 연장이 효과적인 해법이 아닌 다섯 가지 이유

인구변화로 인한 노동력 감소 문제의 해법으로 제시되는 가장 중요한 방안 가운데 하나는 정년 연장이다. 늘어나는 고령인구를 더 오래 일하게 하여 전체적인 고용을 확대하자는 것이다. 이미 2013년에 법적 정년을 60세로 연장하는 법이 통과되어 2016년부터 시행되었고, 근래에는 이를 추가로 연장하려는 논의가 진행되고 있다. 민주노총과 한국노총을 비롯한 노동계도 은퇴 나이와 연금 수령 나이 사이의 소위 '소득크레바스'를 메꾸기 위해 정년을 65세까지 늘려야 한다는 주장을 제기하고 있다. 반면 정년 연장에 수반할 수 있는 기업의 부담 증가와 세대 간 불평등 확대에 대한 우려의 목소리도 크다. 정부는 대체로 장래의 노동력 부족에 대응하기 위해 정년 연장의 부작용을 최대한 줄이는 방식의 고령자 '고용 연장'을 추진하자는 입장이다.

원론적으로 볼 때, 특정 나이에 이르렀다고 일자리를 떠나야 하는 제도는 합리적이지 못하다. 자정이 지나면 마법이 풀리는 신데렐라처럼 예순 혹은 예순다섯이 되는 순간 갑자기 어떤 사람의 생산성이 극적으로 떨어지지는 않기 때문이다. 사람마다 나이에 따른 건강과 생산성의 변화가 다르므로 모든 사람에게 같은 은퇴 나이를 강제하는 것은 타당하지 않으며 나이에 따른 차별로 비칠 소지도 있다. 나이에 따른 차별 문제 때문에 미국 같은 나라는 일찍이 정년 제도를 폐지했다. 적어도 경제적 효율성 측면에서 볼 때, 정년 연장을 넘어서 아예 정년 없이 모든 사람이 저마다 힘과 능력이 닿는 한 나이에 구애받지 않고 일할 수 있는 여건이 가장 바람직하다고 할 수 있다.

그런데 이렇게 정년 없이 일할 수 있는 이상적인 현실은 고용, 업무, 임금 결정이 노동인력의 생산성을 반영하여 경쟁적으로 이루어지는 유연한 노동시장을 전제로 한다. 나이 들어서 생산성이 떨어져도 젊은 시절 맡았던 일을 유지하면서 높은 임금을 받는 여건에서는 정년 폐지의 부담을 기업이 감당하기 어렵다. 그런데 현재 한국 노동시장의 상황은 이러한 전제 조건을 충족하지 못한다. 대기업과 공공 부문을 중심으로 한 공식적인 부문의 임금제도와 직무 구조가 상당히 경직적이다. 임금은 직무의 내용보다 연차나 나이에 따라 결정되고 직무 조정도 유연하지 못하다. 또한 노동시장의 이중구조도 심해서 정년 연장이 고령자 고용에 미치는 영향은 부문과 유형에 따라 매우 이질적이다. 다시 말해 어떤 고령자는 정년 연장의 혜택에서 벗어나 있을 수 있다. 따라서 정년 연장이 인구변화 대응의 좋은 해법인지를 따지는 작업은, 누구나 원하는 때까지 일하게 하자는 취지의 타당성을 따지기보다 현재 한국 노동시장 여건에서 이 방안이 어떤 결과를 불러일으킬지를 엄밀하게 진단하는 데서 출발해야 한다.

여기서 제기할 주된 질문은 두 가지이다. 첫째, 정년 연장은 현재의 노동시장 여건과 미래의 고령인구 변화를 고려할 때 노동 수급 불균형 문제를 완화할 수 있는 효과적인 방안인가? 둘째, 정년 연장의 다른 효과들, 예컨대 청년 고용에 대한 잠재적인 부정적 효과와 고령 빈곤 완화에 대한 잠재적인 긍정적 효과를 어떻게 평가할 수 있을까?

첫 번째 질문과 관련된 답을 먼저 요약하자면, 정년 연장은 향후 20년간 한국 노동시장이 직면할 노동 수급 불균형 문제를 완화하는 데 그리 효과적인 방안이 아니라고 판단된다. 그 이유는 다음과 같다. 첫째, 2장과 3장에서 자세히 설명한 대로 인구변화로 인한 생산연령인구 감소에도 불구하고 적어도 앞으로 15~20년은 총량적인 노동력 부족이 발생하지 않을 것이다. 그러므로 정년 연장을 통해 모든 부문, 모든 유형 고령자의 양적 고용 확대를 목표로 한 정책이 지금 시점에 필요하다고 보기는 어렵다.

둘째, 정년 연장은 인구변화가 초래하는 부문 간, 유형 간 노동 수급 불균형 문제를 해결하기 어렵다. 4장에서 이야기한 바와 같이 앞으로 노동력 부족이 가장 심각하리라 예상되는 산업은 사회복지서비스업, 음식점 및 주점업, 전문직별 공사업, 육상운송 및 파이프라인운송업, 소매업(자동차 제외) 등이다. 이들은 대체로 정년의 의미가 크지 않은 업종들이다. 예컨대 요양보호사나 택시 운전사 가운데는 일흔이 넘어서도 일하는 사람들이 적지 않다. 따라서 정년을 연장한다고 해서 이 부문에 노동 공급이 그리 많이 늘어나지는 않을 것이다.

셋째, 정년 연장은 가까운 장래에 발생할 젊은 인력 감소의 충격을 효과적으로 완화하기 어렵다. 6장에서 설명한 것처럼 앞으로 노동시장이 직면한 인구변화의 가장 큰 충격은 급격한 젊은 인력의 감소이다. 청년인력은 특히 고임금·고성장 부문에서 빠르게 감소하며 우리 산업에 타격을 줄 것으로 우려된다. 그런데 청년인력이 급감하는 부문과 정년 연장으로 장년층 고용 확대 효과가 클 것으로 예상되는 산업은 그다지 겹치지 않는다. 그러므로 설사 정년 연장으로 나이 든 취업자가 늘어나더라도 업종과 숙련의 차이를 고려할 때, 줄어드는 젊은 노동인구를 효과적으로 대체하기 어려울 것이다.

넷째, 이 책에서 직접 다루지는 않았지만 인구변화로 인한 인력 부족 문제는 대기업보다 중소기업에서 더 심각하게 나타날 것으로 보인다. 오래전부터 이미 구인난을 겪고 있는 중소기업은 인구변화로 더 큰 타격을 받겠지만, 입사 희망자가 많은 대기업은 청년인구 감소에도 불구하고 필요한 인력을 구하는 데 큰 애로가 없을 것이다. 그런데 정년 연장은 중소기업보다 대기업 장년인력의 고용을 더 많이 증가시킬 것으로 예상된다. 이는 정년의 제약이 느슨한 중소기업과 달리 대기업에서는 대다수 직원이 정년에 맞추어 은퇴하기 때문이다. 실제로 2016년 정년 연장 사례를 분석한 연구들은 이러한 추측을 실증적으로 뒷받침한다.[19] 따라서 정년 연장은 정작 인구변화로 구인난이 가장 심각해질 기업의 인력 수급 사정을 개선하는 데는 그다지 효과적이지 못할 것이다.

마지막으로 정년 연장은 점차 늘어나는 파워 시니어를 충분히 잘 활용할 수 있는 방안이 되기 어렵다. 정년 연장은 기본적으로 나이에 따른 '평균'만을 고려하여 추진할 수밖에 없다. 65세 노동자의 평균 생산성이 60세 노동자의 평균 생산성의 70%라고 가정하자. 과거 60세 정년 연장을 시행하면서 도입된 임금피크제의 사례처럼 정년을 65세로 연장하려면 아마도 60세부터 연장된 정년까지 해당 노동자의 평균임금을 30% 삭감하는 조치가 불가피할 것이다. 생산성이 높고 나이에 따른 생산성 감소 속도가 느린 파워 시니어는 이와 같은 평균의 함정 때문에 자신의 생산성보다 낮은 임금을 감수해야 할지도 모른다. 은퇴 준비가 비교적 잘되어 있는 파워 시니어의 상당수는 낮은 임금을 수용하며 일을 계속하기보다 조기퇴직을 선택할 가능성이 크다.

이처럼 정년 연장은 좋은 취지에도 불구하고 실제로 인구변화가 가져올 노동시장 불균형을 완화할 효과적인 방안이라고 보기 어렵다. 더욱이 이 방안은 상당한 부작용을 일으킬 우려도 있다. 청년 고용에 대한 부정적인 영향이 대표적이다. 고용 연장이 청년 고용에 미치는 효과를 단정할 수는 없지만, 임금 및 직무 구조의 충분한 변화 없이 인위적인 고용 연장이 강제된다면 청년들이 선호하는 대기업과 공공 부문 일자리에서 청년 고용이 감소할 가능성이 있다. 고령 취업자의 증가가 직접적으로 청년 고용을 대체하지 않더라도 인건비 부담을 매개로 신규 채용에 부정적인 영향을 줄 수 있기 때문이다. 실제로 과거 60세 정년 연장 사례에 관한 다수의 연구는 정년 연장이 청년 고용을 감소시켰고 그런 효과가 특히 대기업에서 두드러지게 나타났음을 보여준다.[20]

일각에서는 정년 연장이 소득크레바스 문제를 해소하여 한국의 고령자 빈곤 문제를 완화할 수 있다는 기대를 피력하기도 한다. 만약 이러한 기대가 실현된다면 노동시장 수급 불균형 해소에 도움이 되지 못하더라도 정년 연장은 유용한 정책일 수 있다. 그렇지만 실제로는 그럴 가능성이 커 보이지 않는다. 빈곤에 빠질 위험이 큰 고령자의 대부분이 고용 연장의 혜택을 받지 못할 것이기 때문이다. 한국의 고령 취업자의 대다수는 정년 연장의 영향이 없거나 미미할 것으로 예상되는 일자리에 고용되어 있다. 최근의 한국고령화패널을 분석한 결과에 따르면 55~69세 취업자의 49%는 자영업자 혹은 무급종사자, 21%는 10인 미만 사업장에 고용된 임금노동자로 나타났다. 즉 대다수 장년층은 정년 연장의 잠재적 영향권에서 벗어나 있는 셈이다.

물론 중견기업 및 대기업 출신 고령자도 퇴직 이후 상당한 재정적 어려움을 겪는 현실에서 정년 연장은 노후 소득 보장에 긍정적인 면이 있다. 일부 전문가들은 연금 개혁을 위해서라도 정년 연장이 필요하다는 주장을 제기한다. 그러나 정년 연장의 혜택이 상대적으로 경제적 여건이 양호한 소수에게 국한되기 때문에, 고령 빈곤을 완화하는 효과가 약하고 오히려 고령자 간 불평등을 확대할 우려가 있다. 따라서 설사 정년 연장을 추진하더라도 그 영향권 밖에 있는 더 취약한 계층을 위한 정책을 세심하게 보완할 필요가 있다. 예컨대 일하기 어려운 고령자를 대상으로 한 복지를 강화하고 중소기업의 고령자 고용(재취업 포함)을 지원하는 방안이 고령 빈곤 완화에는 더 효과적일 것이다.

고령자에게 친화적인 일자리는 누구에게나 친화적이다

만약 정년이 존재하지 않는다면 누구나 희망하는 나이까지 자신이 하던 일을 계속하면서 남은 역량을 충분히 발휘할 수 있을까? 꼭 그렇지는 않을 것이다. 정년이 없는 직종에서 일하는 사람들도 어느 시점에는 은퇴를 결심한다. 미국의 농구선수 마이클 조던은 여전히 세계 최고의 선수로 여겨지던 서른 살에 돌연 은퇴를 선언해 세상을 놀라게 했다. 경력의 정점에 있는 인기 작가들이 절필을 선언하는 일도 드물지 않다. 정년이 없는 자영업에 종사하는 사람들도 때가 되면 일을 접는다.

정년과 무관하게 일을 그만두는 이유는 다양하지만, 대체로 하던 일을 계속하기 힘들어졌거나 혹은 싫어졌기 때문인 경우가 많을 것이다. 왜 잘하거나 좋아해서 시작했던 일이 힘들어지거나 싫어질까?

첫 번째로 들 수 있는 중요한 이유는 사람이 계속 변하기 때문이다. 사람에 따라 차이가 있지만 일반적으로 나이가 들면서 신체 능력, 인지기능, 일에 대한 선호 등이 서서히 저하한다. 이에 따라 처음 일을 시작할 때만 해도 높았던 일자리와 노동자 사이 매칭(matching)의 질이 점점 낮아진다. 다시 말해 나이가 들면서 특정한 일자리가 요구하는 능력과 노동자가 가진 역량 사이에 괴리가 발생할 수 있다. 일자리와의 매칭 질이 낮아지면 노동자는 그 일을 계속하기가 힘들어진다.

나이가 들면서 일을 계속하기 어려워지는 정도는 그 일이 요구하는 인적자본의 유형과 수준에 의존한다. 예를 들어보자. 운동선수의 은퇴 나이는 종목에 따라 상당히 다르다. 피겨스케이터는 대체로 20대에 은퇴하고 대다수 축구선수는 30대에 프로리그를 떠나지만, 골프선수는 때로 50대까지 프로 투어에서 활동하기도 한다. 왜냐하면 각 스포츠가 요구하는 근력, 체력, 신체기능이 제각각이기 때문이다. 빙판 위에서 힘차게 뛰어올라 네 바퀴를 회전하고 우아하게 착지하는 '초인간적인' 동작은 인간의 신체 능력과 유연성이 정점에 있을 때나 가능할 법한 기술이다. 나이가 들면서 이 기능이 약간만 퇴보해도 선수의 역량은 이 스포츠의 요구치를 밑돌게 된다. 반면 신체 능력에 대한 요구치가 낮고 지식과 경험이 중요한 스포츠의 경우에는 나이가 들어도 선수의 역량과 경기가 요구하는 능력 사이 간 괴리가 빠르게 벌어지지 않는다.

하던 일이 힘들어지거나 싫어지는 두 번째 중요한 이유는 일자리의 성격이 변하는 것이다. 생산기술, 경영방식, 작업 조직 등이 갑자기 변하면 일자리와 노동자 간 매칭의 질이 떨어지고, 이는 일을 그만둘 유인과 압력으로 작용한다. 이를테면 3회전 점프면 충분했던 피겨스케이팅에서 갑자기 4회전 점프가 기본으로 요구되면 일부 선수들은 은퇴 압력을 받을 것이다. 일반 직장인도 마찬가지다. 필자와 정종우 박사의 연구는 자동화 도입, IT 장비 투자 등의 기술변화가 젊은 직원의 퇴직 위험은 낮추었지만 나이 든 직원의 퇴직 위험은 상대적 혹은 절대적으로 높였음을 보여준다.[21] 20세기 초 소위 제2차 산업혁명 시기에 미국의 제조업 부문에서 발생한 급격한 기술변화 역시 이 산업에서 고령 노동자의 퇴직 위험을 높였다.[22]

소득이 높아지고 은퇴를 위한 재정 여건이 개선되면 일자리와 노동자 간 매칭의 질은 은퇴를 결정하는 더 중요한 요인이 될 수 있다. 생계를 위해 반드시 일해야 하는 고령자는 일이 버거워지더라도 '밥벌이의 지겨움'을 견디며 직장에 남겠지만, 여유로운 노후가 준비된 고령자 가운데는 미련 없이 일을 그만두는 사람이 많을 것이다. 따라서 과거의 고령자보다 소득이 높고 은퇴 준비가 비교적 잘되어 있는 파워 시니어는 적어도 일이 너무 싫거나 힘들지 않아야 일을 계속하는 경향을 강하게 보일 가능성이 크다.

산업과 기술이 빠르게 변화하고 노동시장에 파워 시니어가 늘어나는 상황에서 장차 고령인구가 생산 역량을 충분하게 발휘할 수 있게 하려면 고령 친화적인(age-friendly) 작업환경과 노동조건을 갖추어야 한다. 고령 친화적인 일자리는 고령자의 특성과 선호에 맞추어 작업환경과 노동조건을 유연하게 조정하여 나이가 들어도 계속 일할 수 있는 일자리라고 할 수 있다. 직원의 특성과 필요를 전혀 수용하지 않는 경직적인 일자리를 가진 고령자는 힘들게 허덕이며 전성기 수준의 업무량을 전적으로 소화하거나 아니면 일을 완전히 그만두는 "전부 혹은 전무(all or nothing)"의 선택을 강요당한다. 이러한 일자리에서는 고령자의 생산 역량이 낭비될 수밖에 없다.

그렇다면 어떤 성격의 일자리가 고령 친화적일까? 최근 발표된 미국의 한 연구는 고령자가 선호하는 일자리 특성으로 높은 자율성과 유연성, 낮은 스트레스와 신체적·인지적 난이도, 재택근무 가능성 등을 제시하였다. 또한 고령자가 이러한 성격의 일을 하기 위해 상당한 정도의 임금을 포기할 의사가 있음도 보였다.[23] 이러한 특성을 가진 일자리의 노동자는 나이 들면서 변화하는 선호와 역량에 맞추어 어느 정도 근무시간, 노동강도, 작업 방식을 조정할 수 있다. 또한 고령자로서 감당하기 버거운 일을 맡지 않을 수 있다. 이러한 일자리에서는 "전부 혹은 전무"가 아닌 점진적 은퇴(gradual retirement)를 선택할 수 있고, 이는 고령인력의 남아 있는 생산 역량을 온전히 활용하는 데 도움이 된다.

물론 많은 고령자가 생계를 위해 질 낮은 일자리를 마다하지 않는 한국의 실정은 선진국과 다를 수 있다. 그렇지만 고령자의 경제적 여건과 은퇴 준비 상태가 나아지고 여가와 일의 만족도에 대한 욕구가 높아지면 고령 친화적인 방향으로 일자리의 질이 개선되지 않고서는 우수한 고령인력을 노동시장에 유인하기가 점점 어려워질 것이다. 또한 고령 친화적인 작업환경은 고령인력의 생산성을 높게 유지하는 데도 도움이 될 것이다. 더 나아가 고령 친화적인 일자리는 여성과 청년에게도 매력적일 수 있다. 앞에서 소개한 미국 사례는 여성과 고학력 젊은 취업자도 고령 친화적인 일자리 특성을 얻기 위해 상당한 임금 삭감을 감수할 용의가 있음을 보여준다.

204~205쪽 그림 7-13과 207쪽 그림 7-14에서 알 수 있었듯이 미국과 일부 유럽 국가의 경우, 장기적으로 줄곧 감소해오던 고령자의 경제활동참가율이 1990년경을 기점으로 반등하여 높아지고 있으며, 이는 주로 파워 시니어의 고용 확대에 기인한 것으로 분석된다. 이러한 변화는 지난 30년 동안 미국 일자리가 고령 친화적인 일자리로 변모했다는 사실과 무관하지 않다. 최근의 한 연구는 앞서 소개한 고령 친화적인 일자리의 특성을 이용하여 각 직종의 고령 친화성 지수(age-friendliness index)를 계산하였다. 그리고 이 지수가 장기적으로 어떻게 변화했는지를 분석하였다. 그 결과는 1990년부터 2020년까지 직종 가운데 약 4분의 3에서 고령 친화성 지수가 개선되었음을 보여준다. 게다가 이 지수가 높은 직종에 고용된 고령자의 비중도 높아졌다.[24]

흥미로운 결과는 여성과 젊은 고학력자의 고용도 고령 친화적인 일자리의 증가로부터 긍정적인 영향을 받았다는 사실이다. 즉 고령 친화성 지수가 높은 직종에서는 지난 30년 동안 여성과 고학력 청년의 고용도 상대적으로 늘었다. 이는 여성과 고학력 청년이 고령 친화적인 일자리 특성을 선호한다는 연구 결과와 부합한다. 최근 한국의 젊은 세대도 자율성과 유연성이 높은 일자리를 선호하는 경향이 감지된다. 미래에는 이 세대가 고령층에 진입한다. 따라서 일자리를 고령 친화적으로 바꾸는 작업은 베이비 붐 이후 세대, 더 나아가 지금의 젊은 세대가 나이 든 후에도 생산 역량을 충분히 발휘할 수 있는 중요한 기반이 될 수 있다.

나이를 따지지 않는 문화가
경직된 노동시장을 개선시킨다

한국만큼 나이를 민감하게 따지고 중요하게 생각하는 나라는 드물 것이다. 나이에 따라 인간관계가 선배, 친구, 후배로 엄격하게 분류되고 언어는 높임말과 반말로 갈린다. 모르는 사람과 싸움이 벌어지면 시비를 가리기에 앞서 나이 확인을 위해 신분증을 꺼내자고 한다. 이력서나 지원서에 들어가는 가장 중요한 정보도 나이이다. 심지어 언론 기사에 인물이 소개될 때, 이름 뒤에 굳이 괄호를 넣어 나이를 밝히기도 한다. 한 사람의 이미지, 예상되는 역량, 기대되는 역할 모두 주민등록번호 첫 두 자리의 그늘을 벗어나기 어렵다.

나이를 과도하게 따지는 문화와 관행의 폐해는 적지 않다. 말, 태도, 행동, 옷차림 등이 제 나이에 어울리는지 자기검열을 하고 타인을 의식하는 행위는 개인의 자유로운 삶과 선택을 제약한다. 나이를 뛰어넘어 다양하고 풍성한 관계를 맺기도 어렵다. 나이에 대한 과도한 민감성이 초래하는 비용은 개인을 넘어선다. 나이에 따른 위계를 중히 여기는 사회에서는 합리적 기준에 따라 인적자원을 적재적소에 배분하기도 어렵다. 나이가 어리다는 이유로 능력이 뛰어난 사람이 책임 있는 자리를 맡지 못하기도 하고, 후배가 더 높은 자리에 올랐다는 이유로 선배가 자리에서 물러나는 일도 벌어진다. 이러한 사회에서 노동시장의 효율성, 기업 혹은 정부의 생산성은 낮을 수밖에 없다.

나이를 근간으로 한 경직적인 노동시장의 폐해는 모든 세대의 몫이다. 미래가 불투명한 상태에서 현재를 희생해야 하는 청년은 직접적인 피해자이다. 과거 평생직장이 보장되고 나이 든 선배의 오늘이 신입 직원의 미래였던 시대에는 젊어서 받는 것보다 더 많이 일하고 나이 들어서 편안한 자리와 높은 급여로 보상받는 '암묵적 계약'이 그리 나쁘지 않았다. 그러나 일자리의 불확실성과 노동시장 이동성이 높아진 오늘날에는 연공형 직무·임금 구조가 젊은 직원에게 일방적으로 불합리하고 불공정하게 느껴질 수밖에 없다. 근래 여러 기업에서 인사와 성과에 따른 보상을 둘러싸고 나이 든 직원과 젊은 직원 간 갈등이 커지는 현상이 그다지 놀랍지 않은 이유이다.

나이를 따지는 제도와 문화의 폐해는 고령자에게도 부메랑이 되어 돌아온다. 연공형 직무·임금 구조는 고령인력이 자신이 근무하던 직장에 남아 계속 일하기 어렵게 만드는 요인으로 작용한다. 필자와 이에스더 박사의 공동연구 결과는 임금구조가 경직된 사업체일수록 나이 든 직원의 퇴직 위험률이 높다는 사실을 보여준다.[25] 일은 적게 하면서 급여는 많이 받고 실력은 부족하면서 상사 노릇은 톡톡히 하는 시니어 직원의 전형적인 이미지는 고령자에 대한 연령 차별이 발생하는 배경이다. 나이 혹은 기수에 따른 엄격한 서열, 선배는 후배보다 더 나아야 하고 더 높아야 한다는 인식은, 역설적으로 더 이른 나이에 일을 그만둘 수밖에 없는 압력으로 작용한다.

2015년 개봉되어 많은 관객에게 감동과 영감을 주었던 낸시 마이어스(Nancy Meyers) 감독의 영화 〈인턴〉은 한때 대기업 중역으로 일하다가 은퇴한 70세 사별남이 30대 여성 CEO의 인턴으로 채용되어 젊은 상사에게 지혜와 경험을 나누는 이야기를 담고 있다. 전체 인구의 거의 절반이 고령자인 사회가 지속하려면 이 영화 주인공처럼 나이에 따른 몸과 마음의 변화에 맞추어 지위를 낮추고 역할을 줄여나가는 선택을 가능하게 하며 또 자연스럽게 만드는 제도와 문화가 꼭 필요하다.

그렇다면 그러한 전환을 어떻게 이룰 수 있을까? 첫째, 나이를 따지지 않는(age-blind) 고용 시스템과 임금체계를 도입해야 한다. 개인의 능력이 아닌 나이를 기준으로 기회와 처우가 결정되는 경직된 노동시장에서는 늘어나는 파워 시니어의 생산 역량이 충분히 발휘되기 어렵다. 앞서 지적했듯이 생산성과 무관하게 나이만을 기준으로 퇴직과 임금이 결정되는 현재의 정년제 및 임금피크제하에서는 상대적으로 은퇴 준비가 잘되어 있고 노동시장 참여에 요구되는 임금(유보임금) 수준이 높은 파워 시니어가 더 강한 은퇴 유인에 직면할 것이다.

둘째, 나이가 아닌 개인을 보고 기회와 처우를 결정하기 위해서는 잠재력을 포함한 개인의 역량을 정확하게 평가할 수 있는 시스템을 개발하고 도입해야 한다. 능력이나 공헌도에 대한 정보가 부족하고 모호할수록 나이처럼 잘 드러나는 특성에 기대어 그릇된 인사 결정을 할 수 있다. 각 개인이 해온 업무의 내용, 보유한 자격과 숙련, 가능한 업무 범위에 관한 구체적이고 정확한 정보가 체계적인 데이터로 구축되고 이것이 채용과 인사에 활용될 수 있다면 고령자에 대한 연령 차별을 비롯한 다양한 유형의 노동시장 차별을 줄이는 데 도움이 될 것이다.

셋째, 객관적인 평가 결과가 실제로 인사와 보상에 반영될 수 있는 환경을 조성해야 한다. 이를 위해 평가 및 인사 시스템의 투명성을 높이고 건강한 경쟁 체제를 도입할 필요가 있다. 시장의 평판이나 경쟁의 압력을 걱정할 필요가 없을 때, 인사권자는 주어진 자리에 가장 적합한 사람 대신 본인이 선호하는 사람을 선택할 가능성이 있다. 차별에 관한 경제학 연구에 따르면 시장의 경쟁 압력은 고용주가 능력과 관계없이 자신이 선호하는 유형의 직원을 채용하거나 승진시키는 유형의 차별을 줄이는 역할을 한다.[26]

스포츠 분야의 사례는 이러한 조건들의 중요성을 보여준다. 실력과 성과에 따라 보상이 결정되고, 선수의 실력과 성과가 기록이나 경기 결과에 뚜렷하게 드러나고, 이 정보가 널리 공유되며, 팀 간 경쟁이 치열할수록, 경기력 이외의 요인이 선수의 선발이나 보상의 결정에 개입될 여지가 줄어든다. 이러한 여건에서는 무명의 어린 선수라도 승리를 위해 기용하지 않을 이유가 없고, 나이가 많다는 이유로 팀 공헌도가 높은 베테랑의 은퇴를 강제하지 않을 것이다. 오로지 객관적인 대회 기록으로 대표선수를 선발하여 오랫동안 세계적 경쟁력을 유지하는 대표 종목으로 알려진 양궁에서 1981년생 오진혁 선수와 2006년생 이은호 선수가 2024년 파리올림픽 국가대표팀 동료로 활약하는 것은 우연이 아니다.

다양하고 포용적이며 자유로운 사회가 인구문제의 근본적인 해결책

인구 고령화 추이를 고려할 때, 두 세대가 지난 후 한국은 그야말로 '노인의 나라'가 되어 있을 것이다. 따라서 적어도 먼 장래를 내다볼 때, 고령인구를 적극적으로 활용하는 방안은 가장 중요한 인구변화 대응책이라고 할 수 있다. 노동 공급 측면에서 볼 때, 고령인력 활용

전망은 밝은 편이다. 미래의 고령인구는 현재의 고령자보다 건강하고 교육수준과 생산성이 높은 파워 시니어로 구성될 것이기 때문이다.

점점 개선되고 있는 고령인구의 생산 역량을 최대한 끌어내기 위해서는 이를 막는 노동시장 수요 측면의 여러 가지 제도적·문화적 걸림돌을 치울 필요가 있다. 한 가지 중요한 변화의 방향은 앞서 언급한 고령 친화적인 일자리 전환을 포함하여 고령자의 특성이 불리함으로 작용하지 않을 수 있는 '노인을 위한 나라'를 만드는 것이다. 예를 들어 도시의 주거 환경과 인프라를 고령자가 살고 움직이기 좋은 구조로 바꾸고, 새로운 기술도 최대한 쉽게 배우고 편리하게 사용할 수 있는 사용자 친화적인 형태로 개선하는 것이 바람직하다.

다른 중요한 변화의 방향은 나이를 따지지 않는 노동시장으로의 전환을 넘어, 나이가 아닌 사람 자체만 보는 '노인이 없는 사회'를 만드는 것이다. 특정한 나이의 평균적인 사람에 대한 선입견이 아닌 구체적인 개인의 성품, 능력, 경험을 알아보고 평가하는 사회에서 고령자는 자신의 역량을 최대한 발휘할 수 있다. 이러한 사회를 만들기 위해서는 나이에 따른 구분, 제한, 차별을 발생시킬 수 있는 제도와 관행을 없애는 것이 중요하다.

'노인을 위한 나라, 노인이 없는 사회'는 고령자뿐만 아니라 다양한 특성을 가진 모든 사람이 잠재 능력을 활짝 펼칠 수 있는 터전이 되어준다. 앞서 지적했듯이 고령 친화적인 일자리는 여성과 젊은이도 선호하며 장애인 같은 사회적 약자에게도 친화적인 일자리이다. 따라서 노인을 위한 사회는 많은 사람에게 기회를 주는 포용적인 사회이기도 하다. 마찬가지로 나이를 따지지 않고 사람을 볼 수 있는 사회는 나이뿐만 아니라 성별, 출신지, 외모가 주는 선입견에서 더 자유로울 수 있는 사회일 것이다. 인구변화 추이를 생각할 때, 이러한 사회를 만드는 일은 지속할 수 있는 미래를 위해 지금부터 시작해야 할 꼭 필요한 과업이다.

이제까지 가까운 장래에 직면할 청년인력의 급격한 감소, 점점 더 빠른 속도로 진행될 인구변화의 충격에 대응하기 위해 다양한 인구집단의 경제활동참가율과 생산성을 높여야 할 필요성과 가능한 방안을 논의하였다. 만약 이러한 방안이 충분하지 않다면 어떻게 할까? 내국인이 더 많이 일하고 더 생산적으로 변모해도 여전히 노동시장에 불균형이 발생한다면 어떻게 할까? 일각에서 제기되는 주장처럼 결국 이민 수용 국가로 전환하는 것이 한국 인구문제의 최종 해결책일까? 다음 장에서는 이 질문에 대한 답을 모색해본다.

8장

‘이민자의 나라’가
우리의 미래일까?

인류 역사는 이민의 역사다. 현생인류의 기원에 관한 가장 널리 받아들여지고 있는 가설에 따르면, 아프리카에서 탄생한 호모사피엔스는 이미 수만 년 전에 대륙을 넘어 이주하여 세계 각 지역 인류의 조상이 되었다. 아메리카 대륙 원주민은 마지막 빙하기에 형성된 베링육교를 타고 건너온 아시아인의 후손으로 추정된다. 유럽의 동쪽 변방에 머물던 게르만족은 4세기부터 로마제국 영토로 이주하여 서로마제국을 멸망시키고 그 땅의 주인이 되었다. 8세기부터 11세기까지 바이킹은 서유럽의 여러 지역을 식민화하고 아이슬란드, 그린란드, 뉴펀들랜드섬까지 이주하여 정착하였다.

인류 역사상 최대 규모의 인구이동은 15세기 말 유럽이 아메리카 대륙을 발견한 후 시작된 '신세계'로의 이민이었다. 경제적 궁핍과 낡은 체제의 억압에 시달리던 유럽인에게 신대륙은 기회의 땅이었다. 초기 정복자들이 찾고자 했던 황금의 도시 '엘도라도'는 발견되지 않았지만, 자영농의 꿈을 이룰 수 있는 광활하고 비옥한 토지, 사탕이나 담배 같은 고수익 상품작물을 재배할 수 있는 자연조건이 확인되면서 새로운 대륙은 자석처럼 유럽인을 끌어들였다.

일반 노동자가 4~5년 동안 버는 소득을 모아야 대서양을 건너는 뱃삯을 마련할 수 있었던 시대에 첫 대량 이민자는 배편을 얻는 대신 지정된 신대륙의 고용주에게 일정 기간 속박되어 일하는 계약을 맺은 백인 채무노예(indentured servants)였다. 그리고 이들은 점차 아프리카에서 강제로 끌려온 흑인 노예로 대체되었다. 노예 운반이 시작된 16세기 초부터 노예무역이 금지된 19세기 중엽까지 350년 동안 약 1,000만 명의 아프리카인이 강제로 아메리카 대륙에 이주했던 것으로 추정된다.

해상운송 비용이 낮아지고 유럽인의 소득이 높아진 19세기에 들어와서야 본격적인 자유이민의 시대가 열렸다. 1820년 이후 한 세기 동안 약 6,000만 명의 유럽인이 고향을 떠나 신대륙에 정착했다. 이들은 생존을 위해 혹은 더 나은 미래의 삶을 찾아 대양을 건너 낯선 땅으로 가는 모험을 감행했다. 1840년대 중반 아일랜드인은 감자 흉년으로 인한 대기근을 피해서, 1850년대 독일인과 1910년대 러시아계 유대인은 정치적 박해를 면하고자 미국행 배에 올랐다. 19세기 말 북유럽 농민은 자녀에게 더 나은 삶의 기회를 주기 위해서, 20세기 초 남부 이탈리아인은 만성적인 궁핍에서 탈출하려고 이민 대열에 합류했다.

한국은 적어도 30년 전까지는 '이민자의 나라'로 건설된 신대륙 국가들과는 여러모로 정체성이 상반되었다. 좁은 국토, 부족한 자원, 상대적으로 풍부한 인적자원을 보유한 여건은 한국을 오랜 기간 노동력을 송출하는 국가로 만들었다. 한국의 광부와 간호사는 빠른 경제성장으로 일손을 구하기 어려웠던 서독으로 파견되었고, 건설노동자는 중동 국가들에 개발 붐이 일었을 때 필요 인력을 충원해주었다. 수많은 한국 젊은이가 기회를 찾아 다른 나라로 떠났고 세계 각지에 한인 교민 사회를 형성하였다.

경제와 인구의 변화는 국제 인구이동의 흐름을 바꾸어놓았다. 대량 이민의 송출국이었던 유럽 국가들은 20세기 후반부터 외국인 노동에 의존했고, 유럽 이민자를 받아들였던 중남미 국가들은 이민 송출국으로 바뀌었다. 한국 역시 이민자를 내보내는 나라에서 받아들이는 나라로 전환하고 있다. 1980년대 말부터 내국인 인력으로 채우기 어려운 일자리를 중심으로 외국인력이 도입되기 시작했고 2000년대 초부터 그 규모가 빠르게 확대되었다. 2022년 말 현재 국내 거주 외국인은 226만 명으로 총인구의 4.4%를 차지하고 있다. 이제 외국인 없이는 유지되기 어려운 산업과 지역도 생겨나고 있다.

외국인력 유입이 증가했는데도 북미나 유럽 국가와 비교할 때 한국은 여전히 '이민자의 나라'와는 거리가 멀다. 한국의 총인구 대비 외국인 인구 비율은 2022년경의 호주(29.2%), 독일(15.9%), 영국(14.3%), 미국(14.1%) 등 전통적인 이민 수용국의 외국인 인구 비율에 비해 훨씬 낮다. 이제까지 한국의 외국인 정책은 기본적으로 내국인 인력 부족을 일시적으로 채워줄 외국인력을 도입하고 일정 기간이 지나면 다시 돌려보내는 것이었다. 따라서 유입되는 외국인이 많아도 이전에 들어온 외국인이 나가면서 정주 외국인의 수와 비중은 다른 선진국에 비해 여전히 낮다. 외국인 인구가 증가했지만 단일민족으로 구성된 동질적 사회로서의 정체성 역시 여전히 강건하게 남아 있다. 이민자의 나라로 변모한 한국의 미래상은 아직 매우 낯설고 이를 구체적으로 그려본 사람도 많지 않을 것이다.

인구변화는 한국 사회가 단일민족의 동질적 사회로서 정체성을 유지할 수 있을지에 대한 심각한 의문을 제기한다. 이제 점점 더 많은 사람이 외국인력 도입 외에는 인구변화의 충격을 완화할 마땅한 방법이 없다고 생각하는 듯하다. 50년 안에 인구가 30%나 줄어들고 노인이 전체 인구의 절반을 차지할 나라에서 인력 공백을 메꾸기 위한 대량 이민 수용은 피할 수 없는 선택일까? 과연 외국인력 도입은 앞으로 한국 노동시장이 직면할 수급 불균형 문제를 해결해줄 수 있을까? 그 가능성을 높이기 위해 외국인력 정책을 어떻게 개선해야 바람직할까?

내국인이 싫어하는 일을 해주기 위해 고용되는 저숙련·저임금 외국인 노동자들

외국인력 도입 확대가 인구변화로 인한 한국의 노동 수급 불균형을 해소해줄 수 있을지 판단하기 위해서는, 먼저 어떤 성격의 인력이 얼마나 유입되고 있는지 살펴볼 필요가 있다. 특히 현재 들어오고 있는 외국인력이 보유한 인적자본 수준과 이들이 종사하는 직종 및 산업이 한국 노동시장의 필요와 잘 부합하는지 면밀하게 평가해야 한다. 만약 현재 유입되고 있는 외국인의 성격이 장래 한국 노동시장의 필요와 잘 맞지 않는다면 단순히 외국인력 도입을 확대하는

그림 8-1. 2000년 이후 체류 기간별 한국의 외국인 수 변화

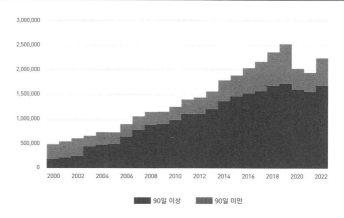

* 출처: OECD 국제 이주 전망(International Migration Outlook)

정책만으로는 충분하지 않을 것이기 때문이다.

먼저 외국인의 양적 규모와 증가 추이를 살펴보자. 그림 8-1은 2000년 이후 한국의 단기(90일 미만) 및 장기(90일 이상) 체류 외국인 규모 변화를 보여준다. 한국에 체류하는 전체 외국인 수는 2000년 약 50만 명에서 2019년까지 그 다섯 배인 약 250만 명으로 급격하게 증가하였다. 코로나19 대유행 기간에 약 200만 명 수준으로 감소했던 외국인 규모는 2022년부터 반등하여 226만 명으로 늘어났다. 2000년대 초에는 장기 체류 외국인이 전체 외국인의 절반 이하였지만 2003년 이후에는 장기 체류자 비율이 대체로 3분의 2를 넘고 있다.

이러한 외국인의 규모와 증가 속도를 어떻게 평가할 수 있을까? 그림 8-2는 한국을 포함한 OECD 국가들의 2000~2022년 외국인

그림 8-2. 2000~2022년 OECD 국가 인구 대비 외국인 증감률과 2022년 인구 대비 외국인 비율

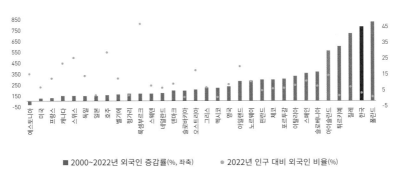

■ 2000~2022년 외국인 증감률(%, 좌축)　● 2022년 인구 대비 외국인 비율(%)

* 출처: OECD 통계

증감률과 2022년 인구 대비 외국인 비율을 비교해준다. 한국은 두 지표에서 상반된 순위를 나타낸다. 우선 한국은 외국인이 가장 빨리 늘어나는 국가 가운데 하나이다. 지난 22년간의 외국인 규모 증가율은 폴란드에 이어 두 번째로 높았다. 반면 최근 총인구 가운데 외국인이 차지하는 비중은 상대적으로 낮다. 이는 기준 시점인 2000년경 한국의 외국인 체류자가 그리 많지 않았던 사정을 반영한다. 근래의 속도로 외국인이 늘어나면 외국인 규모와 인구에서 차지하는 비중 역시 빠르게 늘어날 것으로 예상된다.

　한국에 체류하는 외국인이 모두 경제활동을 하고 있지는 않다. 통계청이 발표한 2023년 '이민자 체류 실태 및 고용조사' 결과에 따르면, 2023년 5월 기준으로 15세 이상 외국인 상주인구는 143만 명, 외국인 취업자 수는 약 92만 3,000명으로 추산된다. 이는 2023년 말 전체 취업자 수의 2.4% 수준으로 인구 대비 외국인 비율인 4.4%보다 낮다. 이렇게 볼 때 아직은 외국인력이 총량적인 노동력 규모에 결정적인 영향을 미칠 수 있을 만큼 많지는 않다고 할 수 있다. 다만 지금도 특정한 부문이나 유형의 인력 수급에는 상당한 영향을 미칠 수 있고 이러한 영향은 외국인력 규모가 커지면서 더 확대될 것이다.

그렇다면 한국에는 어떤 특성의 외국인이 유입되고 있고 주로 어떤 부문에 취업하고 있을까? 이 질문에 답하기 위해 2018년부터 2022년까지의 통계청 '이민자 체류 실태 및 고용조사' 원자료를 이용하여 근래 외국인과 내국인의 특성을 비교하였다. 이 자료에 포함된 외국인은 모두 90일 이상 체류 외국인이다. 코로나19 대유행 이전과 대유행 기간 중의 경험을 종합하기 위해 여기서는 각 변수의 5개년 평균을 구하여 살펴보았다. 임금이나 근로시간 같은 변수

표 8-1. 내국인과 외국인의 인구·사회경제적 특성: 2018~2022년 평균

	내국인	외국인
평균연령	46.39	39.74
대졸 이상 비율	0.36	0.19
전문대졸 이상 비율	0.52	0.32
남성 비율	0.58	0.66
유배우자 비율	0.63	0.64
월평균임금(원)	2,784,880	2,344,474
주당 근로시간(시간)	39.63	46.83
시간당 임금(원)	15,709	11,660
상용직 비율	0.55	0.58

• 출처: 통계청 이민자 체류 실태 및 고용조사 이용하여 저자가 작성

는 내외국인 취업자를 대상으로 추정하였다.

　표 8-1은 2018~2022년 내국인과 외국인의 기본적인 인구·사회학적 특성을 비교한 결과를 보여준다. 근래 한국에 들어온 외국인은 내국인과 비교하여 평균적으로 약 7년 정도 젊고, 대졸 이상 학력 비율이 절반 수준이었으며, 남성 비중이 더 높은 것으로 나타났다. 또한 외국인 취업자는 내국인 취업자와 비교해 시간당 임금이 약 25% 낮았고 근로시간이 약 18% 길었다. 유배우자 비율과 상용직 비율은 내외국인 사이에 큰 차이가 없었다. 이 결과는 외국인이 평균적으로 젊지만 교육수준이나 시간당 임금에 반영된 생산성 면에서 내국인에 뒤진다는 것을 알려준다.

　체류 자격은 한국에 유입되는 외국인의 숙련수준을 판단할 수 있는 근거를 제공한다. 그림 8-3에 나타난 2018~2022년 외국인의 체류 자격 분포를 살펴보면 높은 숙련수준을 요구하는 전문인력 비자를 받아서 들어온 외국인이 전체의 5% 미만에 불과함을 알 수 있다. 비전문 취업 비중이 27.3%로 가장 높았고 중국계 한국인이 대부분을 차지하는 재외동포(24.4%)와 방문취업(13.8%)이 그 뒤를 이었다. 이처럼 지금은 외국인의 절대 다수가 비전문인력 및 이와 가까운 체류 자격으로 한국에 들어오고 있다.

　그림 8-4는 내국인과 외국인의 직업 분포를 비교한 결과이다. 전체 외국인력의 31.7%는 단순 노무직에 종사하고 24.5%는 장치·기계 조작 및 조립 직종에서 일하는 것으로 나타났다. 이는 해당 직종에 종사하는 내국인 인력 비율(각각 15.0%와 11.1%)보다 두 배 이상 높은 수치이다. 외국인력 가운데 기능원 및 관련 직업에 종사하는 비율(14.7%)도 내국인(8.8%)보다 높았다. 반면 외국인 중 관리자 비

그림 8-3. 2018~2022년 외국인 체류 자격 분포

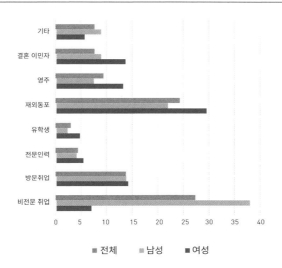

* 출처: 통계청 이민자 체류 실태 및 고용조사와 지역별 고용조사 이용하여 저자가 작성

그림 8-4. 2018~2022년 내국인과 외국인 직업 분포

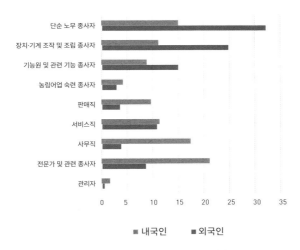

* 출처: 통계청 이민자 체류 실태 및 고용조사와 지역별 고용조사 이용하여 저자가 작성

그림 8-5. 2018~2022년 내국인과 외국인 산업 분포

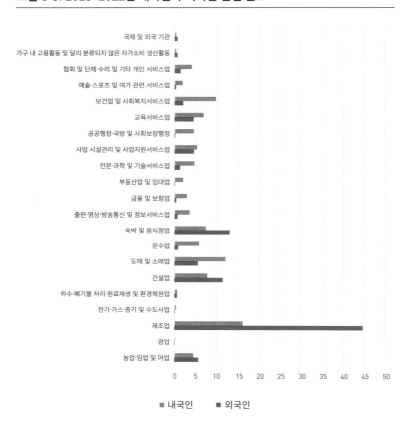

* 출처: 통계청 이민자 체류 실태 및 고용조사와 지역별 고용조사 이용하여 저자가 작성

율은 0.3%, 전문가 및 관련 종사자 비율은 8.4%로, 내국인 비율(각각 1.6%와 21.0%)보다 훨씬 낮다. 이는 외국인이 내국인보다 숙련수준이 낮은 업종에 종사하고 있음을 보여준다.

그림 8-5는 내국인과 외국인이 주로 어떤 산업에서 일하고 있

는지 보여준다. 외국인력의 압도적 다수(44.9%)는 제조업에 종사하는 것으로 나타났다. 이는 내국인 취업자 중 제조업 종사자 비율(16.2%)의 거의 세 배에 달한다. 제조업 외에 외국인이 상대적으로 많이 고용된 업종은 숙박 및 음식점업(13.3%)과 건설업(11.5%)이며, 이 부문이 외국인 고용에서 차지하는 비율은 내국인 고용에서 차지하는 비율(각각 7.4%, 7.8%)보다 높다. 이 밖에 산업의 상대적인 고용 규모에 비해 외국인이 많이 진입하는 산업은 농림어업, 광업, 가구 내 고용활동 등으로 나타났다. 통계청에서 2013~2018년 산업 분류를 세분화한 자료를 얻어 분석한 결과는 제조업 내에서는 목재, 종이·인쇄, 비금속광물, 1차금속 등 전통적인 산업에 외국인력이 집중되는 경향을 나타낸다.[1]

이상의 결과는 한국에 들어오는 외국인력이 대부분 내국인보다 인적자본 수준이 낮은 비전문인력이고, 상대적으로 숙련도가 낮은 직종과 내국인이 진입하지 않는 사양산업에 종사하고 있음을 보여준다. 필자와 한국은행 정선영 박사의 공동연구는 2012~2013년 한국에 체류한 외국인력이 평균임금 수준 및 상용직 비율이 낮고 노동자들의 평균 교육연수가 짧은 산업 또는 직종에 집중되는 경향이 있음을 보인 바 있다.[2] 이러한 사정은 현재에도 크게 달라지지 않고 있다.

이와 같은 외국인력의 특성과 산업·직종 분포는 과거와 현재 한국 노동시장의 여건과 외국인력에 대한 수요를 반영한다. 즉 1980년대 말 이후 외국인력에 대한 수요가 높아진 부문은 일자리의 질이 낮고 위험하며 임금이 낮아서 내국인이 진입을 꺼리는 곳이었다. 외국인이 농업, 전통적인 제조업, 건설업, 음식점 및 숙박업의 저숙련 직종에 집중된 것은 이러한 노동시장의 수요와 잘 부합한다. 따라서 과거와 현재에 관찰되는 형태의 외국인력 유입은 저숙련·저임금 부문의 내국인 인력 부족을 채움으로써 한국 노동시장의 부문 및 유형 간 수급 불균형 문제를 완화하는 역할을 했다고 평가할 수 있다. 그렇다면 현재와 같은 형태의 외국인력 유입이 미래의 노동시장 수급 불균형 문제도 해소할 수 있을까?

지금 같은 외국인력 도입은 노동 수급 불균형 문제를 해결 못 한다

이 책의 앞 장들은 비교적 가까운 장래에 인구변화로 한국의 노동시장에 발생할 문제가 총량적인 노동력 부족이 아닌 부문 및 유형 간 노동 수급 불균형일 것임을 보여준다. 따라서 적어도 향후 20년 내에는 노동력 부족을 막기 위한 대량 이민 수용이 필요하지 않을 것으로 판단된다. 그렇지만 특정 부문, 특정 유형의 내국인 노동 공급이 부족해질 때, 그 공백을 빠르게 메꿀 수 있는 가장 현실적인 방안은 외국인력 도입이라 할 수 있다. 교육과 훈련이 필요한 내국인 노동 공급을 갑자기 늘릴 수 없기 때문이다.

다만 이와 같은 장래의 노동시장 불균형은 단순히 외국인력 도입 규모를 확대하는 것만으로는 해소하기 어렵다. 장차 인구변화가 초래할 노동시장의 수급 불균형은 과거나 현재의 그것과는 다른 양상일 것이다. 만약 현재 유입되고 있는 외국인력의 특성과 산업 및 직종 분포가 그대로 유지된다면 노동시장의 필요와 외국인력의 인적자본 사이에 점차 괴리가 발생할 가능성이 있다.

실제로, 미래에 한국 노동시장이 필요로 할 외국인력은 과거와 현재의 수요를 충족시켜준 외국인력과 다를 것으로 전망된다. 4장에서 제시한 장래의 노동력 부족 부문은 이번 장의 앞부분에서 살펴본 외국인력 집중도가 높은 부문과 그다지 잘 부합하지 않는다. 가까운 장래에 노동력 부족이 가장 심각하리라 예상되는 5개 산업은 사회복지서비스업, 음식점 및 주점업, 전문직별 공사업, 육상운송 및 파이프라인운송업, 소매업(자동차 제외) 등이다. 반면 현재 외국인력은 주로 일부 제조업, 건설업, 숙박 및 음식점업, 농업 등에 집중되고 있다. 5장에서 장래의 심각한 인력 부족 사태를 경고한 의료 및 돌봄 분야도 간병인 같은 일부 직종을 제외하고는 외국인력 집중도가 낮다.

6장에서 설명했듯이 가까운 장래에 노동시장에 나타날 가장 큰 인구변화의 충격은 젊은 노동인력의 급격한 감소이다. 청년인력 감소는 노동시장의 기능을 전반적으로 떨어뜨리고, 부문 및 학력 간 수급 불균형뿐만 아니라 같은 부문·학력 내 세대 간 불균형까지 초래할 것으로 예상된다. 또한 청년인력 비중이 급격하게 감소하는 산업은 빠르게 성장하고 임금과 일자리 질이 높은 부문이어서 산업 경쟁력과 경제성장에 상당히 부정적인 영향을 미칠 것으로 우려된다. 그렇다면 지금과 같은 형태의 외국인력 도입은 청년인력의 급격한 감소가 불러올 노동시장 충격을 완화할 수 있을까?

필자는 이 질문에 답하기 위해 부경대 김혜진 교수와 함께 2013~2018년 외국인력이 어떤 산업에 주로 유입되었는지 조사하고, 4장에서 소개한 방법을 이용하여 2018년과 2038년 사이 20년 동안 각 산

그림 8-6. 2013~2018년 산업별 외국인력 집중도와
2018~2038년 20~34세 취업자 비율 변화 추정치

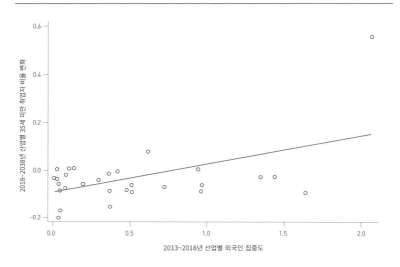

업의 청년(20~34세) 취업자와 장년(50세 이상) 취업자 비중이 어떻게
변화할 것인지 추정하였다. 그리고 이 두 결과를 결합하여 청년인
력이 빠르게 감소하고 노동력이 가파르게 고령화되는 부문에 외국
인력이 더 높은 비율로 유입되고 있는지 분석하였다.[3] 외국인력의
유입 정도를 나타내기 위한 '산업별 외국인력 집중도'는 전체 고용
에서 해당 산업 고용이 차지하는 비중 대비 외국인 고용에서 해당
산업이 차지하는 비중으로 정의하였다.

그림 8-6에 제시된 결과는 앞으로 청년인력 비중이 빠르게 줄어
들 것으로 예상되는 산업일수록 근래 외국인력 집중도가 낮다는 사

그림 8-7. 2013~2018년 산업별 외국인력 집중도와
2018~2038년 50세 이상 취업자 비율 변화 추정치

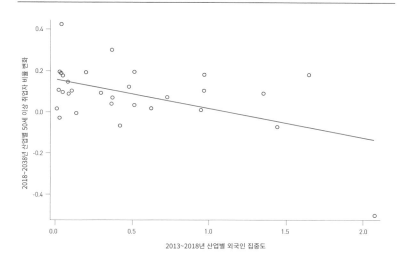

* 출처: 이철희·김혜진(2020)

실을 알려준다. 회귀분석을 수행하여 산업별 특성(외국인 상대임금, 상대적 고용변화율, 전체 평균임금 등)을 통제하는 경우, 두 변수 사이 양(+)의 관계가 더 강하게 나타난다. 그림 8-7의 그림이 보여주는 결과에 따르면, 청년의 경우와 반대로 장래에 50세 이상 취업자 비율이 상대적으로 빠르게 증가할 것으로 예상되는 산업일수록 현재 외국인력 집중도는 낮은 것으로 나타난다.

이상의 분석 결과는 현재와 같은 구조로 외국인 노동자들이 각 산업에 진입하는 경우, 인구변화가 일으킬 것으로 예상되는 산업 간 노동 수급 불균형 문제를 해결하기 어려움을 시사한다. 앞으로

더 많은 외국인력이 필요한 산업은 젊은 인력이 빠르게 감소하고 고령 취업자가 늘어나는 산업이다. 그런데 현재는 장차 청년 취업자가 상대적으로 빠르게 증가하고 고령 취업자가 상대적으로 느리게 증가하는 산업에 외국인 노동이 집중되는 경향이 관찰된다. 앞서 소개한 필자와 정선영 박사의 연구는 장기적으로 성장하는 부문에서는 외국인력 유입이 제한적이라는 결과를 얻은 바 있다. 이 역시 현재와 같은 외국인력 유입이 향후 성장잠재력이 높은 부문이 필요로 하는 인력을 탄력적으로 공급하기는 어렵다는 사실을 알려준다.

이처럼 현재와 같은 외국인력 도입 시스템은 과거와 현재의 노동 수급 불균형 문제를 완화하는 데는 효과적이었지만, 인구변화가 초래할 장래의 노동 수급 불균형 문제 대응에는 적절하지 않은 것으로 평가된다. 따라서 인구변화의 충격에 효과적으로 대응하기 위해서는 변화하는 노동시장의 여건과 수요에 부합하는 새로운 외국인력 도입 시스템을 갖출 필요가 있다. 이를 위해 무엇이 필요할까?

외국인 노동자를 효율적으로 도입하고 내국인 노동자를 최대한 보호하려면

미국의 저명한 이민경제학자 조지 J. 보하스(George J. Borjas) 교수는 어떤 숙련을 갖춘 외국인력을 몇 명 받아들일지 결정하는 일이 이민정책의 핵심과제라고 했다. 그는 2000년대를 앞두고 미국민의 이익을 고려할 때, 당시 미국에 유입되는 이민자 수를 줄이되 이들의 숙련수준은 높여야 한다는 주장을 제기했다.[4] 한국의 외국인 정책에서도 체류 자격을 어떻게 정할지, 부문별로 외국인력을 몇 명이나 받아들일지를 합리적으로 결정하는 것이 가장 중요한 과제이다.

그렇다면 누구를 몇 명이나 받아들일지 어떻게 결정해야 바람직할까? 기본적으로 다음 두 가지 기본 원칙 사이에서 적절한 균형을 이루려는 노력이 필요하다. 첫째는 국내 산업과 기업이 필요로 하는 외국인력을 효율적으로, 충분히 공급해야 한다는 원칙이다. 필요한 부문에 적절한 노동력이 탄력적으로 공급되어야 기업이 잘 돌아가고 경제가 성장할 수 있다. 둘째는 외국인력 유입이 내국인 노동자에 미칠 수 있는 부정적 영향을 최소화해야 한다는 원칙이다. 충분한 노동력 확보가 중요하더라도 일부 내국인 노동자가 과도한 희생을 치르는 결과는 최대한 피하는 편이 좋다.

이 두 원칙은 얼핏 상충하는 것처럼 보인다. 이민과 관련된 각국의 정치적·정책적 논쟁도 이 두 원칙 간의 충돌에 기인하는 경우가 많다. 이제는 한국도 이러한 논쟁에서 더 이상 자유롭지 못한 듯하다. 일각에서는 가파른 인구변동과 급격한 산업·기술의 변화가 우리 노동시장에 심각한 수급 불균형을 초래할 것이고, 이를 완화하기 위해서는 외국인 노동자 도입을 적극적으로 늘려야 한다는 주장이 제기되고 있다. 다른 한편 이민자 유입이 늘어나면 내국인 노동자가 일자리를 빼앗기고 임금이 떨어질 것이라고 우려하는 사람도 적지 않다.

이민정책을 둘러싼 정치적·사회적 갈등의 역사를 살펴보아도 이 두 원칙의 충돌이 자리하고 있다. 20세기 초 대량 이민이 정점에 도달했을 때, 여러 신대륙 국가에서는 반이민 정서가 높아졌고 이는 이민 규제를 주장하는 정치적 운동으로 발전하기도 했다. 이러한 반이민 운동의 배경은 이질적인 민족과 문화에 대한 심리적인 거부 감과 함께 이민자가 내국인의 일자리를 빼앗고 있다는 현실적인 위기의식이었다. 이 시대 데이터를 이용한 실증적 연구는 실제로 이민자 유입이 내국인의 고용과 임금을 감소시켰음을 보여준다.[5] 오늘날에도 외국인에 대한 태도와 이민정책 방향은 대다수 이민 수용국에서 가장 중요한 정치적 쟁점 가운데 하나이다.

그렇다면 어떤 목표에 주안점을 두고 외국인 정책을 수립해야 할까? 부족한 노동력 충원과 내국인 보호라는 두 원칙은 서로 배타적일까? 내국인 노동자에게 미칠 수 있는 피해를 최소화하면서 한국 노동시장의 필요를 충족시킬 수 있는 합리적인 외국인 노동자 도입 방안을 찾을 수는 없을까?

이 질문에 답하기 위한 중요한 출발점은 국내 노동 수급 여건과 이민자 유입이 내국인에 미치는 영향이 부문(산업, 직종)과 유형(학력·숙련 수준)에 따라 다르다는 사실을 인지하고 정책에 반영하는 것이다. 총량적인 인력 수급을 맞추는 데 그치지 않고 최대한 세밀하게 부문 및 유형에 따른 국내 노동시장 수요와 외국인력 공급을 맞춘다면, 산업과 기업의 필요를 충족하면서 내국인에 대한 부정적 영향을 줄일 수 있다.

조금 더 자세히 들여다보자. 4장과 5장에서 살펴본 바와 같이 인구변화로 인한 노동력 부족은 노동시장 전체가 아닌 특정 부문, 특정 유형의 인력 부족으로 나타날 것이다. 많은 외국인력이 유입되더라도 이들의 업종이나 숙련수준이 한국 노동시장의 수요와 맞지 않을 경우, 정작 일손이 부족한 기업에는 도움을 주지 못하고 내국인 일자리만 잠식하는 결과를 불러일으킬 수 있다. 반면 내국인 노동자의 공급이 부족한 부문 혹은 지역을 정확하게 식별하여 이에 맞게 외국인 노동자 유입을 늘리고, 내국인과의 대체·경합 관계가 없거나 상호 보완 관계가 강한 외국인 노동자를 선별적으로 도입한다면, 노동 수급 불균형을 해소하면서도 내국인에 대한 부정적 영향을 줄일 수 있을 것이다.

이처럼 노동시장의 필요와 내국인 보호 사이에 적절한 균형을 맞출 수 있는 외국인력 정책을 수립하려면 언제, 어느 부문에, 어떤 유형의 인력이 얼마나 부족할지 정확하게 전망할 수 있어야 한다. 현재의 노동 수급 여건을 정확하게 파악하고 장래의 세부적인 부문·유형별 노동 수급 불균형 규모를 정밀하게 예측하는 시스템을 만드는 것이 중요하다는 말이다. 이민자 의존도가 높은 선진국들은 오래전부터 최근 노동시장 여건에 대한 정량적 분석을 수행하고, 각 부문 및 숙련수준에 대한 중장기적 노동 수급 변화를 수량적으로 전망하여 그 결과를 외국인력 정책에 활용하고 있다.

예컨대 영국은 최근 임금, 노동시간, 고용, 빈 일자리 등의 지표를 분석하여 노동력 부족 직종을 선별하고 이 목록에 포함된 일자리에 대해서는 외국인력 도입에 각종 혜택을 준다. 유럽연합, 캐나다, 호주 등은 거시경제모형을 도입하여 산업과 직업별로 향후 5~10년의 노동 수요와 공급 변화를 전망한 결과를 현재의 노동 수급 조사 결과와 결합하여 외국인력 정책에 활용한다. 대만은 분야별로 취업 기회, 노동조건, 국민경제 발전, 사회 안정 등 네 방면의 '외국인 노동자 고용 경계 지표'들을 작성하여 외국인 도입 규모 결정에 활용한다.

한국은 다른 이민 수용 국가들에 비해 중장기 노동 수급 전망이 더욱 필요하고 그 유용성이 높다고 할 수 있다. 첫째, 빠른 인구 및 산업·기술 변화로 노동시장 수급 사정이 급격하게 바뀌고 있다. 4장의 결과는 인구 및 산업·기술 변화 때문에 몇 년 내에 사회복지서비스업을 비롯한 일부 부문에서 노동력이 대규모로 부족해지리라는 전망을 제공한다. 1년 혹은 2년 전 노동 수급 지표에 기반한 정책만으로는 이 같은 급격한 구조적 변화에 대응하기 어렵다. 둘째, 한국은 고급인력을 포함한 일부 유형의 외국인력 유치 측면에서 다른 선진국에 비해 경쟁력이 뒤지는 편이다. 따라서 장래의 수급 불균형을 미리 파악하여 선제적으로 외국인력을 유치하는 정책이 필요할 수 있다.

각 업종의 외국인 노동자 도입 규모를 합리적으로 결정하기 위해서는 장래 노동 수급에 대한 수량적 전망 결과를 다양한 정성적 조사 결과에 기반하여 보완해야 한다. 우선 고용주 및 관련 분야 전문가들에 대한 체계적인 의견 조사를 통해 수량적 분석이 간과할 수 있는 산업현장의 사정을 외국인력 정책에 반영할 필요가 있다. 영국의 경우, 노동력 부족 목록 검토 과정에서 정량적 분석 결과를 공개하고 고용주들이 이 결과에 대한 의견을 내는 절차를 두고 있다.

지금까지 살펴본 정확하고 세밀한 노동 수급 파악과 전망에 기초하여 외국인력 도입 규모를 결정하면 외국인력 유입이 내국인 노동에 미칠 수 있는 부정적 영향을 최소화할 수 있다. 외국인의 유입이 내국인과의 경쟁 혹은 경합이 적은 일자리에 집중될 것이기 때문이다. 여기에서 한 걸음 더 나아가 장차 노동력 부족이 예상되는 일자리라 하더라도 이것을 외국인력으로 채우는 방안이 적절한지 면밀하게 검토하는 과정도 요구된다. 즉 일자리의 성격과 노동시장 여건을 잘 살펴서 외국인 노동자 도입 확대와 내국인 진입 장려 중 무엇이 장기적으로 더 나은지 판단할 필요가 있다. 어떤 직종은 외국인력이 도입되는 바람에 국내의 장기적 인력 양성 유인이 사라지는 문제가 발생할 수 있다. 2016년 영국에서 간호사 직종이 노동력 부족 목록에 포함되고 외국인력 유입으로 노동력 부족이 해소되자 정부의 장기적 간호사 양성 계획이 무산된 일이 대표적 사례이다.

실증적 데이터 분석에 기초하여 외국인력 유입이 내국인 고용에 미치는 부정적 영향이 큰 산업이나 직종을 식별한 다음 이 부문에 대해서는 더 보수적으로 외국인력 도입 규모를 결정하는 방안도 고려할 수 있겠다. 필자가 수행한 공동연구에서 이화여대 이종관 교수는 시군구별 데이터를 이용하여 산업·직종별로 외국인력 유입이 내국인 고용에 미친 효과를 분석하였다. 결과는 대다수 산업과 직종에서 외국인 유입의 부정적 영향이 없었음을 보여준다. 그러나 종사상 지위로는 임시 일용직 노동자, 직종으로는 비수도권의 단순 노무 종사자, 산업으로는 전문직별 공사업 종사자의 고용이 외국인력 유입으로 유의미하게 감소한 것으로 나타났다.[6] 이러한 부문에 외국인력을 도입하는 결정은 다른 부문에 비해 최대한 신중하게 이루어질 필요가 있다.

이민에 대한 국민의 생각이 어떤지는 확실하지 않지만, 가파른 인구변화가 초래할 노동 수급 불균형에 대응하기 위해 외국인 노동자 도입 확대는 피하기 어려운 시대적 과제가 된 듯하다. 동시에 내국인 노동자를 보호해야 한다는 당위성 역시 저버리기 어렵다. 효율적 제도 구축과 과학적 근거 확보에 기반하여 합리적인 외국인력 도입 정책을 시행하는 것이 그 둘 사이의 적절한 균형을 찾는 길이다.

외국인 정책을 개선하기 위한
일곱 가지 제안

인구변화로 급격하게 변화할 국내 노동시장 수요에 잘 부합하는 외국인력을 효과적으로 유치하려면 어떤 제도적 변화가 필요할까? 이미 앞에서 외국인력에 대한 수요를 조사하고 전망하는 작업을 더 정교하게 개선해야 할 필요성을 강조하였다. 이외에도 외국인 정책의 효율성을 높이기 위해서는 다양한 제도 개선이 필요하다. 여기에서는 몇 가지 중요한 내용만 간략하게 설명하기로 한다.

첫째, 숙련 유형 및 수준에 따라 명확하게 구분된 비자체계가 필요하다. 앞으로는 과거에 들어오던 외국인보다 숙련도가 높은 다양한 분야의 외국인 전문인력이 필요해지고, 중간 이상의 숙련을 갖춘 비전문인력에 대한 수요가 높아질 것이다. 그런데 지나치게 포괄적인 비자체계하에서는 국내 노동시장의 필요에 잘 부합되는 특정한 인적자본을 가진 외국인력을 도입하기 어려워질 수 있다.

이러한 사정을 개선하려면 현재의 체류 자격을 더 세분화하고 해당 유형 외국인의 전문성과 국제 노동시장에서의 수급 상황을 반영하여 체류 조건을 결정해야 할 것이다. 특히 현재 전문인력과 비전문인력으로 이분화된 체류 자격에 중간 수준의 숙련을 갖춘 외국인을 대상으로 하는 체류 자격을 신설할 필요가 있다. 꼭 필요하지만 유치하기 어려운 유형의 외국인력에 대해서는 가족 동반과 취업, 체류 기간 연장, 영주권 문호 개방 같은 더 나은 조건을 제공해야 한다.

둘째, 국내 기업이 필요로 하는 숙련을 보유한 외국인력을 국외에서부터 식별하고 채용할 수 있는 시스템을 만들 필요가 있다. 현재의 주된 외국인력 채용은 비교적 동질적인 비전문 외국인력을 국내에 도입한 후 이들을 필요로 하는 사업체에 배분하는 방식이다. 이는 앞으로 수요가 늘 것으로 예상되는 고숙련 외국인력을 채용하는데는 적합하지 않은 방식이다. 고급인력의 경우 기업이 필요로 하는특정한 인적자본을 갖춘 인력을 찾는 것이 중요하기 때문이다.

세계적인 대기업에서는 국외 지사를 포함한 다양한 네트워크를통해 자사가 필요로 하는 고급인력을 찾아 채용하는 일이 어느 정도 가능하다. 그러나 장차 구인난을 겪을 가능성이 큰 중소기업과대부분의 중견기업은 그런 역량을 가지고 있지 못하다. 이러한 필요를 충족하기 위해서는 정부 주도로 국내 기업의 수요를 파악하고이를 반영한 외국인력 구인과 채용을 대행하는 시스템을 구축해야한다.

셋째, 고용허가제를 통해 국내에 들어오는 비전문 외국인력이 가장 높은 생산성을 발휘할 수 있는 부문 혹은 사업체로 배분될 수 있도록 제도를 개선할 필요가 있다. 현재 제도하에서는 생산성이 낮고 어느 정도 한계가 보이는 사업체가 외국인력에 대한 수요를 과다하게 표출하고, 이를 반영하여 외국인력이 배분되는 경향이 있다.이러한 제도가 단기적으로는 퇴출 위기에 있는 기업의 생존에 도움이 되지만, 장기적으로는 외국인력의 합리적 배분을 저해하고 산업구조의 고도화를 지연하여 산업 경쟁력을 떨어뜨리는 요인으로 작용할 수 있다.

이와 같은 사정을 개선하기 위해서는 우선 부문 및 사업체별 노동력 부족 규모를 객관적·합리적 방법으로 산정하고, 생산성이 높은 사업체가 더 많은 외국인력을 배정받을 수 있도록 배정 점수제를 개선해야 한다. 내국인을 추가로 고용한 기업, 해당 업종 내 내국인 노동자 직장 유지율이 높은 기업, 기술혁신을 통해 산업구조를 고도화한 기업 등에 외국인력 배정을 늘리는 방안 등을 고려할 수 있다. 장기적으로는 싱가포르 같은 국가의 사례처럼 외국인 고용부담금을 부과하여 외국인력 사용에 대한 수요가 가격에 반영되도록 하는 방안을 검토할 필요가 있다. 산업 경쟁력을 개선하는 방향의 외국인 정책 전환의 필요성과 이로 말미암아 퇴출 위기에 직면할 사업체들의 현실을 고려한 속도 조절의 필요성 사이에 적절한 균형을 맞추는 노력도 요구된다.

넷째, 외국인 비전문인력의 고용주 변경 제약을 완화할 필요가 있다. 현재 제도하에서는 특별한 사유가 없는 한 외국인력이 첫 계약기간 내내 지정된 고용주와 일해야 하고 이후의 계약 연장도 고용주가 요청해야 가능하다. 이러한 외국인력 이동성 제약은 노동환경 개선을 저해하고, 사업체의 경쟁력을 떨어뜨리며, 외국인에 대한 인권침해 발생 가능성을 높이는 요인으로 지적된다. 반면 고용주 변경 제한을 푸는 경우 영세사업장의 외국인력 수급이 차질을 빚을 것이라는 주장도 있다.

이 문제와 관련된 가장 적극적인 방안은 한시적으로 외국인 고용허가가 있는 사업장의 경우 외국인력이 자유롭게 고용주를 변경할 수 있도록 허용한 뒤 문제가 발생하면 다시 규제를 가하자는 것이다. 이는 영세사업체의 어려움과 반발을 가져올 수 있다. 좀 더 현실적인 방안은 먼저 고용주 변경 사유를 완화하고 다음으로 1년 이상 체류자에게 자유로운 이동을 허용하는 점진적 제도 개편이다. 일부 기업에는 어려움이 있을 수 있지만 외국인력의 이동성을 높이는 제도 변화는 국내 노동시장의 효율성을 높이고 외국인에 대한 한국 노동시장의 평판을 높여 향후 우수한 외국인력을 유치하는 데도 도움이 될 것이다.

다섯째, 국내에 들어오는 외국인 유학생을 더 적극적이고 효과적으로 활용할 필요가 있다. 현재 다른 국가에 거주하면서 일하는 교민 가운데는 유학을 마치고 그 나라에 정착한 사람이 적지 않다. 유학생은 젊고 학력이 높고 교육과정 중에 해당 국가의 언어, 사회, 문화에 익숙해질 수 있으므로, 우수한 외국인력이 될 수 있는 잠재력을 지닌다. 그러므로 많은 나라들은 우수한 유학생을 유치하고 이 가운데 우수한 졸업생을 자국 인재로 활용하고자 노력한다.

한국의 경우, 아직 유학생 출신 외국인력의 활용도가 낮은 것으로 파악된다. 유학 후 한국에 취업하는 외국인이 많지 않고, 유학생 출신 외국인의 역량이 다른 외국인력에 미치지 못하는 것으로 나타난다.[7] 대학의 사정을 반영하여 인문, 사회 및 예체능 계열 학과에 외국인 유학생이 집중되는 현실은 이들의 국내 노동시장 활용도를 떨어뜨리는 요인 가운데 하나이다. 유학생 전체를 동질 집단으로 간주하여 체류 자격을 부여하는 제도는 우수한 외국인력을 더 많이 남기 어렵게 만든다. 앞으로는 국내 노동시장 수요와 잘 맞는 외국인 유학생을 유치하고 졸업생 가운데 우수 인력을 대상으로 취업 문호를 확대하는 방향이 바람직하다.

여섯째, 국내에 유입된 외국인력이 국내에서 생산 역량을 최대한 발휘할 수 있는 제도와 환경을 조성할 필요가 있다. 한국에 들어온 외국인력은 처음에는 같은 나이, 학력, 일자리를 가진 내국인보

그림 8-8. 체류 기간에 따른 내국인 대비 외국인 임금 변화

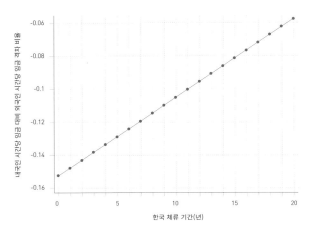

* 출처: Kim and Lee(2023)

다 일반적으로 생산성이 낮지만 점차 국내 노동시장에 동화되면서 내국인의 생산성에 근접해가는 경향을 나타낸다. 그림 8-8은 외국 인력이 입국한 후 같은 특성의 내국인과 비교한 상대임금이 시간이 지나면서 어떻게 변화하는지 보여준다.[8] 외국인은 처음에는 내국인 보다 임금이 15% 정도 낮지만 체류 기간이 1년 증가할 때마다 임금 격차가 0.44%씩 감소하는 것으로 나타났다.

이러한 결과는 국내 노동시장에 잘 동화된 외국인력을 조기에 내 보내는 제도가 인적자원 활용 측면에서는 비효율적일 수 있음을 암 시한다. 따라서 적어도 우수 인력으로 확인된 외국인에 대해서는 본인과 고용주가 희망할 경우 체류 기간을 연장하는 정책이 바람직 하다고 판단된다. 아울러 외국인을 대상으로 한 교육과 훈련은 국내 노동시장 동화를 촉진함으로써 외국인력이 국내에 머무는 동안 생산 역량을 최대한 발휘하도록 도울 수 있다. 필자와 부경대 김혜진 교수의 연구는 정부가 지원하는 외국인 대상 교육 프로그램 이수가 취업비자로 들어온 외국인의 임금을 높이는 효과가 있었음을 보여준다.[9]

마지막으로 우수하고 숙련수준이 높은 외국인력이 한국에 더 오래 머물며 일할 수 있는 제도와 환경을 조성할 필요가 있다. 우수한 외국인력을 유치하고 이들의 생산성을 높이는 정책이 성공하더라도 이들이 한국을 일찍 떠나는 분위기에서는 그 의미가 반감될 수밖에 없다. 필자와 김혜진 교수는 이민자 체류 실태 및 고용조사 원자료를 법무부 출입국 기록과 연결하여 체류 기간이 지나면서 외국인력이 국내 노동시장을 떠나는 위험률(혹은 남아 있는 확률)이 고임금 및 저임금 외국인 간에 어떻게 다른지 분석한 바 있다. 그림 8-9에 제시된 체류 자격별 국내 노동시장 생존 확률 함수는 저임금 외국인보다 고임금 외국인이 국내 노동시장을 더 일찍 떠나는 경향이 있음을 보여준다. 그리고 이러한 경향은 전문인력, 유학생, 기타 체류 자격 등 숙련수준이 비교적 높은 외국인에게 강하게 나타났다.

이 결과는 한국이 우수한 국외 인재에게 상대적으로 인기가 없는 현실을 보여준다. 필자가 공동연구자로 참여한 외국인 전문인력 실태조사에 따르면, 국내에 머무는 고숙련 외국인력은 일자리 자체는 좋아하지만 일상생활에 상당한 어려움을 겪고 있다고 파악된다. 특히 배우자의 취업이나 자녀 교육에 대한 정책적 지원이 없어서 가족과 체류하며 사회생활을 하기가 어렵다는 불만이 컸다.[10] 앞으로 국내 노동시장이 필요로 하는 고급인력을 국외에서 유치하려면 이

그림 8-9. 체류 자격별 고임금 및 저임금 외국인력의 국내 노동시장 생존 함수

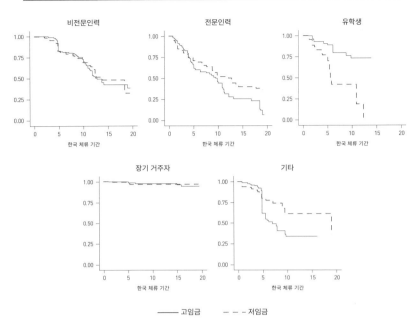

* 출처: Kim and Lee(2023)

들뿐만 아니라 그 가족의 생활을 지원할 수 있는 제도적 방안을 마련해야 할 것이다.

이민 확대는 인구문제의 만병통치약이 아니다

이민 확대의 필요성과 중요성을 강조하는 사람들이 주장하는 대로, 가까운 장래에 충분한 수의 외국인력을 받아들여서 인구변화로 발생하는 노동력 부족을 해소하게 되었다고 가정해보자. 한국은 과연 현재처럼 일정 기간 국내에서 일하고 다시 자국으로 돌아가는 외국 인력에 장기적으로 의존할 수 있을까? 그렇지 않을 수 있다. 지난 코로나19 대유행의 경험은 국가 간 인구이동이 단절되면 외국인 노동자의 유입이 중단될 수 있음을 일깨워주었다. 코로나19 확산 이후 한국의 신규 입국 외국인 노동자 수는 이전의 약 7분의 1로 줄었고 한국의 농촌과 산업 현장은 심각한 인력난을 겪어야 했다.

전염병이나 전쟁 같은 충격으로 일시적으로 국제 노동이동이 단절되는 사태 말고도 외국인력의 안정적인 유입을 위협하는 구조적 요인들이 존재한다. 한 가지는 국내의 정치적 상황 때문에 이민자 유입을 규제하는 것이다. 다수의 신대륙 국가에서는 20세기 초, 반이민 정서 확산에 따른 정치적 압력으로 이민에 대한 규제가 도입되고 강화되었다. 과거 사례만 있는 것은 아니다. 근래 이탈리아, 핀란드, 스위스, 네덜란드, 프랑스 등에서 극우 정당이 약진하는 배경에는 이민자에 대한 반감 확산이 자리하고 있다. 도널드 트럼프 전 대통령을 다시 2024년 미국 대선후보로 떠오르게 만든 원동력의 하나는 이민자에게 밀려나고 있다는 불만과 위기의식을 품은 백인 노동자들의 지지라는 지적도 있다.

한국은 아직 외국인 수가 비교적 적어서 외국인 정책이 핵심 정치 쟁점이 되고 있지는 않다. 그러나 외국인에 대한 태도를 둘러싼 사회적·문화적 충돌이 종종 언론 머리기사를 장식하곤 한다. 아프리카의 한 국가 난민 수용에 대한 찬반 갈등, 이슬람 사원 건설을 둘러싼 지역 주민과 시민 단체 간 충돌 사례가 대표적이다. 아직은 내국인이 꺼리는 직종의 일손을 채워주는 외국인을 긍정적으로 보는 인식이 우세하지만, 다양한 부문에 다수의 외국인이 유입되어 자신의 일자리를 위협할 수 있다는 인식이 커지면 다른 국가 사례처럼 외국인 문제가 중요한 정치 이슈로 등장할 수 있다.

더 중요한 장기적인 위험은 국제 노동시장의 구조적 변화이다. 즉 시간이 지나면서 한국이 외국인력을 유치하기 점점 더 어려워질 가능성이 있다. 현재까지의 외국인 정책은 한국이 문호를 개방하면 외국인력이 탄력적으로 공급될 것임을 암묵적으로 가정하고 있다. 인구변화로 인한 노동력 부족을 외국인으로 채워야 한다는 주장 역시 과거에 그래왔듯이 앞으로도 줄곧 한국에 오려는 외국인이 충분히 많을 것임을 전제로 한다. 하지만 몇 가지 사정을 고려할 때 이러한 가정이 현실과 크게 어긋날 가능성이 있다.

첫째, 한국과 주된 이민 송출국을 공유하는 나라들이 적극적으로 외국인을 유치하려는 정책적 노력을 강화하면서 외국인력 확보를 둘러싼 국가 간 경쟁이 강화되고 있다. 인구변화로 노동력이 부족해지는 국가는 한국만이 아니다. 특히 일본, 중국, 홍콩, 대만, 싱가포르 같은 아시아 국가들은 가파르게 진행되는 인구 고령화의 충격에 대응하기 위해 우수한 외국인력을 자국으로 끌어들이려 적극적으로 애쓰고 있다. 더욱이 이들 국가로 들어오는 외국인력의 송출국 가운데 상당수는 한국에 인력을 송출하는 국가와 겹친다.

대표적으로 일본은 2012년 고숙련 외국인력 유치를 위한 점수제를 도입하였고 근래에는 중간 수준의 숙련 외국인을 대상으로 한 체류 자격을 신설하였다. 또한 베트남, 네팔, 미얀마, 방글라데시, 파키스탄, 우즈베키스탄 등 한국에 대한 주요 인력 송출국을 포함하는 12개국과 협정을 체결하여 비전문 외국인력 도입에도 박차를 가하고 있다. 우수 외국인력을 유치하기 위해 외국인 체류 조건을 개선하고 영주권 문호도 열어둔 상황이다. 이러한 노력에 힘입어 2010년부터 코로나19 대유행이 발생하기 직전인 2019년까지 일본의 전체 외국인력 입국자 수는 약 3.5배, 외국인 전문인력 입국자 수는 두 배 이상 늘어났다.[11] 이처럼 국제 경쟁이 심화되면 한국은 원하는 유형과 규모의 외국인력을 도입하기 어려워질 수 있다.

둘째, 한국에 인력을 보내고 있는 국가들이 경제발전을 경험하면서 장기적으로 인력 송출국에서 인력 수입국으로 전환할 가능성이 있다. 한 국가의 이민사를 살펴보면 대체로 초기에는 외국으로 이주하는 국민의 비율(이민율)이 낮다. 이민 유입국에 비해 자국 임금이 낮아서 이주의 경제적 유인이 크지만, 정보가 제한되고 이주 비용을 마련할 능력이 부족하여 실제로 이민을 떠나기 어렵기 때문이다. 소득 증가로 이러한 장애가 극복되면서 더 높은 소득을 얻기 위한 대량 이민이 시작된다. 그러나 자국 경제가 발전하여 이민 수용국과의 임금격차가 감소하면 타국에서 일할 유인이 줄고 이에 따라 이민율이 떨어진다. 경제가 더 성숙해지면서 인력 부족이 발생하면 과거 이민 송출국이었던 국가들이 이민 유입국으로 전환되기도 한다.[12]

과거 신대륙을 향한 대량 이민의 송출국이었던 대다수 유럽 국가들은 20세기에 이러한 과정을 거쳐서 오늘날 이민 유입국이 되었다. 한국이나 일본 같은 아시아 국가들은 20세기 말과 21세기를 거치면서 이러한 전환을 경험하였다. 지금 한국에 많은 인력을 보내고 있는 베트남 같은 국가 역시 가까운 장래에 이러한 전환기를 맞이할 가능성이 크다. 일반적으로 송출국 임금이 유입국 임금의 약 절반 수준까지 높아지면 이민의 유인이 급격하게 떨어지는 것으로 알려져 있다. 최근 필자가 인터뷰한 베트남 호찌민시 주재 한국 노무관에 따르면 베트남의 평균임금은 10년 후 한국 평균임금의 절반에 이를 것으로 전망된다. 10년 후 베트남의 인력 송출이 실제로 급격하게 감소할지는 두고 볼 일이지만, 긴 이민사를 조망하건대 빠르게 성장하는 후발국들의 이민 송출 유인이 점점 줄어든다는 사실은 분명해 보인다.

셋째, 한국에 인력을 송출하는 국가들의 인구변화는 이 국가들이 인력 송출국에서 인력 수입국으로 전환하는 시기를 앞당길 것이다. 한국, 일본, 중국, 홍콩, 대만, 싱가포르 같은 동아시아 국가들의 경험을 따라 아시아의 일부 인력 송출국은 빠른 출산율 저하 현상을 경험하고 있다. 예컨대 베트남의 합계출산율도 최근 2.0 아래로 떨어졌다. 이에 따라 이 국가들도 가까운 장래에 빠른 인구 고령화와 이로 인한 노동력 부족 문제에 직면할 가능성이 있다. 그렇게 되면 현재의 인력 송출국이 미래의 인력 수입국으로 바뀌어 자국보다 소득수준이 낮은 인근 국가의 인력을 데려오려 할 것이다. 그 결과, 한국 같은 국가는 현재의 외국인력 원천이 사라짐과 동시에 이 국가를 대체할 잠재적 국가의 인력 송출 능력 감소에 직면할 가능성이 있다. 한국의 경제성장이 둔화하여 상대적 임금 우위가 감소하면 외국인력을 확보하기가 더욱 어려워질 것이다.

이처럼 외국인력은 마음만 먹으면 한국이 언제든지 필요한 만큼 도입할 수 있는 한정 없는 자원이 아니다. 한국이 필요로 하는 숙련 수준과 한국 사회와 잘 맞는 문화적 배경까지 고려한다면, 지금 우리 노동시장에서 제 역할을 하며 산업과 경제의 유지에 공헌하는 외국인력은 장기적으로 볼 때 희소한 자원이라고 할 수 있다. 따라서 외국인력의 공급이 장기적으로도 계속 탄력적이라는 전제하에 인구 변화에 대응하는 외국인 정책을 수립하는 것은 타당하지 않고 심지어 위험할 수 있다. 그렇다면 이 문제에 어떻게 접근해야 하는가?

첫째, 한국을 외국인이 선호하는 국가로 만들 필요가 있다. 앞서 지적했듯이 경쟁국의 대두와 송출국의 경제성장으로 말미암아 임금 우위만으로 외국인력을 끌어들이는 정책은 오래 지속되기 어려울 것이다. 향후 한국의 노동 규제가 강화되어 장시간 근로가 어려워지면 이웃 국가와 비교한 임금의 우위가 낮아질 가능성도 있다. 그러므로 임금 이외의 조건들을 매력적으로 바꾸는 노력이 필요하다. 다시 말해 한국과 일본이 비슷한 임금을 지급할 때, 굳이 한국을 택할 이유를 제공해야 한다.

우선 인류의 보편적 가치와 국제사회 기준에 부합하는 수준으로 외국인 권익과 인권을 보호하는 것을 외국인 정책의 기본적인 제약 조건으로 설정해야 한다. 이는 도덕적 책무일 뿐만 아니라 국가의 위신을 지키고 장기적으로 우수 외국인력을 유치할 수 있는 기반이기도 하다. 적어도 이 조건을 충족하는 범위 내에서 최대한 국내 산업의 경쟁력을 높이고 내국인 노동자를 보호하는 정책을 추진하는 방향이 바람직할 것이다. 더 나아가 경쟁국 사례처럼 외국인의 사정과 필요에 따라 체류 기간과 조건을 유연하게 조정할 수 있고, 한국이 필요로 하는 외국인에게는 영주권 문호를 확대하는 정책도 필요하다. 무엇보다 외국인이 인종, 문화, 언어가 다르다는 이유로 차별받지 않는 포용적 사회로 최대한 빠르게 전환해야 한다.

둘째, 외국인력 도입을 인구문제 해소의 만병통치약처럼 생각하는 태도는 버리는 편이 좋다. 외국인력 도입을 적절히 확대하면 인구변화가 한국 사회에 가져올 여러 충격을 완화하는 데 분명 큰 도움이 될 것이다. 그렇지만 현실적으로 인구변화가 초래할 한국 사회 문제들을 외국인력 도입으로 모두 해결하기는 어렵다. 더욱이 바로 앞에서 강조했듯이 외국인력 유입이 지속 가능한 인구문제 해결책이 될 수 있을지도 불확실하다.

단기적으로 볼 때, 여러 분야에서 발생하는 인력 부족을 '값싼 외국인력' 도입으로 해소하는 방안은 매력적일 수 있다. 최근 일각에서 제기되는 것처럼, 임금이 상대적으로 낮은 서비스 업종에 차등적인 최저임금을 적용하여 외국인력을 대거 도입함으로써 이 부문의 인력 부족을 해소하자는 주장은 비용을 줄이고자 하는 이용자와 재정지출을 줄이고자 하는 정부의 이해에 부합하는 정책이다. 그러나 이는 장기적으로 볼 때 상당한 위험이 따르는 방안이다. 인력이 부족해지는 부문에서 외국인력 도입으로 저임금을 유지하려는 전략은 내국인 노동 공급 기반을 무너뜨리고 중장기적으로 외국인력 유입을 감소시키는 요인으로 작용할 수 있다. 이미 설명했듯이 장래에 외국인력 도입이 중단된다면 해당 부문에서는 해결하기 어려운 인력 대란이 발생할 것이다.

대학 학부 경제 원론에서 배우는 대표적 교훈은 세상에 공짜가 없다는 것이다. 인구변화가 노동시장에 일으킬 충격은 결국 다수 국민의 삶을 더 팍팍하게 만들 것이다. 구인난에 직면한 기업은 더 높은 임금을 지급해야 할 것이고, 공공서비스 가격이 높아지면서 정부의 재정 부담과 개인의 조세 부담이 커질 것이다. 인구 대응 정책의 목표는 이러한 어려움을 최대한 완화하는 것이다. 외국인 정책의 목표도 마찬가지이다. 그러나 모든 고통을 깨끗하게 없애면서 부작용도 없는 마법의 약은 없다. 외국인 정책을 포함한 인구변화 대응 정책을 수립할 때, 지금 당장 쉬운 길을 선택하기보다는 아주 먼 훗날까지 지속할 수 있는 미래 지향적인 사회를 만들어가기 위해 현재의 고통과 비용을 감내하는 길을 선택하는 편이 더 현명할 것이다.

9장

아직 정해지지 않은
인구변화의
미래를 위해

대만 북부 해안에 자리한 예류지질공원에는 1,000만 년의 침식과 풍화 작용으로 형성된 기암괴석들이 긴 해변을 따라 늘어서 있다. 가느다란 하단 위에 커다란 상단이 위태롭게 놓인 것처럼 보이는 기묘한 형상의 암석들은 거대한 버섯 혹은 외계인 ET의 얼굴을 연상시킨다. 이곳의 가장 유명한 바위는 고대이집트 여왕의 옆모습을 닮아 '여왕 머리 바위'로 불린다. 왜 이런 자연물이 생겨났을까? 원인 중 하나는 같은 덩어리의 돌 속에 무른 재질과 단단한 재질의 암석이 섞여 있어 다른 정도의 침식이 발생했기 때문이다. 똑같은 바람과 파도를 맞더라도 단단한 돌은 덜 침식되어 오랜 세월이 지난 후에도 사라지지 않는다.

1970년대부터 세계의 여러 국가는 임금과 소득불평등도 증가를 경험하였다. 연구자들은 이러한 소득분배 악화 현상의 주된 원인을 기술변화와 세계화에서 찾았다.[1] 그런데 기술변화의 성격과 세계화의 충격이 세계적으로 유사했음에도 불평등의 확대 정도는 나라마다 달랐다. 미국, 영국, 호주 등 영미권 국가에서 빈부 격차가 심해진 반면 독일, 스웨덴, 일본 같은 나라의 불평등도는 상대적으로 덜 높아졌다.[2] 이 사례는 기술변화나 세계화처럼 개별 국가가 거스르기 어려운 거대한 변화의 파도가 몰려오더라도 각 나라의 사회·문화적 규범, 체제, 제도, 정책의 특성에 따라 그 결과가 다를 수 있음을 시사한다.[3]

인구변화의 결과도 그 사회의 성격과 대응에 따라 다를 수 있다. 14세기 흑사병은 유럽 전역을 휩쓸며 3분의 1에 달하는 인구를 감소시켰지만 그 사회경제적 결과는 지역에 따라 달랐다. 흑사병으로 인한 급격한 인구감소가 서유럽 사회의 붕괴나 장기적 쇠퇴로 이어지지는 않았음을 이미 1장에서 설명한 바 있다. 인구가 급격하게 감소하자 토지를 보유한 봉건영주에 비해 노동력을 보유한 농민의 교섭력이 높아졌으며, 이는 결국 농노해방과 봉건제 폐지로 이어졌다. 임금이 상승하고 사람들의 생활수준이 개선되면서 급감했던 인구 역시 증가세로 돌아섰다. 중세 서유럽 봉건제는 무너졌지만 그 폐허 위에 근대국가들이 태동했고, 서유럽은 경제적·정치적 부흥과 팽창의 시대를 열었다.

반면 동유럽에서는 흑사병 유행 이후 오히려 봉건제가 강화되는 현상이 나타났다. 이 지역 영주들은 흑사병으로 촉발된 노동력 부족과 수입 감소의 위기에 대응하여 오히려 농민의 부역을 늘리고 공동지를 수탈했으며 노동력 확보를 위해 자유농민까지 예속화하여 토지에 구속하였다. 동유럽 농노제는 19세기까지 유지되었으며 이 지역은 유럽의 부흥에 동참하지 못한 채 유럽의 변방으로 남았다.

　무엇이 이들의 운명을 갈랐을까? 한 가지 설명은 이동성의 차이이다. 다른 장원이나 도시로의 이주 가능성은 인구감소기에 서유럽 농민의 교섭력을 높인 요인이었다. 반면 인구밀도가 낮고 도시가 덜 발달했던 동유럽 농민에게는 이동성이라는 위협 수단이 없었다. 다른 설명은 국지적 시장의 존재 여부이다. 가까운 시장에 접근할 수 있었던 서유럽 농민은 생산물을 직접 판매하여 부를 축적할 수 있었지만, 국지적 시장이 발달하지 않았던 동유럽에서는 원격지 무역에 접근할 수 있었던 영주들이 그 기회를 독점하였다. 동유럽에 비해 서유럽 농민의 촌락 공동체가 더 강한 결속력과 자치권을 가지고 있었다는 차이점도 지적된다.

　이처럼 인구변화가 한 사회에 미치는 영향과 그것이 불러올 장기적 결과는 그 사회의 구조와 성격에 따라 달라질 수 있다. 거센 파도처럼 21세기 한국에 밀려드는 인구변화의 충격도 마찬가지이다. 지금까지 설명했듯이 장래의 인구변화로 한국의 노동시장에 심각한 불균형이 발생할 가능성이 있다. 그러나 그 불균형의 정도와 이로 말미암은 사회경제적 비용의 규모는 앞으로 우리 사회가 어떻게 변하는지에 따라 달라질 수 있다. 그리고 미래 사회의 모습은 현재의 정책적 노력으로 바꿀 수 있다. 사람들이 더 건강하고 생산적으로 바뀌고, 노동시장에서 자신의 역량을 충분히 발휘할 수 있는 사회로 변모할 수 있다면, 인구변화가 초래하는 노동력 감소와 부문 및 유형에 따른 노동 수급 불균형을 완화할 수 있을 것이다.

　그러나 가능성을 현실로 바꾸기란 쉽지 않다. 이는 인구변화의 미래에 적합한 사회의 비전을 설정하고 그러한 사회로 변모할 수 있는 적절한 방법을 찾는 일을 필요로 한다. 국가의 잠재 역량을 효과적인 정책과 합리적인 제도로 현실화하는 작업을 요구한다. 그리고 이 과정에서 발생할 수 있는 이해당사자 간 갈등을 조정하고 사회적 타협을 끌어내는 과업도 해내야 한다. 이러한 일을 해내는 것은 결국 정부와 정치인의 책무이다. 연구자로서 할 수 있는 일은 현실에 대한 분석과 미래에 대한 전망 결과를 토대로 기본 정책 방향을 모색해보는 일일 것이다. 이러한 모색의 잠정적 결과를 소개해본다.

사람을 보는 사회, 사람에게 맞추는 사회, 기회를 주는 사회, 사람을 보호하는 사회

이 책에 제시된 연구 결과는 인구변화가 노동시장에 다음과 같은 충격을 일으킬 것임을 보여준다. 우선 가까운 장래에 직면할 문제는 노동시장의 부문 및 유형 간 불균형일 것이다. 특히 3~4년 후부터 본격화될 청년인력 감소가 노동시장에 가져올 파장은 상당히 클 것이다. 이로 말미암아 일부 부문의 특정 유형(학력, 숙련수준, 나이) 인력은 부족해지고 다른 부문 및 유형의 일부 노동인력은 일자리를 잃는 현상이 나타날 것이다. AI나 로봇의 도입 같은 기술변화는 이와 같은 부문 및 유형 간 수급 불균형 문제를 더 악화시킬 수 있다. 학습 능력과 이동성이 높은 청년인력이 감소하면서 산업이 필요로 하는 인적자본을 탄력적으로 동원하여 공급하는 노동시장 기능은 약해질 것이다. 이러한 노동시장의 불균형으로 말미암아 노동인구가 본격적으로 감소하기 전부터 한국의 산업 경쟁력은 떨어지고 경제성장은 둔화할 수 있다.

2040년대 중반부터는 전체 노동인구가 본격적으로 감소하기 시작할 것이다. 가까운 장래에 시작되는 청년 노동인구의 감소가 이 시기에 가속화되면서 노동력의 고령화 추이도 더 가팔라질 것이다. 이미 시작된 부문 및 유형 간 노동 수급 불균형 문제는 장차 노동인구의 총량적인 감소 및 고령화와 함께 더 심각해질 가능성이 크다. 만약 최근 장래인구추계의 전망과 달리 몇 년 후부터 출생아 수가 반등하지 않는다면 2040년대 중반 이후 노동력 감소와 고령화 속도는 더 빨라질 것이다. 인구 고령화로 수요가 증가하는 의료 및 돌봄 서비스 같은 부문은 공급 측면에 별다른 변화가 없는 경우 매우 심각한 인력 부족 문제에 직면할 것이다.

이 책은 이와 같은 단기 및 장기의 노동시장 수급 불균형 문제 완화에 도움이 될 수 있는 변화의 방향도 제시한 바 있다. 첫째, 인구가 감소해도 경제활동참가율과 생산성이 높아지면 실질적인 노동 투입의 감소 추이를 완화할 수 있다. 특히 현재 취업률과 생산성이 상대적으로 낮은 여성과 장년인력의 역량을 최대한 발휘하게 하는 변화는 인구변화 대응에 큰 도움이 될 것이다. 장기적 관점에서는 미래 인력의 생산성을 높이기 위해 아동의 건강과 인적자본에 대한 투자를 늘리는 것도 중요하다.

둘째, 산업과 기술의 변화에 따라 노동시장에서 수요가 커지는 인적자본을 탄력적으로 공급할 수 있도록 교육과 훈련 시스템을 혁신함으로써, 청년인구의 급격한 감소가 초래할 부문 및 유형 간 노동 수급 불균형을 완화할 수 있다. 초중등교육은 학령인구 감소에 발맞추어 미래 사회가 요구하는 창의성과 비인지능력을 기를 수 있도록 변모해야 한다. 대학 교육은 전공 간 장벽을 낮추고 새로운 학과나 과정 개설을 쉽게 하여 세상의 변화에 탄력적으로 대응할 수 있어야 한다. 직업훈련과 평생교육을 개선하여 학교를 졸업한 후에도 노동시장이 필요로 하는 숙련과 지식을 효과적으로 습득할 수 있게 한다면 부문 및 유형별 인력 사이의 대체성이 높아질 수 있을 것이다.

셋째, 노동시장이 유연해지고 노동의 이동성이 높아진다면 모든 사람의 잠재력이 낭비되지 않고 노동시장에서 각자의 역량을 발휘하는 데 도움이 될 것이다. 노동자의 역량과 일자리의 요구 사이에서 불일치가 커지면 생산성이 떨어지거나 고용을 유지하기 어려워진다. 노동자의 변화에 맞추어 노동의 양과 강도를 조정하거나 노동자가 자신에게 맞는 직무나 다른 일자리로 이동할 수 있어야 다양한 특성과 역량을 갖춘 인력이 낭비되지 않고 활용될 수 있다.

넷째, 내국인만으로 해소하기 어려운 부문이나 유형의 인력 부족 문제를 완화하기 위해서는 국내 노동시장 수요에 맞는 외국인력을 잘 선별해서 도입하는 정책이 필요하다. 단기적으로는 저학력 청년 인력 감소로 나타날 중간 수준 숙련 인력 부족을 채울 수 있는 외국인력을 식별하여 도입하는 방안을 마련해야 한다. 현재와 미래의 노동 수급을 최대한 정치하게 전망하고 국내 노동시장에 미치는 효과를 충분히 고려하여 적절한 수와 유형의 외국인력을 도입하는 시스템을 구축하는 작업도 필요하다.

그렇다면 이처럼 인구변화의 충격을 완화할 수 있는 노동시장의 변화를 어떻게 만들어낼 수 있을까? 장차 우리 사회의 성격이 어떻게 바뀌어야 이러한 변화의 가능성이 커질까? 인구변화의 미래에 적합한 사회의 비전을 모색하는 작업은 오랜 시간 많은 사람의 지혜를 모아도 쉽지 않을 것이다. 여기에서는 이 책이 담고 있는 연구 결과와 직접적으로 관련된 몇 가지 내용을 제시하고자 한다.

첫째는 '사람을 보는 사회'이다. 나이, 성별, 출신지, 외모 등 겉으로 드러나는 부수적 특성이 아닌 역량, 성과, 경력, 잠재력 등으로 사람을 평가하여 누구를 어떤 자리에 어떤 조건으로 쓸지 결정하는 사회로 전환해야 한다. 사람의 능력을 객관적으로 정확하게 평가하고 그 결과가 투명하게 공유되는 시스템은 이러한 사회로 전환하는 데 도움이 될 것이다. 더 중요한 기반은 특정한 성격의 사람에 대한 편견이나 선호가 개입되기 어려운 경쟁적인 노동시장 환경이다.

둘째는 '사람에게 맞추는 사회'이다. 모든 사람이 자신의 역량과 선호에 맞추어 적합한 일을 적당한 만큼 할 수 있는 사회로 전환해야 한다. 7장에서 고령 친화적인 일자리의 특성으로 높은 자율성과 유연성, 낮은 스트레스와 신체적·인지적 난이도, 재택근무 가능성 등을 꼽은 바 있다. 이러한 성격의 일자리가 늘어나면 고령자뿐만 아니라 다양한 특성과 선호를 가진 많은 사람이 노동시장에 남아 자신의 역량을 최대한 발휘하는 데 도움이 될 것이다.

셋째는 '기회를 주는 사회'이다. 대학 입학이나 취업에서 자신과 맞지 않는 선택을 한 사람들에게 거듭 새로운 시작을 할 수 있는 기회를 주는 사회로 전환해야 한다. 더 넓게 열려 있고 유연한 교육제도와 노동시장은 이러한 전환의 기초이다. 이러한 사회가 되어야 다양한 사람이 누구 하나 낭비됨 없이 각자 잠재력을 충분히 발휘할 수 있을 것이다.

마지막은 '사람을 보호하는 사회'이다. 인구변화에 잘 대응할 수 있는 사회는 기본적으로 이동성이 높은 사회이다. 사람들이 자신의 생산성을 최대로 높일 수 있는 부문이나 지역으로 움직여 가야만 인구변화로 인한 노동시장의 불균형을 완화할 수 있다. 그러나 높은 이동성은 높은 사회적 위험을 의미한다. 노동시장이 빠르게 변화하며 수반되는 충격과 이동 과정에서 실직의 위험을 덜 수 있는 사회안전망이 갖추어져야 사람들은 위험을 감수한 모험에 나설 수 있을 것이다.

신축적이고 세밀한 정보 업데이트와 탄력적이고 섬세한 정치 시스템이 시급한 이유

앞부분에서 지적했듯이 장래 인구변화의 기본 방향은 어느 정도 정해져 있을지 모르지만, 그 구체적인 속도와 규모, 사회경제적인 영향의 정도는 불확실하다. 인구 규모와 구조의 장기적 변화는 앞으로의 출생아 수와 외국인 순 유입 규모 변화에 따라 좌우될 것이다. 인구변화의 파급효과에 영향을 미치는 기술 및 산업구조, 세계의 경제 환경, 국내 노동시장 여건 역시 가변적이다. 이와 같은 장래 인구변화의 불확실성을 고려할 때, 현재의 전망이 실현되는 상황만을 고려하여 되돌리기 어려운 정책과 제도를 마련하는 것은 위험하다. 가변적인 미래에 대비하기 위해서는 현재의 예상과 다른 상황이 전개될 때 이를 빠르게 파악하고 이에 따라 기존 정책을 탄력적으로 바꿀 수 있는 시스템을 갖추어야 한다.

이를 위해서는 현재의 인구 전망이 제공하는 미래상을 새로운 정보를 토대로 신축적으로 업데이트하는 작업이 필요하다. 인구변화의 양상과 추이, 인구변화에 영향을 미치는 요인, 인구변화의 파급 효과에 영향을 미치는 요인의 변화를 모니터링하고, 이 결과에 기초하여 장래의 인구변화와 그 사회경제적 영향에 대한 전망을 개정해야 한다. 현재도 이러한 작업이 이루어지고 있기는 하다. 통계청은 2년마다 장래인구추계를 발표하고 있고 다른 일부 기관들도 자체적으로 미래의 인구변화를 예측하는 작업을 하고 있다. 이러한 작업이 합리적·과학적으로 이루어지고 있다고 믿지만 개선의 여지가 적지 않은 것으로 판단된다.

한 가지 개선 방향은 현재의 장래인구추계에서 주로 고려되는 인구학적 요인뿐만 아니라 인구변화에 영향을 미칠 수 있는 사회경제적·구조적 요인을 함께 고려하는 것이다. 예컨대 현재 장래인구추계의 외국인 순 유입 규모는 주로 근래에 얼마나 많은 외국인이 들어오고 나갔는지에 기초하여 추정된다. 그런데 외국인 유출입 규모는 국내의 노동력 부족 규모와 이를 반영한 외국인 정책의 변화에 따라 달라질 수 있다. 따라서 외국인력 도입 정책에 영향을 미칠 수 있는 노동시장의 구조적 변화를 예측하고 이를 반영한다면 장래 외국인 순 유입 규모를 더 정치하게 전망할 수 있을 것이다.[4]

다른 개선 방향은 단순한 인구 전망을 넘어서서 인구변화가 우리 사회의 다양한 분야에 불러일으킬 변화를 체계적으로 전망하는 시스템을 구축하는 것이다. 현재의 장래인구추계가 한국의 미래상을 내다보는 데 유용하기는 하지만 충분치 않은 면이 있다. 예를 들어 장래인구추계에서 얻을 수 있는 생산연령인구 규모만으로는 인구변화로 노동인구나 노동 투입이 어떻게 변화할지 정확하게 알기 어렵다. 또한 서로 다른 유형 혹은 부문의 노동인력 변화 역시 현재의 추계로 파악하기 어렵다. 인구변화와 사회경제적 변화에 대한 추계 결과를 결합하여 미래 사회의 모습에 대한 더 구체적이고 풍부한 전망을 제공한다면, 더 합리적이고 효과적인 인구변화 대응 방안을 마련하는 데 큰 도움이 될 것이다.

빠른 모니터링과 정확한 전망의 기초는 정확하고 풍부한 통계자료의 생산과 제공이다. 한국의 통계 시스템은 그동안 빠르게 발전해왔다. 다양한 분야를 포괄하는 개인 혹은 기업 수준의 마이크로 데이터와 이들을 주기적으로 추적하여 조사한 종단자료들이 구축되어 활용되고 있다. 특히 개인의 행위와 선택을 구체적으로 재구성할 수 있는 행정 데이터의 생산과 이용이 빠르게 늘고 있다. 이 책에서 제시한 실증적인 분석도 경제활동인구조사, 지역별 고용조사, 한국노동패널, 한국고령화패널, 이민자 체류 실태 및 고용조사 등 개인별 마이크로 자료와 법무부 출입국 데이터베이스 같은 행정 데이터를 활용하였다.

그간의 발전에도 아직 개선될 여지는 크다. 중요한 마이크로 데이터의 표본 규모를 늘리고 주요 변수들에 대한 세부 정보를 제공한다면 연구의 질을 높이고 이를 통해 정책의 효과성을 높이는 데 도움이 될 것이다. 예컨대 이 책에 소개된 연구에서 이용된 데이터에서 더 세부적인 산업과 직업에 대한 정보를 얻을 수 있다면, 세밀하게 분류된 일자리의 노동 수급 불균형 변화를 전망할 수 있을 것이다. 여러 정부 기관이 보유한 다양한 행정 데이터를 연결하고 이를 연구자에게 제공하는 시스템을 마련하는 작업도 필요하다. 이를테면 법무부의 외국인 출입국 데이터베이스, 통계청의 이민자 체류 실태 및 고용조사, 고용노동부의 고용보험 데이터베이스 등을 결합하여 분석할 수 있다면, 외국인력 현황을 더 면밀하게 파악하고 이를 기초로 외국인 정책 개선에 활용할 수 있을 것이다.

지금 당장 내려야 할 조치와
먼 미래를 위한 전략 사이에서 균형 잡기

인구변화 대응 정책의 전략 혹은 우선순위를 설정할 때에는 시기에 따른 차이를 고려하는 것이 중요하다. 이 책에서 여러 번 언급했듯이 인구변화와 그것이 불러올 사회경제적 파급효과의 양상은 장래의 각 시기에 다르게 나타날 것으로 예상된다. 그런데 정부의 역량은 제한적이므로 한꺼번에 모든 문제를 해결하기 어렵다. 그러므로 각 시기의 가장 시급하거나 중요한 과제에 우선 집중하는 편이 합리적이다.

정책 우선순위는 먼저 인구변화로 특정한 형태의 문제가 본격적으로 발생하는 시기를 고려해서 결정하는 것이 타당하다. 예컨대 부문 및 유형 간 노동 수급 불균형 문제는 총량적인 노동력 부족 문제보다 더 가까운 장래에 발생할 것이다. 따라서 현재로서는 전체 노동인력을 늘리는 데 도움이 되는 정책보다는 미시적인 노동시장 불균형을 완화할 수 있는 정책에 우선순위를 두어야 한다.

다른 정책도 마찬가지이다. 이미 몇 년 전부터 고등학교 졸업생 수가 대학 정원보다 적어지고 그 격차가 앞으로 빠르게 확대된다는 점을 고려할 때, 대학의 재정 위기를 완화하는 방안 마련이 시급하다. 또한 20세 남성 인구가 이미 20만 명대로 줄어들었고 10년 후에는 15만 명 아래로 떨어지는 만큼 군 복무 인력 감소에 대응하는 정책도 신속하게 마련해야 할 필요가 있다.

상당한 시일이 지난 후에 인구변화의 충격이 다가오는 사안도 사회적 합의와 제도 개혁에 상당한 시간이 걸리는 문제들에 대해서는 한발 앞선 대응이 요구된다. 예를 들어 앞으로 4~5년 후부터 노동시장에 진입하는 청년인력이 빠르게 줄어들기 시작할 것이다. 6장에서는 인적자본의 질과 이동성이 상대적으로 높은 청년인력 감소의 충격을 완화하기 위해 교육혁신과 노동시장 개혁이 필요하다는 점을 지적하였다. 그런데 이 문제와 관련된 이해당사자들 간 잠재적 갈등을 해결하는 일이나 필요한 법과 제도를 고치는 정치적 과정의 험난함을 고려할 때, 이를 추진하는 일은 지금 시작해도 결코 이르지 않다.

긴 시계(視界)에 걸친 인구변화 대응 정책을 마련할 때는 시기에 따른 여건의 변화를 면밀하게 고려하여 '장기적·종합적'으로 합리적인 방안을 찾아야 한다. 향후 50년간 달성해야 하는 목표치가 100이라고 했을 때, 여기에 이르는 방법은 다양할 수 있다. 50년간 매년 2를 달성할 수도 있고 시간에 따라 정책적인 노력을 다르게 투입할 수도 있다. 시간적인 배분의 선택은 신속하게 목표를 달성함으로써 얻는 편익과 빠르게 바꾸는 과정에서 발생할 수 있는 종합적 비용을 따져서 결정하는 편이 타당하다. 장기 정책을 펼치는 과정에서 '조삼모사'와 '조사모삼'은 다른 결과를 가져올 수 있는 결정이기 때문이다.

이 책을 쓰고 있는 와중에 악화일로로 치닫고 있는 정부와 의사단체 간 충돌 사례는 왜 이러한 접근이 중요한지를 잘 보여준다.

2024년 2월 6일 정부는 의대 정원을 2025년부터 5년간 2,000명씩 늘려서 2035년까지 1만 명의 의료인력을 증원하겠다는 계획을 발표하였다. 인구 고령화로 발생할 의사 부족을 해소하기 위해 꼭 필요한 조치라는 입장이었다. 반면 의사 단체는 인구가 감소하는 마당에 의사를 늘리는 것은 타당하지 않으며 갑작스러운 의대 증원은 의학 교육의 질을 떨어뜨릴 것이라며 반발하였다.

필자가 보기에 정부와 의사 단체 모두 '시간에 따른' 수급 사정 변화를 충분히 고려하지 못하는 듯하다. 5장에서 설명했듯이 2050년 경까지는 인구 고령화로 인한 의료 이용 증가 효과가 인구감소로 인한 수요 감소 효과를 압도할 것이다. 이에 따라 현재의 의사 1인당 업무량을 유지하기 위해서는 2050년까지 2만 명 이상의 의사가 더 필요하다. 의사 단체는 이를 놓치고 있는 것으로 보인다. 그런데 2050년 이후에는 인구감소 효과가 더 커져서 의료서비스 수요가 줄어들 것이다. 따라서 의대 정원 조정은 2050년까지의 수요 증가와 이후의 감소 추이에 맞추어 세밀하게 결정되어야 하는데, 그 구체적인 방안은 논의되지 않고 있다.

의사 인력을 늘리는 방법도 문제이다. 5장의 결과가 보여주듯이 인구변화 때문에 2035년까지 약 1만 명의 의사 인력이 부족해질 것이다. 이 문제를 해소하는 가장 확실한 방법은 정부안처럼 당장 의대 정원을 2,000명 늘리고 이를 5년 유지하여 2035년까지 의사 인력이 1만 명 늘어나게 하는 것이다. 그러나 갑작스러운 의대 정원 확대는 의대 교육 현장에 큰 혼란을 일으킬 수 있다. 교수 인력 충원이나 시설 확충에 시간이 걸리기 때문이다. 한꺼번에 정원을 너무 많이 늘리면 추후 수요 변화에 따른 조정이 어려울 수도 있다. 수요가 감소했을 때 늘어난 교수 인력과 시설을 갑자기 줄이기가 어려울 것이기 때문이다.

이렇듯 두 가지 목표가 충돌하는 경우, 둘 사이의 적절한 균형점을 찾는 것이 합리적일 수 있다. 예컨대 의대 정원을 2,000명씩 5년에 걸쳐 늘리는 대신 첫해에 500명, 다음 해에 1,000명을 늘리고 그 정원을 더 오래 유지하는 방안을 선택한다면, 2030년 이후 어느 정도 의사 인력 부족이 발생할 수 있겠지만 의사들이 우려하는 의사 교육 및 훈련의 질 저하는 막을 수 있을 것이다. 꼭 이 방안이 아니더라도 상충하는 두 가지 목표를 충족하기 위한 편익과 비용을 잘 따져서 전체적인 순 편익을 극대화하는 절충점을 찾을 수 있다고 판단한다. 의대 정원 확대 문제 말고 많은 사안에서도 유사한 충돌이 발생할 수 있는데, 시간에 따른 인구변화의 영향 변화를 반영하여 정책 시행의 시기별 배분을 적절하게 조정한다면 타협점을 찾는 데 도움이 될 것이다.

저출생 완화 정책도, 인구변화 대응 정책도 둘 다 포기해선 안 된다

필자를 포함한 인구문제 전문가들은 일반적으로 인구정책을 저출산 완화 정책과 인구변화 대응 정책으로 나눈다. 저출산 완화 정책은 가파른 출산율 감소 추이를 완화하거나 반등시킴으로써 인구 규모가 감소하고 인구구조가 고령화되는 속도를 늦추기 위한 것이다. 인구변화 대응 정책은 인구변화가 우리 사회에 가져오는 충격과 이로 말미암은 각종 사회경제적 불균형에 대응하여 사회구조와 여러 제도를 바꾸는 것을 일컫는다. 이 책은 주로 인구변화 대응 정책과 관련된 주제를 다루었다. 즉 통계청 전망에 기초하여 장래의 성별·연령별 인구변화가 주어지는 경우, 어떤 문제가 발생할 것이며 이를 어떤 방법으로 해결하거나 완화하는지에 초점을 맞추었다. 그러함에도 여기서 저출산 완화 정책과 인구변화 대응 정책의 균형 문제를 논의하는 것은 큰 틀에서 볼 때 두 가지 정책이 전적으로 분리되기 어렵기 때문이다.

출생아 수의 가파른 감소는 인구 규모 감소와 인구 고령화의 주된 원인이다. 출생아 수 감소는 오래전부터 시작되었지만, 특히 2015년부터는 매년 출산율과 출생아 수가 감소하면서 역대 최저치를 경신하는 현상이 되풀이되고 있다. 2023년 출생아 수는 23만 명을 기록했는데, 이는 2012년 출생아 수의 절반에 미치지 못하고 1990년대 초 출생아 수의 3분의 1 수준이다. 출생아 수의 가파른 감소는 우리 사회에서 심각한 문제로 인식되지만, 저출산 대응 정책에 대한 평가와 태도는 부정적이며 일각에서는 저출산 완화 정책을 포기하고 인구변화 대응 정책에 집중해야 한다는 주장도 제기된다. 그런데 이러한 비판의 일부 내용은 현실에 대한 오해를 반영한 것이어서 향후 합리적인 정책 수립을 위해 바로잡을 필요가 있다.

저출산 완화 정책에 대한 한 갈래의 비판은 막대한 예산을 투입했는데도 합계출산율이 높아지지 않았다는 사실을 볼 때 정책의 효과가 없다는 것이다. 그런데 이러한 평가는 출산율 변화가 저출산 대응 정책 이외에 다양한 정책적·사회경제적·문화적 요인의 영향을 받는다는 사실을 간과한다. 어떤 정책의 효과를 올바르게 평가하기 위해서는 그것이 없었을 경우 나타났을 결과를 합리적으로 추정해야 한다. 또한 특정한 정책의 대상과 기대 효과를 고려하여 적절한 지표를 평가에 이용해야 한다. 예컨대 자녀에 대한 현금지원, 보육비 지원, 일-가정 양립 지원 같은 기존 정책들은 결혼한 사람들이 자녀를 갖는 결정에 주로 영향을 미칠 가능성이 크다. 그러므로 이러한 정책의 효과를 평가할 때는 합계출산율보다는 유배우 여성의 출산율을 결과 지표로 이용하는 것이 타당하다.

다른 요인들의 영향을 최대한 제거하고 적절한 지표를 이용하여 분석한 연구들은 현금지원, 보육의 질 개선과 보육비 지원, 육아휴직 지원 등의 정책이 출산율을 높이는 데 어느 정도 긍정적인 효과가 있었음을 보여준다. 일련의 정황증거에 따르면 정부의 저출산 완화 정책이 없었을 경우 출산율이 지금보다 훨씬 더 낮은 수준으로 떨어졌을 가능성이 있다. 예컨대 정부 정책이 초점을 맞추었던 유배우 출산율은 2005년 이후 높아지면서 여성 인구 축소와 혼인율 하락으로 인한 출생아 수 감소를 완화하는 역할을 했다. 기존 정책에 적지 않은 문제가 있고 효과성을 높이기 위한 노력이 필요하지만, 효과가 없으므로 정책이 무용하다는 주장은 타당하지 않다.[5]

다른 갈래의 비판은 출산율을 높이는 것이 어차피 불가능하니 저출산·고령화 추이를 미래의 기정사실로 받아들이고 이에 대비하는 노력에 집중해야 한다는 것이다. 인구변화 대응이 필요하고 출산율 제고가 어려운 것은 사실이지만 이것이 저출산 대책 포기를 정당화하지는 않는다. 우리가 당면한 인구문제의 핵심은 출생아 수 감소 자체보다 그 속도가 너무 빠르다는 사실이다. 빠른 인구변화는 우리 사회의 다양한 분야에서 쉽게 적응하고 대응하기 어려운 급격한 불균형을 초래할 것으로 우려된다. 출생아 수 감소 추이를 반전시키지 못해도 그 속도를 늦출 수 있다면 인구변화의 충격을 완화하고 대응 비용을 줄이는 데 도움이 될 것이다. 우리가 대비해야 할 미래 자체가 가변적이고 현재의 노력 여부에 따라 달라질 수 있다는 점도 지적할 필요가 있다. 2장의 결과가 보여주듯이 향후 출생아 수 변화에 따라 50년 후의 노동 투입이 현재의 47%로 줄 수도 있고 66%까지 유지될 수도 있다. 이 두 가지 미래가 요구하는 대응 비용은 엄청나게 다를 것이다.

기존 저출산 대책이 드러낸 문제점은 적지 않으며 이에 대한 비판은 경청해야 한다. 그러나 객관적·합리적 근거가 취약한 정책 무용론 혹은 폐기론이 정책 수립에 관여하는 전문가 그룹에서까지 제기되고 적지 않은 영향력을 행사하는 상황은 바람직하지 않다. 다른 한편, 언론과 대중의 관심을 반영하여 저출산 극복에 과도하게 집중하면서 장래 인구변화의 사회경제적 충격에 대비하기 위한 정책이 뒷전으로 밀리는 경향도 우려된다. 완화와 대응은 서로 맞물려 있고 보완적인 만큼, 어느 하나를 선택할 것이 아니라 두 정책 간 적절한 균형을 맞추어야 할 것이다.

인구변화에 대한 대응은 단거리달리기가 아니라 마라톤

긴급한 국가적 위기가 발생할 때, 정부와 정치권은 이를 해결하기 위해 최대한 신속하고 일사불란하게 움직인다. 몇 년 전 코로나19

대유행이 시작되었을 때 정부의 대응은 신속하고 적극적이었다. 대응 방법의 타당성에 대해 사후적으로 이견이 제기되었지만, 신규감염에 대한 역학조사 결과가 빠르게 제공되고 격리, 입원, 폐쇄, 소독 등의 조치가 즉각 시행되는 등 초기 대응이 신속했던 것은 사실이다. 아마도 그 영향이 즉각적·가시적이고, 불특정 다수가 위험에 노출되며, 초기 확산 방지가 중요한 감염병의 특성이 반영된 결과일 것이다. 금융위기나 안보위기가 발생할 때도 정부는 기민하게 대응하여 문제의 확산을 초기에 막기 위해 노력하는 경향을 보인다.

저출산과 고령화로 대표되는 인구변화 역시 장차 국가적 위기를 초래할 수 있는 요인으로 꼽힌다. 그러나 인구문제는 여러 면에서 금융위기, 안보위기, 감염병 위기 등 다른 국가적 위기와는 다른 특성을 나타낸다. 첫째, 인구변화의 속도는 상대적으로 느리다. 세계적으로 가장 빠른 우리나라의 출생아 수 감소도 해가 바뀌어야 비로소 체감된다. 그리고 인구문제에 대응한 정책의 효과 역시 장기간에 걸쳐 느리게 나타난다. 둘째, 다수의 국민에게 인구문제는 당장 절실한 나의 문제가 아니다. 훗날 누군가에게 일어날 수 있는 일로 여겨지기 쉽다. 셋째, 인구변화의 영향에 대한 인식과 태도는 사람마다 다르다. 인구가 줄면 오히려 삶의 질이 개선되리라는 의견도 있다. 넷째, 인구문제는 다양한 분야와 정부 기관의 업무영역에 걸쳐 있다.

다른 위기와 대비되는 특성들은 인구변화를 더 심각한 위기로 키울 가능성이 있다. 비교적 느린 속도는 역설적으로 신속하고 적극적인 대응을 어렵게 만드는 요인으로 작용한다. 감염병이나 금융위기처럼 즉각적이고 구체적인 피해 사례가 나타나지 않기 때문에 빠르게 조처해야 한다는 압력이 상대적으로 낮다. 인구변화가 감지되는 기간은 정책 당국자의 임기보다 길어서 시행한 정책의 공과를 명확하게 평가하기 어렵다. 적지 않은 인구변화 대응 정책은 단기적으로 비용만 들고 그 효과가 잘 드러나지 않는다. 이러한 사정 때문에 정부와 정치권 입장에서는 근본적인 문제를 해결하고 장기적인 성과를 얻을 수 있는 사업을 추진할 유인이 적다.

인구문제는 거의 모든 사회과학, 여러 이공계 학문 분야와 관련되어 있고 대다수 정부 부처의 담당 영역에 걸쳐 있다. 그런데 학문 분야 간 장벽과 정부 부처 간 칸막이는 상당히 공고하다. 다양한 분야별로 파편화된 접근은 인구문제 해결에 필요한 종합적·유기적 방안의 도출을 가로막는다. 인구문제 해결이라는 이름으로 개인과 집단의 이념 혹은 이해를 관철하려는 경향도 나타난다. 사정이 이러한데도 인구정책과 관련된 정부의 조정·조율 기능은 여전히 취약하다. 이러한 여건에서는 진정으로 문제를 해결하려 나서기보다는 노력한다는 인상을 주는 데 만족하려는 유혹이 클 수밖에 없다.

인구변화에 대한 대응은 단거리달리기가 아닌 마라톤에 가깝다. 수십 년 앞을 내다보며 씨를 뿌리고 물을 주어야 하는 일이다. 다양한 분야의 연구 성과를 공부하고, 여러 기관과 집단의 상충하는 이해를 조율하며, 미래세대를 위해 고통과 비용을 감내하도록 국민을 설득해야 하는 일이다. 해결을 위해 애쓴 사람이 그 자리에서 결실을 얻고 공을 인정받을 가능성이 희박한 일이다. 그렇기에 진정으로 국가의 미래를 걱정하는 마음과 국민의 삶을 어렵게 만들 수 있는 문제를 해결하려는 의지가 필요한 일이다.

......

    이 책 서두에 소개한 영화 〈칠드런 오브 맨〉은 인류의 마지막 아기가 태어난 지 20년째 접어든 2027년의 영국을 배경으로 한다. 전 세계는 무정부 상태에 빠져 있고 유일하게 정부의 공권력을 유지한 영국은 밀려드는 이민자들을 수용소에 가두고 철저히 통제하려 한다. 아들을 잃고 아내와 헤어진 채 살아가던 기자 테오는 기적적으로 아이를 가진 아프리카 출신 불법 이민자 키(Kee)를 휴먼 프로젝트(Human Project)라는 단체에 인도하기 위한 험난한 여정에 나선다. 미래가 없는 디스토피아가 어떤지 알게 되었기 때문일까, 영화 속 주인공과 다른 여러 사람들은 자신과 아무런 상관도 없는 불법 이민자의 아기를 구하기 위해 목숨을 건다.

    영화 속 인물들처럼 미래를 지키려는 진정성과 의지를 갖기에는 아직 인구변화가 불러올 우리 사회의 위기가 절실하게 다가오지 않는 것일까? 인구가 팽창하고 경제가 성장하는 찬란했던 과거와 결별한 준비가 되어 있지 않은 것일까? 영화는 안개가 짙게 긴 바다 위에 총상을 입은 주인공과 아기를 안은 키를 태운 조각배가 위태롭게 흔들리고, 멀리서 휴먼 프로젝트의 배가 해무를 헤치며 다가오는 장면으로 끝난다. 이 마지막 장면이 21세기 한국의 현실에 대한 은유로 다가오는 것은 필자만의 느낌일까? 안개 속에 싸인 가리어진 인구변화의 미래에 아직 희망의 빛이 있다고 믿는다. 더 늦기 전에, 많은 사람들이 미래를 지키려는 진정성과 의지를 품기를 희망한다.

| 부록

2장

장래 교육수준별 인구 전망 방법

장래의 학력별 인구를 추정한 자료는 현재로서는 제공되지 않고 있다. 2장에서는 다음과 같은 가정 및 방법을 도입하여 장래의 대졸, 고졸, 고졸 미만 인구를 성별·연령별로 추정하였다. 우선 2022년 현재 30세가 넘은 출생 코호트의 경우, 2022년 경제활동인구조사 마이크로 자료를 이용해 성별·출생 코호트별 학력 분포를 추정하고, 이 분포가 앞으로도 계속 유지된다고 가정하였다. 예컨대 2022년 30세였던 1992년생의 대학 졸업 비율은 이들이 40세가 되는 2032년에도 변하지 않는 것으로 가정하였다. 30세가 넘어서 대학을 졸업하는 사람들이 있으므로 이는 장래의 대학 졸업자 비율을 어느 정도 과소평가할 가능성이 있으나 이로 인한 편의는 그렇게 크지 않을 것으로 판단된다.

2022년에 20~29세였던 출생 코호트의 경우 2000년 이후의 경제활동인구조사 마이크로 자료를 이용하여 20세부터 30세까지의 대학 졸업자 비율의 궤적을 추정하였다. 보다 구체적으로 성별, 출생 코호트별 20세 당시 대학 입학자 비율과 21~30세 대학 졸업자 비율 데이터를 구축하고, 이를 이용하여 다음의 회귀식을 추정하였다.

$$[2.1] \qquad G_y^a = \alpha + \beta E_y^{20} + \epsilon_y$$

이 식에서 상첨자 a는 나이, 하첨자 y는 출생 연도, G는 대학 졸업자 비율, E^{20}은 20세 대학 재학 비율, ϵ는 통상적인 오차항을 나타낸다. 이렇게 추정한 식을 이용해 2022년 20~29세였던 1993~2002년 출생 인구의 대학 졸업자 비율을 추정하였다. 그리고 2003년 이후 출생 인구에 대해서는 연령별 대학 졸업자 비율이 추정되어 있는 가장 최근의 출생 코호트인 2002년생과 같은 연령별 대졸자 비율을 유지한다고 가정하였다.

2022년 20~29세 출생 코호트의 30세까지의 고졸 미만 비율은 2022년 관찰된 연령별 고졸 미만 비율이 유지된다고 가정하였다. 고등학교를 졸업하지 않은 사람들의 비율이 시간이 지나면서 매우 낮아졌기 때문에 가장 최근의 연령별 비율을 적용하는 것이 합리적이라는 판단에 기초한 가정이다. 2022년 20세 미만(15~19세)이었던 출생 코호트는 2022년의 연령별 고등학교 졸업 미만 학력 비율과 고등학교 졸업자 비율이 이후에도 유지된다고 가정하였다. 2022년 20~29세였던 출생 코호트의 고졸 비율은 대학 졸업자 비율과 고졸 미만 비율의 잔차로 계산되었다. 이는 이 출생 코호트의 고등학교 졸업 비율이 대졸자 비율의 변화에 따라 주로 결정되는 구조를 반영한 것이다.

이렇게 추정된 성별, 출생 코호트별로 학력 분포를 이용하여 2022년부터 2072년까지 각 연도의 성별·연령별 학력 분포를 계산하였다. 그리고 시나리오별 장래인구추계와 성별·연령별 학력 분포를 결합하여 2022~2072년 성별·연령별·학력별 인구를 추정하였다.

예컨대 2032년 40세 대졸 남성의 수는 장래인구추계의 2032년 40세 남성 수와 1992년생 남성 중 대졸자 비율을 곱하여 계산하였다.

장래 경제활동인구 추계 방법

인구변화로 인해 장래의 노동력 규모가 어떻게 변화할지 전망하기 위해 아래의 식 2.2를 이용하여 미래의 각 연도에 대해 기준 시점의 경제활동참가율이 변화하지 않는 경우의 경제활동인구(LF)를 추정하였다. 이 식에서 상첨자 a, s, e는 각각 나이, 성별, 교육수준을 나타내고, 하첨자 t는 연도를 나타내며 $\overline{E}$는 기준 시점(2022년)의 성별·연령별·교육수준별 경제활동참가율, P는 장래 시점의 성별·연령별·교육수준별 인구를 나타낸다. 이 방법을 적용하여 2022년 이후 성별·연령별·교육수준별 경제활동참가율이 유지되는 경우 인구변화로 초래될 경제활동인구 변화를 전망하였다. 이 분석에 이용된 2022년의 성별·연령별·교육수준별 경제활동참가율은 경제활동인구조사 자료를 이용하여 추정하였다.

$$(2.2) \qquad LF_t = \sum_a \sum_s \sum_e \overline{E^{a,s,e}} P_t^{a,s,e}$$

장래 생산성 반영 노동 투입 전망 방법

2022년 경제활동인구조사 마이크로 자료에서 추정한 성별·연령별·학력별 시간당 임금을 노동생산성의 지표로 이용하여 생산성을 반영한 노동 투입 규모의 변화를 추정하였다. 2022년의 성별·연령별·학력별 시간당 임금은 한국노동패널자료를 이용하여 추정하였다. 보다 구체적으로 아래의 식 2.3과 같이 성별·연령별·학력별 경제활동인구에 남성 평균임금에 대비한 각 집단의 상대적인 시간당 임금(W)을 곱하여 생산성을 조정한 노동 투입 규모(WLF)를 추정하였다.

$$[2.3] \qquad WLF_t = \sum_a \sum_s \sum_e W^{a,s,e} \overline{E^{a,s,e}} P_t^{a,s,e}$$

4장

인구변화로 인한 산업·직종·학력별 장래 노동 공급 변화 전망 방법

인구변화로 인한 각 산업·직종의 연령별·교육수준별 장래 노동 공급 변화 추정 방법을 소개하면 다음과 같다. 여기에서는 코로나19 대유행 발생 직전 5년 동안의 부문(산업 혹은 직종)별 노동시장 동학(動學)을 결정하는 요인들이 기준 시점(2021년) 이후 10년 동안 유지되는 가운데 노동시장에 진입하는 인구의 규모만 감소한다는 가정을 설정하여 각 산업·직종의 연령별·교육수준별 노동력 규모가 어떻게 변화하는지를 추정하였다.

각 부문의 고용변화를 결정하는 파라미터의 하나인 부문 잔존 확률(hazard of remaining in a sector)은 아래의 식 4.1과 같이 정의된다.

$$[4.1] \qquad S_a^{k,j,t} = (1 - d_a^{k,j,t}) \times (1 + m_a^{k,j,t}) = N_{a+1}^{k,j,t+1} / N_a^{k,j,t}$$

여기에서 상첨자 k, j, t는 각각 교육수준, 부문, 연도를, 하첨자 a
는 연령을 나타낸다. 이 파라미터는 t 시점에서 부문 j에 고용되어
있었던 연령 a 취업자들 가운데 t+1 시점까지 동일 부문에 고용되
어 있는 사람들의 비율을 나타낸다. 이는 해당 특성을 가진 노동인
력의 사망률 d(실제로는 해외 이주를 포함)와 순 이전율(net transfer rate)
m에 의해 결정된다. 순 이전율은 한 산업에서 다른 산업으로 옮겨
가거나 노동시장 밖으로 퇴출하는 비율과, 다른 산업에서 이전하여
들어오거나 노동시장 밖에서 진입하는 비율에 의해 결정된다. 노동
시장 신규 진입자를 제외하면 아래의 식 4.2와 같이 t+1기의 부문·
연령별·교육수준별 취업자 규모를 그 이전 시기의 부문·연령별 취
업자 규모와 부문 잔존 확률의 곱으로 나타낼 수 있다. 이 식에 따
르면 부문 잔존 확률이 변화하지 않는 경우, 특정 시기의 부문·연령
별·교육수준별 고용 규모에서 그다음 시기의 부문·연령별·교육수
준별 고용 규모를 추정할 수 있다.

$$(4.2) \qquad N_{a+1}^{k,j,t+1} = S_a^{k,j} N_a^{k,j,t}$$

다만 노동시장에 처음 진입하는 나이(a=0)의 취업자 규모는 그
이전 고용인력 규모로부터 추정할 수 없다. 이는 식 4.3이 보여주
는 바와 같이 그 시기 노동시장에 진입하는 나이·교육수준별 인구
의 규모(P_0^k), 이 시기의 해당 나이·교육수준별 인구의 취업률(E_0^k),
그리고 이 나이·교육수준별 취업자 중 특정 부문 j에 고용된 인력의
비율($\theta_0^{k,j}$) 등을 이용하여 추정할 수 있다.

$$[4.3] \qquad N_0^{k,j,t} = \theta_0^{k,j} E_0^k P_0^{k,t}$$

이 분석에서는 5세별 나이 구간을 적용하고, 2014~2019년 하반기 지역별 고용조사 자료를 이용하여 이 파라미터들을 추정하였으며, 이들이 분석 기간(2021~2031년) 동안 변화하지 않는다는 것을 기본 가정으로 설정하였다. 또한 20~24세를 노동시장 진입 나이로 정의하고, 그 수가 적어서 부문별 노동시장 동학 파라미터들을 추정하기 어려운 15~19세 및 75세 이상 취업 인구는 분석에서 고려하지 않았다. 20대 초반을 노동시장 진입 나이로 정의하는 경우 20대 중반 이후의 노동시장 진입은 부문 잔존 확률에 반영된다. 즉 20대 중반 이후 취업자의 퇴출보다 진입이 많은 부문의 잔존확률은 1을 초과하는 값을 가진다. 기준 시점인 2021년의 20~24세 교육수준별 인구의 평균 취업률(E_{20-24}^k)을 노동시장 신규 진입 인구의 취업률(E_0^k)의 지표로 이용하였고, 같은 연도 20~24세 전체 취업자 중 특정 부문에 고용된 교육수준별 취업자 비율($\theta_{20-24}^{k,j}$)을 교육수준별 노동시장 신규 진입 인력의 해당 부문 고용 비율($\theta_0^{k,j}$)의 지표로 이용하였다. 2014년과 2019년의 연령별·교육수준별·부문별 고용인력 규모를 이용하여 2014~2019년 5년간의 각 연령·교육수준별 부문 잔존 확률($S_a^{k,j}$)을 추정하였다. 기준 시점인 2021년의 각 부문 연령별·교육수준별 취업 인구는 실제의 2021년 데이터를 이용하여 추정하였다.

이상에서 설명한 방법으로 추정한 파라미터들을 2021년 각 부문 연령별·교육수준별 취업 인구에 적용하여, 순차적으로 2026년과 2031년의 각 부문 연령별·교육수준별 취업 인력을 추정하였다. 이 방법을 구체적으로 설명하면 다음과 같다. 식 4.4가 보여주는 바와 같이, 각 시점의 특정 부문 노동시장 신규 진입 인력(여기에서는 20~24세 인구로 정의된다)의 규모에 위에서 소개한 파라미터들의 추정치를 적용하면 그 시점에서 5년 후 해당 산업에 고용된 25~29세 교육수준별 취업 인구 규모를 추정할 수 있다.

$$(4.4) \qquad N_{25-29}^{k,j,t+5} = S_{20-24}^{k,j} \theta_{20-24}^{k,j} E_{20-24}^{k} P_{20-24}^{k,t}$$

보다 일반적으로 식 4.5가 보여주듯이 연령별·교육수준별 부문 잔존 확률을 연쇄적으로 적용하여 q년 후 연령별·교육수준별·부문별 고용인력 규모를 추정할 수 있다.

$$(4.5) \qquad N_{a}^{j,t+q} = \Pi_{a=0}^{q-1} S_{a}^{k,j} \theta_{0}^{k,j} E_{0}^{k} P_{0}^{k,t}$$

2장에 제시된 방법을 이용하여 전망한 장래의 20~24세 교육수준별 인구를 식 4.5에 적용하면 최근의 노동시장 구조가 변화하지 않고 교육수준별 인구구조만 변화하는 경우의 부문별 고용 규모 및 구조 변화를 추정할 수 있다. 실제의 추정에는 이렇게 계산한 각 연도의 부문별·특성별 취업 인구의 합이 2장에서 소개한 방법으로 추정한 해당 연도의 특성별 취업 인구와 같아지도록 각 부문 취업 인구 추정치를 비례적으로 조정하였다. 이러한 조정은 노동 공급 변화 추정치의 절대적인 규모를 다소 변화시키지만, 이 분석의 주된 목표인 부문 간 상대적인 비교에는 영향을 주지 않는다.

산업과 직업은 기본적으로 한국표준산업분류 제10차 중분류에 따라 나누고, 일부 규모가 작은 산업 및 직업들을 하나의 범주로 통합하였다. 이는 일부 중분류 산업의 고용 규모가 지나치게 작아서 연령별·교육수준별 분석을 수행하기 어려운 문제를 해결하기 위한 것이다. 이를 위해 일부 유사한 성격의 산업들을 하나의 산업군으로 통합하여 분석에 이용하였다. 예컨대 농업과 임업을 농림업으로 통합하고, 석탄·원유 및 천연가스 광업, 금속광업, 비금속광물 광업, 광업지원서비스업 등을 광업으로 통합하였다. 그 결과, 총 76개의 중분류 산업이 58개 산업군으로 통합되었다. 직업 역시 같은 이유로 51개의 한국표준직업분류 제7차 중분류 직업들 가운데 일부 유사한 직업들을 하나의 직업군으로 통합하여 총 40개의 직업군을 분석에 이용하였다.

5장

가구 전이율법을 이용한 유형별 가구 수 추계

영유아 혹은 고령자가 속한 가구 유형의 분포가 시간이 지나면서 어떻게 바뀌는지를 다음과 같은 방식으로 전망하였다. 현재(t)의 가구 유형(h)이 i인 가구는 다음 기(t+1)에도 i 유형으로 유지되거나 혹은 j 유형으로 변화할 수 있다. 이러한 가구 유형의 변화를 전이확률 P로 나타내면, 가구 수(Y)는 다음과 같이 나타낼 수 있다.

$$Y(t+1) = Y(t) \times P_{t \sim t+1}$$

(5.1)   여기에서

$$\Pr(h_{t+1} = j | h_t = i) = P^{ij}, \quad 0 \le P^{ij} \le 1$$

$$(1) \quad P = \begin{bmatrix} P^{11} \cdots P^{16} \\ \cdots \quad\quad \cdots \\ P^{61} \cdots P^{66} \end{bmatrix}, \quad \sum_{j=1}^{6} P^{ij} = 1$$

* i와 j는 가구 유형을 나타냄

   최종 가구 유형별 가구 수(H)에는 위에서 설명한 가구 유형별 유지 혹은 전이된 가구 수 외에도, 신규 가구 수와 소멸 가구 수도 고려해야 한다. 즉 가구 유형별로 신규 가구(N)와 기존 가구 중 유지 및 타 유형에서 전이된 가구의 합에서, 타 유형으로 전이된 가구와 소멸 가구(E) 수를 제외하여 계산된다.

$$(5.2) \quad H_i(t) = H_i(t-1)P_{ij} + N_i(t) - E_i(t)$$

유형별 돌봄서비스 선택 확률 추정

돌봄서비스 대상을 포함하고 있는 가구(i)에서 선택할 수 있는 돌봄 방법 k개 중에서 j를 결정하는 것은 다른 모든 선택에 비해 j를 선택할 때 얻는 효용(U), 즉 자녀의 질적 수준이 가장 크기 때문이라고 가정한다. 선택할 수 있는 범주가 j=1, 2, ⋯, J라고 할 때, 개인 i가 선택할 수 있는 대안 중 잠재 효용이 가장 높은 대안 돌봄 유형 j를 선택할 때의 효용 Y는 다음과 같다.

$$(5.3) \quad Y_{ij} = \beta_j X_i + \epsilon_{ij}$$

여기에서 $y_i = j$ if $y_{ij} = \max U(y_{i1}, y_{i2,} \cdots, y_{iJ})$

   종속변수인 돌봄서비스 유형은 본문에 제시된 대로 아동의 경우

여섯 가지, 고령자의 경우 다섯 가지를 고려했으며, 설명변수 X_i는 돌봄서비스 선택에 영향을 미칠 수 있는 개인과 가구의 특성에 관한 변수를 포함한다. 이 변수들은 본문에 소개되어 있다. ϵ_{ij}는 가구의 관찰되지 않은 이질성(unobserved heterogeneity)을 나타내며 평균 0, 분산 1, 공분산 0인 다변량 표준정규분포로 가정한다. 모형 추정 후, 돌봄 유형별 선택 확률(s)은 다음과 같이 계산되며, 특정 설명변수(예를 들면 아동 나이)가 주어진 조건에서의 선택 확률은 다른 설명변수들이 평균값일 때를 기준으로 산출된다.

$$(5.4) \qquad P_i^s = \frac{\exp\left(\beta_0^s + \beta_i^s X_i + u_i\right)}{\displaystyle\sum_{j=1}^{s} \exp\left(\beta_0^j + \beta_i^j X_i + u_i\right)}$$

돌봄 유형별 이용자 수 산출

유형별 돌봄서비스 이용자 규모는 연령·가구 유형별 대상자(아동 혹은 고령자 수)에 연령·가구 유형·돌봄 유형별 이용 확률을 적용하여 아래와 같이 산출하였다.

$$(5.5) \qquad NCCS_t^j = \sum_a \sum_f P_j^{af} N_t^{af}$$

여기서 NCCS는 돌봄 유형별 이용자 수, N은 가구 유형, 나이를 고려한 대상자 수, P는 연령·가구 유형·돌봄 유형별 이용 확률, 첨자 f는 가구 유형, a는 연령, j는 돌봄서비스 유형을 나타낸다.

▎ 감사의 말

대다수 연구는 학문공동체의 산물이다. 이 책 역시 필자의 이름으로 출간되지만, 여기에는 오랜 기간에 걸친 많은 사람의 도움과 노력이 담겨 있다.

이 책을 구성하는 각 장의 뼈대는 필자가 최근 몇 년 동안 발표한 논문과 보고서의 내용에 기초한다. 이 연구의 일부는 공동으로 수행한 것으로, 이 지면을 빌려 연구를 함께 수행한 한국개발연구원(KDI) 권정현 박사, 경희대 김태훈 교수, 부경대 김혜진 교수, 경희대 엄상민 교수, 연세대 이종관 교수, 한국보건사회연구원 이지혜 박사, 한국은행 정종우 박사께 감사를 표한다. 상세하게 소개된 연구 외에도 이 책에는 지난 30년 동안 필자가 발표했던 여러 연구 결과가 담겨 있다. 이 가운데 공동으로 수행된 연구에 참여한 아주대 김정호 교수, 인천연구원 민규량 박사, 한국보건사회연구원 이소영 박사, 보스턴컨설팅그룹 이에스더 박사, 서울대 황지수 교수, 한국노동연구원 홍정림 박사께도 사의를 표한다.

지난 26년 동안 서울대 경제학부에서 가르치며 우수한 학생들에게 많은 도움을 받고 또 배울 수 있었다. 특히 대학원생 조교로 이 책에 소개된 필자의 연구에 참여했던 미시간대 박사과정 강민구 씨, KDI 권정현 박사, 위스콘신대 박사과정 김규연 씨, 세종대 김경배 교수, 경희대 김태훈 교수, 코넬대 박사과정 김혜원 씨, 부경대 김혜진 교수, 인천연구원 민규량 박사, 오하이오주립대 손원근 씨, UC데이비스 박사과정 오서정 씨, 인천연구원 유근식 박사, 오하이오주립대 박사과정 이수진 씨, 보스턴컨설팅그룹 이에스더 박사, KDI 정책대학원 이창근 박사, 한국은행 정종우 박사, 서울대 홍석철 교수, 한국노동연구원 홍정림 박사의 도움에 감사한다. 그리고 현재 서울대 경제학부 대학원에 재학 중인 김성훈, 김형석, 노신애, 도민영, 문주호, 옥윤우, 정수아, 주예진, 황영지, 홍봄이 조교의 연구 보조에 고마움을 표한다.

서울대 경제학부의 동료 교수들, 특히 함께 세미나를 운영하는 응용미시경제학 분야 교수들의 도움과 조언에 감사한다. 필자가 인구클러스터장으로 활동하면서 인구문제 해법을 고민하도록 독려하고 지원해준 서울대 국가미래전략원 구성원들, 특히 김병연 전 원장, 김준기 원장, 인구클러스터 연구진께도 감사한 마음을 전한다. 바쁘신 가운데 책의 초고를 읽어주시고 추천의 글을 써주신 이화여대 최재천 교수와 3PROTV 김동환 대표이사께도 깊은 사의를 표한다. 책의 몇 부분에는 필자가 과거에 〈한국일보〉〈동아일보〉〈한겨레〉에 썼던 칼럼 내용의 일부가 녹아 있다. 인구문제에 관한 생각을 정리하고 나눌 수 있도록 지면을 내주신 각 언론사에 감사한다. 이 책의 집필을 권유하고 필자의 첫 대중서가 세상과 만날 수 있도록 세심하게 애써준 남은경 편집자를 비롯한 위즈덤하우스 관계자들께도 고마운 마음을 전한다.

마지막으로 32년 전 필자를 이 분야의 연구로 이끌어주신 로버트 포겔 교수께 깊은 감사의 마음을 전한다. 1993년 노벨경제학상 수상자인 포겔 교수는 2013년 세상을 떠난 후에도 필자를 포함한 수

많은 제자와 후학에게 참된 스승, 훌륭한 연구자의 표상으로 남아 있다. 중요하고 유용한 질문을 던지고, 이에 답하기 위해 오랜 시간과 노력을 들여 방대한 데이터를 구축한 후, 가장 적합한 방법을 찾아서 이를 분석하던 모범과 스스로 자신의 연구에 대한 최악의 비판자가 되라는 가르침은 부족한 제자를 조금이나마 나은 연구자로 만들어주었다. 필자의 첫 대중서를 그분께 바친다.

▌주

1장

1. 통계청 (2024).
2. https://www.nytimes.com/2023/12/02/opinion/south-korea-birth-dearth.html
3. Livi-Bacci (2001), 2장.
4. 흑사병의 사회경제적 충격에 관해서는 Ziegler(2009) 참고.
5. Clark (2007), pp. 36~37.
6. Clark (2007), p. 41, Figure 3.1.
7. Livi-Bacci (2001), p. 27, Table 1.3.
8. Allen (2009).
9. Boserup (1965).

2장

1. Goldin (1990).
2. 이 질문에 답하기 위해 아래에 제시한 연구 결과는 이철희(2022a)의 분석을 2023년 통계청 장래인구추계와 최근의 경제활동인구조사 등 데이터를 이용하여 다시 수행한 뒤 얻은 것이다.
3. Goodpaster et al. (2006); Mazzonna and Peracchi (2012); Green and Riddle (2013).
4. Aiyar et al. (2016); Kim and Lee (2023); Song (2023).
5. Lee (2022), Chapter 6.
6. Aizer and Currie (2014); Almond et al. (2017).
7. Lee (2022), Chapters 3, 4.
8. Lee (2022), Chapter 7.

3장

1. 이철희·김규연 (2019), pp. 10~12 참조.
2. Nishitateno and Shikata (2017).
3. Oshio and Usui (2018).

4. 이철희 (2014); 이철희 (2018).

5. 한요셉 (2019); Chung and Lee (2024).

6. 유인경 (2023).

7. 이철희 (2018).

8. 이철희 (2014).

9. Acemoglu and Restrepo (2017).

10. Chung and Lee (2022).

11. Kim (2021); 이환웅·강동익 (2022).

12. Autor (2015).

4장

1. 이 질문에 답하기 위해 아래에 제시한 연구 내용은 이철희(2021)의 분석 방법을 최근 데이터에 적용하여 얻은 결과(이철희·엄상민·이종관, 2023)에 기초한 것이다.

2. 이철희·엄상민·이종관 (2023), 3장 참고.

3. 이 시나리오를 구성하는 각각의 가정에 대한 자세한 설명은 이철희·엄상민·이종관 (2023)의 4장에 제시되어 있다.

5장

1. Oppen and Vaupel (2002).

2. Fries (2002).

3. Olshansky et al. (1998); Olshansky et al. (2005).

4. 아래에 제시된 의사 인력 수급 변화 전망 결과는 필자가 연구 책임을 맡은 공동연구(이철희·권정현·김태훈, 2023)에 기초하고 있으며, 이 부분의 주저자는 권정현 박사임을 밝혀둔다.

5. 이 연구의 자세한 방법과 결과는 이지혜·이철희(2024a)에 제시되어 있다.

6. 영유아와 고령자 돌봄서비스 수요 추계 방법과 결과는 이지혜(2023)와 이지혜·이철희 (2024b)의 연구에 기초한 것이다.

6장

1. 이철희 (2006).

2. 이철희·황영지 (2022).

3. 1980년도와 1985년도 인구주택 센서스 2% 표본을 이용하고, 두 시기의 산업분류를 통일하여 수행한 저자의 분석 결과.

4. Goldin and Katz (2008).

5. 청년 취업자 비중은 2021년 지역별 고용조사에서 계산되었다.

6. 부록 4장에 소개된 방법을 이용하여 필자가 계산.

7. 이철희 (2019).

8. Lee (2022); Almond et al. (2018); Aizer and Currie (2014); Barker (1994).

9. Hoynes et al. (2016); Aizer et al. (2016); Campbell et al. (2014).

10. Autor (2015).

11. Heckman et al. (2006).

12. *Economist* (2013), May 1st.

13. 조규창 (2023); 지상훈 (2021); 김기헌 (2005).

14. Goldin and Katz (2009), Chapter 7.

7장

1. Squier (1912); Epstein (1928).

2. Graebner (1980); Haber (1983).

3. Graebner (1980).

4. Cowgill and Holmes (1972).

5. 이철희 (2006).

6. Ransom and Sutch (1986).

7. Moen (1994); Costa (1998); Carter and Sutch (1996).

8. Gratton (1986); Weiler (1989); Carter and Sutch (1996).

9. Ransom and Sutch (1987); Carter and Sutch (1996).

10. Lleras-Muney (2005); Cutler and Lleras-Muney (2010).

11. Cutler, Lange, Meara, Richards, and Ruhm (2011).

12. 우해봉 (2022).

13. 이철희·이에스더 (2015).

14. 권정현 (2018).

15. Lee (2022).

16. 이철희·이에스더 (2015).

17. Cho and Kim (2005).

18. 이철희 (2006); 이철희 (2012).

19. 한요셉 (2019); Chung and Lee (2024).

20. 한요셉 (2019); Chung and Lee (2024).

21. Chung and Lee (2024).

22. Lee (2015).

23. Maestas et al. (2023).

24. Acemoglu (2022).

25. 이철희·이에스더 (2015).

26. Becker (1971).

8장

1. 이철희 (2019).
2. 이철희·정선영 (2015).
3. 이철희·김혜진 (2020).
4. Borjas (1999).
5. Goldin (1994).
6. 이철희·엄상민·이종관 (2023).
7. 이철희 (2021)의 분석 결과는 체류 자격, 성별, 나이, 교육연수, 체류 기간, 산업, 직업 등을 통제하는 경우 유학생 출신 외국인력의 임금이 비유학생 출신 외국인의 임금보다 유의하게 낮다는 것을 보여준다.
8. Kim and Lee (2023).
9. 김혜진·이철희 (2021).
10. 강동관 외 (2018).
11. 이철희 (2021b).
12. Hatton and Williamson (1998); Castles and Miller (1998).

9장

1. Autor, D., Katz, L, F., and Krueger, A, B. (1988); Berman, E., Bound, J., and Griliches, Z. (1994); Borjas, G, J., Freeman, R, B., and Katz, L, F. (1997); Brensnahan, T, F., Brynjolfsson, E., and Hitt, L, M.(2002).
2. Facundo Alvaredo, et al. (2013).
3. 산업 규제 완화, 임금 결정 시스템 등 제도적 요인이 국가 간 차이와 시기적인 변화에 영향을 미쳤다는 연구들이 제시되었다(Freeman and Katz 1995, Gottschalk and Smeeding 1997, OECD 1996, Fortin and Lemieux 1997).
4. 이철희 (2023).
5. 이철희 (2018b); 민규량·이철희 (2021); 이철희·이소영 (2022); 이철희 (2022); 이철희·김정호·이소영·민규량 (2023).

▍참고 문헌

강동관·이철희·이창원·최서리 (2018) "외국인 전문인력 입국 및 체류실태" 법무부 출입국·외국인 정책본부 보고서.

김기헌 (2005) "교육과 직무의 불일치—한·일 대학졸업자들을 중심으로—"《교육사회학연구》15(3), 51-77.

김혜진·이철희 (2021) "직업 훈련이 외국인력의 고용과 임금에 미치는 영향"《경제분석》27(2), 41-70.

권정현 (2018) "건강 충격의 고용과 소득 효과 분석"《노동경제논집》41(4), 31-62.

민규량·이철희 (2020) "보편적 보육료 지원정책이 여성 노동공급과 출산율에 미친 영향"《노동경제논집》43(4), 143-177.

우해봉 (2022) "교육 수준별 사망 불평등의 추이와 특징"《보건복지 Issue & Focus》427, 4271－11.

유인경 (2023) "Essays on the Health, Family, and Labor Supply of Elderly and Women" 박사 학위논문, 서울대학교 대학원.

이지혜 (2023) "인구·가구구조변화에 따른 사회서비스 수요 추계" 박사 학위논문, 서울대학교 대학원.

___·이철희 (2024a) "돌봄서비스 수요 추정을 위한 장래인구추계"《한국인구학》제47권, 제1호, 75~110.

_____ (2024b) "인구·가구구조 변화에 따른 영유아 돌봄서비스 장래 수요 추계" 미출간 논문.

이철희 (2006a)《한국의 고령노동: 경제활동과 고용구조의 장기적 변화》서울: 서울대학교 출판부.

___ (2006b) "미국 고령인구의 경제적 지위변화와 복지국가의 형성"《경제사학》40, 119-175.

___ (2012) "산업구조의 변화와 고령인력의 고용"《노동경제논집》35(1), 55-88.

___ (2014a) "한국 고령노동시장 성격에 대한 비교사적 접근" 이영훈 편《한국형 시장경제체제》제7장.

___ (2014b) "장년 근로경력 유형별 취업지원 방안 연구" 고용노동부 연구용역 보고서, 서울대학교 산학협력단.

___ (2018a) "한국의 고령빈곤: 장기적 조망" 김성진·김안나·박정민·이봉주·이우진·이철희·주병기·홍석철 편《분배적 정의와 한국사회의 통합》제6장, 율곡출판사.

___ (2018b) "한국의 출산장려정책은 실패했는가?: 2000년~2016년 출산율 변화요인 분해"《경제학연구》66(3), 5-42.

___ (2019a) "출생아 감소와 노동정책" 이소영 외《출생 및 인구 규모 감소와 미래 사회정책》한국보건사회연구원 연구보고서.

___ (2019b) "외국인 인적자본의 계량적 측정을 통한 인재유치 정책 방향 연구" 법무부 출입국·외국인정책본부 보고서.

___ (2021a) "인구변화가 장래 부문별 노동수급 불균형에 미치는 영향" 재정전문가 네트워크 일자리 분과 보고서.

___ (2021b) "인구·산업구조 변화에 따른 외국인력 정책 과제 및 개선방안 연구" 고용노동부 연구용역 보고서, 서울대학교 산학협력단.

___ (2022a) "장래 인구변화가 노동 투입 규모에 미치는 영향"《노동경제논집》45(2): 37-68.

___ (2022b) "저출산 대응정책 효과의 이질성 분석: 현금지원 및 보육지원 정책의 소득분위별 효과"《한국경제포럼》15(3), 53-85.

___ (2023) "해외정책 사례를 반영한 시나리오별 국제 인구이동 추계" 국회예산정책처 연구용역보고서.

___·김규연 (2019) "선진국의 역사적 사례에 기초한 여성경제활동인구 변화 전망: 인구구조 변화가 노동인력규모에 미치는 영향에 대한 함의"《노동경제논집》42(4): 1-29.

___·김정호·이소영·민규량 (2023) "저출산 정책 평가 및 핵심과제 선정 연구" 저출산고령사회위원회 보고서.

___·김혜진 (2020) "외국 인력의 산업별 고용구조 분석: 인구변화 대응에 대한 함의"《노동정책연구》20(2), 1-31.

___·엄상민·이종관 (2023) "취업비자 총량제 도입을 위한 해외사례 및 계량분석 연구" 법무부 출입국·외국인정책본부 보고서.

___·이소영 (2022) "현금지원이 유배우 출산율에 미치는 효과: 강원도 육아기본수당 지급 사례로부터의 증거"《경제학연구》70(2), 61-93.

___·이에스더 (2015) "한국 장년 임금근로자들의 퇴직: 사업체 규모별 위험모형분석"《노동경제논집》38(1), 31-65.

___·정선영 (2015) "국내 외국인력 취업현황 및 노동수급에 대한 영향"《BOK 이슈노트》13.

___ · 황영지 (2022) "한국의 지역 간 인구 불균형 확대의 인구학적 요인 분석"《한국인구학》 45(2), 105-135.

이환웅 · 강동익 (2022) "생산기술의 혁신이 노동시장에 미친 영향: 로봇 및 스마트공장 도입을 중심으로" 한국조세재정연구원.

조규창 (2023) "전공-직종 일치도가 임금에 미치는 영향: 객관적 일치도와 주관적 일치도 비교분석" 서울대학교 대학원 석사 학위논문.

지상훈 (2021) "전공-일자리 일치: 측정 방식에 따른 지표의 비교"《노동리뷰》 93-109.

통계청 (2024)《장래인구추계: 2022~2072년》.

한요셉 (2019) "60세 정년 의무화의 영향: 청년 고용에 미치는 영향을 중심으로"《KDI 정책연구시리즈》.

Acemoglu, D., Mühlbach, N. S. and Scott, A. J. (2022) "The Rise of Age-Friendly Jobs" *The Journal of the Economics of Ageing*, 23, 100416.

_____ and Restrepo, P. (2017) "Secular Stagnation? The Effect of Aging on Economic Growth in the Age of Automation" *American Economic Review*, 107(5), 174-179.

Aiyar, S. and Ebeke, C. H. (2016) "The Impact of Workforce Aging on European Productivity" International Monetary Fund.

Aizer, A. and Currie, J. (2014) "The Intergenerational Transmission of Inequality: Maternal Disadvantage and Health at Birth" *Science*, 344(6186), 856-861.

Allen, R. C. (2009) *The British Industrial Revolution in Global Perspective*, Cambridge University Press.

Almond, D., Currie, J. and Duque, V. (2018) "Childhood Circumstances and Adult Outcomes: Act II" *Journal of Economic Literature*, 56(4), 1360-1446.

Alvaredo, F., Atkinson, A. B., Piketty, T. and Saez, E. (2013) "The Top 1 Percent in International and Historical Perspective" *Journal of Economic Perspectives*, 27(3), 3-20.

Autor, D. H. (2015) "Why Are There Still So Many Jobs? The History and Future of Workplace Automation" *Journal of Economic Perspectives*, 29(3), 3-30.

_____, Katz, L. F. and Krueger, A. B. (1998) "Computing Inequality: Have Computers Changed the Labor Market?" *The Quarterly Journal of Economics*, 113(4), 1169-1213.

Barker, D. J. P. (1994) *Mothers, Babies, and Disease in Later Life*, London: BMJ Publishing Group.

Becker, G. S. (1971) *The Economics of Discrimination, 2nd edition*, IL: University of

Chicago Press.

Berman, E., Bound, J. and Griliches, Z. (1994) "Changes in the Demand for Skilled Labor within US Manufacturing: Evidence from the Annual Survey of Manufactures" *The Quarterly Journal of Economics*, 109(2), 367-397.

Borjas, G. J. (1999) *Heaven's Door: Immigration Policy and the American Economy*.

_____, Freeman, R. B., Katz, L. F., DiNardo, J. and Abowd, J. M. (1997) "How Much Do Immigration and Trade Affect Labor Market Outcomes?" *Brookings Papers on Economic Activity*, 1997(1), 1-90.

Boserup, Ester (1965) *The Conditions of Agricultural Growth: The Economics of Agrarian Change under Population Pressure*, Routledge.

Bresnahan, T. F., Brynjolfsson, E. and Hitt, L. M. (2002) "Information Technology, Workplace Organization, and the Demand for Skilled Labor: Firm-Level Evidence" *The Quarterly Journal of Economics*, 117(1), 339-376.

Campbell, F., Conti, G., Heckman, J. J., Moon, S. H., Pinto, R., Pungello, E. and Pan, Y. (2014) "Early Childhood Investments Substantially Boost Adult Health" *Science*, 343(6178), 1478-1485.

Carter, S. B. and Sutch, R. (1996) "Myth of the Industrial Scrap Heap: A Revisionist View of Turn-of-the-Century American Retirement" *The Journal of Economic History*, 56(1), 5-38.

Castles, S. and Miller, M. J. (1998) *The Age of Migration: International Population Movements in the Modern World*.

Cho, J. and Kim, S. (2005) "On Using Mandatory Retirement to Reduce Workforce in Korea" *International Economic Journal*, 19(2), 283-303.

Chung, J. and Lee, C. (2023) "Technology, Job Characteristics, and Retirement of Aged Workers: Evidence from Automation and IT Adoption of Firms in Korea" *Industrial and Corporate Change*, 32(4), 930-955.

Chung, J., and C. Lee (2024) "Mandatory Retirement Age and Labor Substitutability: Evidence from Korea," Working Paper presented at the ASSLE.

Chung, J., and Lee, Y. S. (2022) "The Evolving Impact of Robots on Jobs" *ILR Review*, 76(2), 290-319.

Clark, G. (2007) *A Farewell to Alms: A Brief Economic History of the World*, Princeton University Press.

Costa, D. L. (1998) "The Evolution of Retirement" In *The Evolution of Retirement: An American Economic History*, 1880-1990 (pp. 6-31), University of Chicago Press.

Cowgill, D.O. and L. D. Holmes (1972) *Aging and Modernization*, New York.

Cutler, D. M., Lange, F., Meara, E., Richards-Shubik, S. and Ruhm, C. J. (2011) "Rising Educational Gradients in Mortality: The Role of Behavioral Risk Factors" *Journal of Health Economics*, 30(6), 1174-1187.

_____ and Lleras-Muney, A. (2010) "Understanding Differences in Health Behaviors by Education" *Journal of Health Economics*, 29(1), 1-28.

Epstein, A. (1928) *The Challenge of the Aged*, New York: The Vanguard Press.

Fortin, N. M. and Lemieux, T. (1997) "Institutional Changes and Rising Wage Inequality: Is There a Linkage?" *Journal of Economic Perspectives*, 11(2), 75-96.

Freeman, R. and Katz, L. (1995) *Differences and Changes in Wage Structures*, University of Chicago Press.

Fries, J. F. (2002) "Aging, Natural Death, and the Compression of Morbidity" *Bulletin of the World Health Organization*, 80(3), 245-250.

Goldin, C. (1990) "Understanding the Gender Gap" Oxford University Press.

____ (1994) "The Political Economy of Immigration Restriction in the United States, 1890 to 1921" In *The Regulated Economy: A Historical Approach to Political Economy* (pp. 223-258), University of Chicago Press.

____ and Katz, L. F. (2009) *The Race between Education and Technology*, Harvard University Press.

Goodpaster, B. H., Park, S. W., Harris, T. B., Kritchevsky, S. B., Nevitt, M., Schwartz, A. V., Simonsick, E. M., Tylavsky, F. A., Visser, M. and Newman, A. B. (2006) "The Loss of Skeletal Muscle Strength, Mass, and Quality in Older Adults: The Health, Aging and Body Composition Study" *The Journals of Gerontology: Series A*, 61(10): 1059 – 1064.

Gottschalk, P. and Smeeding, T. M. (1997) "Cross-National Comparisons of Earnings and Income Inequality" *Journal of Economic Literature*, 35(2), 633-687.

Graebner, W. (1980) *A History of Retirement: The Meaning and Function of an American Institution*, New Haven: Yale University Press.

Gratton, B. (1986) *Urban Elders*, Philadelphia: Temple University Press.

Green, D. A. and Riddell, W. C. (2013) "Ageing and Literacy Skills: Evidence from Canada, Norway, and the United States" *Labour Economics*, 22: 16-29.

Harber, C. (1983) *Beyond Sixty-Five: The Dilemma of Old Age in America's Past*, New York: Cambridge University Press.

Hatton, T. J. and Williamson, J. G. (1998) *The Age of Mass Migration: Causes and*

Economic Impact, Oxford University Press, USA.

Heckman, J. J., Stixrud, J. and Urzua, S. (2006) "The Effects of Cognitive and Noncognitive Abilities on Labor Market Outcomes and Social Behavior" *Journal of Labor Economics*, 24(3), 411-482.

Hoynes, H., Schanzenbach, D. W. and Almond, D. (2016) "Long-Run Impacts of Childhood Access to the Safety Net" *American Economic Review*, 106(4), 903-934.

Kim, H. (2021) "The Impact of Robots on Labor Demand: Evidence from Job Vacancy Data for South Korea" *Bank of Korea WP*, 19.

_____ and Lee, B. S. (2023) "Aging Workforce, Wages, and Productivity: Do Older Workers Drag Productivity Down in Korea?" *The Journal of the Economics of Ageing*, 24: 100444.

_____ and Lee, C. (2023) "The Immigrant Wage Gap and Assimilation in Korea" *Migration Studies*, 11(1), 103-122.

Lee, C. (2015) "Industrial Characteristics and Employment of Older Manufacturing Workers in the Early-Twentieth-Century United States" *Social Science History* 39(4), 551-579.

_____ (2022) *Early-Life Determinants of Health and Human Capital Formation: Evidence from Natural Experiments in Korea*, SNU Press.

Livi-Bacci, M. (2001) *A Concise History of World Population, 3rd edition*, John Wiley & Sons.

Lleras-Muney, A. (2005) "The Relationship between Education and Adult Mortality in the United States" *The Review of Economic Studies*, 72(1), 189-221.

Maestas, N., Mullen, K. J., Powell, D., Von Wachter, T. and Wenger, J. B. (2023) "The Value of Working Conditions in the United States and Implications for the Structure of Wages" *American Economic Review*, 113(7), 2007-2047.

Mazzonna, F. and Peracchi, F. (2012) "Ageing, Cognitive Abilities, and Retirement" *European Economic Review*, 56(4): 691-710.

Moen, J. R. (1994) "Rural Nonfarm Households: Leaving the Farm and the Retirement of Older Men, 1860 – 1980" *Social Science History*, 18(1), 55-75.

Nishitateno, S. and Shikata, M. (2017) "Has Improved Daycare Accessibility Increased Japan's Maternal Employment Rate? Municipal Evidence from 2000 – 2010" *Journal of the Japanese and International Economies*, 44, 67-77.

OECD (1996) "Earnings Inequality, Low-Paid Employment and Earnings Mobility" *Employment Outlook*, 59-108.

Oeppen, J. and Vaupel, J. W. (2002) "Broken Limits to Life Expectancy" *Science*, 296(5570), 1029-1031.

Olshansky, S. J., Carnes, B. A. and Grahn, D. (1998) "Confronting the Boundaries of Human Longevity" *American Scientist*, 86(1), 52-61.

_____, Passaro, D. J., Hershow, R. C., Layden, J., Carnes, B. A., Brody, J., ⋯ and Ludwig, D. S. (2005) "A Potential Decline in Life Expectancy in the United States in the 21st Century" *New England Journal of Medicine*, 352(11), 1138-1145.

Oshio, T., Usui, E. and Shimizutani, S. (2018) "Labor Force Participation of the Elderly in Japan" In *Social Security Programs and Retirement Around the World: Working Longer* (pp. 163-178), University of Chicago Press.

Ransom, R. L. and Sutch, R. (1986) "The Labor of Older Americans: Retirement of Men on and off the Job, 1870 – 1937" *The Journal of Economic History*, 46(1), 1-30.

_____ (1987) "Tontine Insurance and the Armstrong Investigation: A Case of Stifled Innovation, 1868 – 1905" *The Journal of Economic History*, 47(2), 379-390.

Song, Y. (2023) "Workforce Aging and Industry-Level Productivity" *The Singapore Economic Review*, 1-24.

Squier, L.W. (1912) *Old Age Dependency in the United States*, New York: Macmillan.

The Economist (2013, May 1) "The Lost Generation". https://www.economist.com/free-exchange/2013/05/01/the-lost-generation

Weiler, N. S. (1989) "Industrial Scrap Heap: Employment Patterns and Change for the Aged in the 1920s" *Social Science History*, 13(1), 65-88.

Ziegler, Philip (2003) *The Black Death, 5th edition*, New York: Harper Perennial.

일할 사람이 사라진다

초판 1쇄 발행 2024년 5월 22일
초판 4쇄 발행 2024년 7월 24일

지은이 이철희
펴낸이 최순영

출판2 본부장 박태근
W&G 팀장 류혜정
편집 남은경
그래프 디자인 양보은

펴낸곳 ㈜위즈덤하우스   **출판등록** 2000년 5월 23일 제13-1071호
주소 서울특별시 마포구 양화로 19 합정오피스빌딩 17층
전화 02) 2179-5600   **홈페이지** www.wisdomhouse.co.kr

ⓒ 이철희, 2024

ISBN 979-11-7171-201-4 03320

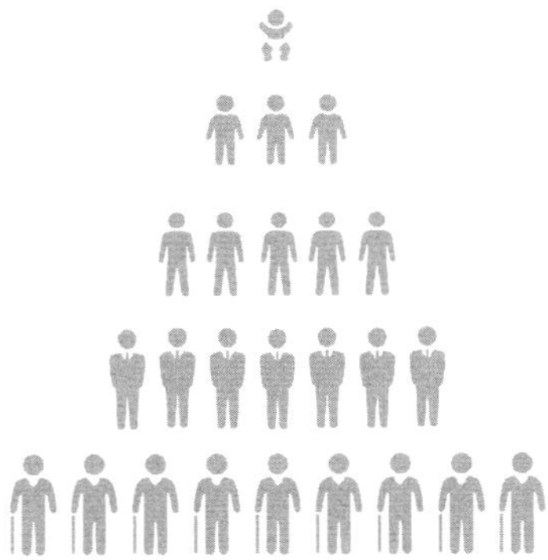